기독교문서선교회(Christian Literature Center: 약칭 CLC)는 1941년 영국 콜체스터에서 켄 아담스에 의해 시작되었으며 국제 본부는 미국 필라델피아에 있습니다. 국제 CLC는 약 650여 명의 선교사들이 59개 나라에서 180개의 서점을 운영하며 이동 도서 차량 40대를 이용하여 문서 보급에 힘쓰고 있으며 이메일 주문을 통해 130여 국으로 책을 공급하고 있는 국제적 문서선교 기관입니다.

나를 찾아 주는 말씀

The Word Makes Me Peaceful
Written by Jang Hae Jin
All rights reserved.
Korean Edition Copyright ⓒ 2025 by Christian Literature Center, Seoul, Korea.

나를 찾아 주는 말씀

2025년 4월 1일 초판 발행

지 은 이 | 장해진

편　　　집 | 이소현
디 자 인 | 서민정
펴 낸 곳 | (사)기독교문서선교회
등　　　록 | 제16-25호(1980.1.18.)
주　　　소 | 서울특별시 동대문구 천호대로71길 39
전　　　화 | 02-586-8761-3(본사) 031-942-8761(영업부)
팩　　　스 | 02-523-0131(본사) 031-942-8763(영업부)
이 메 일 | clckor@gmail.com
홈페이지 | www.clcbook.com
송금계좌 | 기업은행 073-000308-04-020 (사)기독교문서선교회
일련번호 | 2025-27

ISBN 978-89-341-2799-4(03230)

이 책의 출판권은 (사)기독교문서선교회가 소유합니다. 신저작권법에 의하여
한국 내에서 보호받는 저작물이므로 무단 전재와 무단 복제를 금합니다.

CLC 창세기 시리즈 ㉑

· 창세기 묵상 해설집 ·

나를 찾아 주는 말씀

장해진 지음

CLC

* 일러두기
도입부에는 유진 피터슨의 『메시지』,
그 외 본문에는 개역개정 성경을 인용함

목차

들어가는 글 · 10

제1부 믿음을 찾아서

01 내 존재의 의미가 희미해질 때 · 14
02 관계가 힘들어질 때 · 22
03 혼자인 것처럼 느껴질 때 · 28
04 나도 모르게 시기심이 생길 때 · 34
05 죽음이 두려울 때 · 42
06 누군가의 비밀을 알게 되었을 때 · 49
07 나의 실상이 드러날 때 · 54
08 하나님이 멀게 느껴질 때 · 59
09 하나님의 도움이 필요할 때 · 64
10 남들이 부러울 때 · 69
11 하나님께 죄송할 때 · 75
12 사람이 미워질 때 · 81
13 내가 절망스러울 때 · 87
14 주님과 동행하고 싶을 때 · 93
15 내 정체성이 의심될 때 · 98
16 말씀대로 살고 싶을 때 · 103
17 무엇을 해야 할지 모를 때 · 108

제 2부 소망을 찾아서

01 신앙생활이 때로 외로울 때 · 113
02 남의 허물을 보았을 때 · 119
03 선한 영향력으로 살고 싶을 때 · 125
04 삶의 목적이 희미할 때 · 132
05 삶이 너무 힘들 때 · 137
06 빈곤과 풍요를 누릴 때 · 142
07 하나님의 환대가 그리울 때 · 148
08 평안하게 살고 싶을 때 · 155
09 비전이 희미할 때 · 161
10 마음 둘 곳이 없을 때 · 167
11 물질에 애착하게 될 때 · 171
12 하나님의 격려가 필요할 때 · 176
13 내 마음이 염려로 가득할 때 · 181
14 내 구원이 의심될 때 · 187
15 인생광야를 걸을 때 · 193
16 그리스도인의 모습으로 살고 싶을 때 · 199

제3부 사랑을 찾아서

01 하나님의 뜻이 납득되지 않을 때 · 206
02 순종이 잘 안 될 때 · 212
03 참신앙으로 살고 싶을 때 · 218
04 하나님의 방식으로 살고 싶을 때 · 223
05 기도하기 지칠 때 · 228
06 소금 같은 존재로 살고 싶을 때 · 234
07 하나님께 기억되는 사람으로 살고 싶을 때 · 240
08 겸손하게 살고 싶을 때 · 245
09 하나님의 인정이 필요할 때 · 251
10 하나님을 경외하며 살고 싶을 때 · 256
11 하나님의 응답을 기다리기 지칠 때 · 261
12 하나님의 위로가 필요할 때 · 265
13 미래가 막막할 때 · 270
14 사는 것이 자신 없을 때 · 277
15 시험이 찾아올 때 · 282
16 분명한 신앙 목적지를 찾고 싶을 때 · 286
17 영적 게으름이 찾아올 때 · 291
18 나의 보물이 하나님의 보물이 될 때 · 295
19 믿음의 가문을 이어 가고 싶을 때 · 301

진리를 알지니
진리가 너희를
자유롭게 하리라(요 8:32).

들어가는 글

장 해 진 목사
일산 아름다운교회 담임

    그리스도인의 삶의 교과서는 성경입니다. 이 교재를 하나님께서 친히 만드셨습니다. 누군가 말했듯이 성경은 인간의 인생 사용 설명서이기도 합니다.

    성경이 없다면 우리는 하나님도, 구원도, 그 어느 진리도 바르게 알 수 없습니다. 성경의 위대성은 시대와 장소를 뛰어넘어 모든 인간에게 생명을 주고 하나님을 만나게 해 주는 유일한 책이라는 것입니다. 하나님은 성경을 통해 자신의 모든 것을 우리에게 계시해 주셨습니다.

    성경은 우리에게 모든 것을 답해 줍니다. 인간의 근원에 대해서 말해 줍니다. 이 세상이 어떻게 생겨났는지, 인간이 어떻게 존재하게 되었는지, 왜 사람은 죽게 되었는지, 죄가 어떻게 생겨났는지, 어떻게 하면 구원에 이르게 되는지 등과 같은 인간의 모든 질문에 확실하게 답해 줍니다.

성경은 하나님의 이야기이면서 동시에 인간의 이야기입니다. 더 요약해서 말하자면, 성경은 하나님과 인간 사이의 이야기입니다. 성경은 이야기책입니다. 결코 어려운 책이 아닙니다.

성경은 우리의 삶을 비추어 주는 동시에 우리의 삶이 어떤지 상담도, 해결도 해 주는 책입니다. 성경은 우리의 출생과 삶과 죽음과 죽음 이후의 모든 것을 명쾌하게 말해 주는 유일한 책입니다.

우리가 가장 평안하고 행복할 때는 성경을 읽을 때이고, 성경대로 살 때입니다. 그리고 성경대로 산 삶을 가지고 하나님 나라에 들어갈 때일 것입니다.

그래서 저는 성경을 틈틈이 읽으면서 깨닫게 되는 것을 적어 두었습니다. 성경의 진리를 누군가와 함께 나누고 싶었습니다.

특별히 제가 읽고 사용한 성경 구절은 유진 피터슨의 『메시지』의 내용입니다. 다른 번역본들도 훌륭하고 저마다 맛이 있습니다. 그러나 현대의 상황에 맞게 재해석하여 쉬운 말로 번역한 『메시지』는 저에게 성경을 읽는 특별한 재미를 붙여 주었습니다. 매일, 성경에 푹 빠져 살았습니다. 하나님의 말씀을 가까이하며 지냈습니다.

창세기부터 하나씩 하나씩 성경을 묵상하면서 문장 속에 있는 단어를 붙잡고 그 의미를 캐내어 가고자 했습니다. 그렇게 깨달은 것을 모아서 이 한 권의 책에 담았습니다. 부족하고 부끄럽지만 제가 깨달은 내용을 많은 사람과 함께 나누고 싶었습니다. 혼자 길을 가면 외롭습니다. 그러나 같이 가면 힘이 됩니다. 이 책을 혼자 썼지만, 함께 공부하고 묵상하는 독자가 있다는 생각에 힘이 났습니다.

이 책은 창세기 1장을 첫 장으로 하여 아브라함이 아들 이삭을 장가보내기까지의 내용을 총 52장으로 구성하였습니다. 매주 한 장씩 보아도 좋고, 단번에 읽으셔도 좋습니다. 함께 성경을 상고하며 읽어 나가길 원합니다. 그리고 인생의 모든 문제의 해결책을 성경에서 찾으시길 기도합니다.

예수님이 소년이었을 때 유월절을 지키기 위해 가족과 예루살렘에 올라갔습니다. 유월절을 잘 마치고 예수님의 식구들은 동네 사람들과 이야기하며 내려가고 있었습니다. 그런데 한참 내려가다 보니 예수님이 안 보였습니다. 요셉과 마리아는 놀랐습니다. 예수님이 함께 가시지 않는데 같이 가는 줄로 생각했기 때문입니다. 예수님이 없는데 있는 줄로 알고 가고 있었던 것입니다. 놀란 그들은 급히 예루살렘에 올라갔습니다. 그리고 예수님을 성전에서 찾았습니다.

오늘 우리의 모습이 그렇습니다. 인생의 길을 예수님 없이 가는 것입니다. 이 사실을 빨리 깨달아야 합니다. 그리고 잃었던 예수님을 다시 찾아야 합니다.

이 책 『나를 찾아 주는 말씀』이 잃어버린 나의 존재의 의미와 믿음과 소망과 사랑을 찾아 주길 원합니다. 무엇인가 잃고 살아가던 당신에게 모든 것을 생각나게 하고 찾아 주는 역할을 할 수 있기를 기대합니다.

하나님의 은혜와 축복이 당신과 함께하길 바랍니다.

제1부

믿음을 찾아서

01

내 존재의 의미가
희미해질 때

> 모든 것의 시작은 이러하다.
> 하나님께서 하늘과 땅을 창조하셨다.
> 보이는 모든 것과 보이지 않는
> 모든 것을 창조하셨다(창 1:1).

창세기 1장 1절은 성경으로 들어가 하나님과 하나님의 말씀을 만나는 첫 관문입니다. 이 구절을 통과하지 못하면 모든 성경을 하나님의 말씀으로 읽을 수 없습니다. 모든 성경의 이야기를 하나님의 말씀으로 받아들이는 것은, 태초에 하나님이 천지를 창조하셨다는 사실을 알고 굳게 믿는 것에서부터 시작합니다.

이 성경의 첫 구절이, 그리고 모든 성경이 하나님의 말씀이 되는 것은 믿음 때문입니다. 아무리 진리가 내 앞에 있다 해도 그 진리를 믿지 못하면 나 자신에게는 진리가 되지 못하는 것입니다.

세상에 믿음이 없는 사람은 없습니다. 단지 믿음의 대상이 다를 뿐입니다. 어떤 이는 자신을 믿고, 어떤 이는 돈을 믿고, 어떤 이는 권력을 믿고, 어떤 이는 이성을 믿고, 어떤 이는 과학을 믿습니다. 모두 이렇게 믿음을 가지고 살아갑니다.

창세기 1장 1절은 인간에게 믿음의 대상을 분명하고 확실하게 가르쳐 줍니다. 그리고 믿음의 대상을 바르게 교정해 줍니다.

세상은 보이는 것과 보이지 않는 것으로 구성되었습니다. 보이지 않는다고 해서 존재하지 않는 것은 아닙니다. 하나님께서 우리에게 두 가지의 눈을 주신 것은 두 개의 존재를 보라는 뜻입니다. 보이는 것과 보이지 않는 것을 말입니다. 보이는 것은 육의 눈으로 보고, 보이지 않는 것은 영의 눈으로 보라는 것입니다.

앞을 보지 못하는 사람을 소경이라고 합니다. 마찬가지로 영적 세계를 보지 못하면 영적 소경입니다. 시각에는 육적 시각과 영적 시각이 있습니다. 사람이 이 땅을 살아가는 데 육적 시각이 없으면 매우 불편하고 힘들지만, 가장 중요한 구원에 필요한 시각은 영적 시각입니다. 헬렌 켈러는 앞을 보지는 못했지만 영적으로 모든 것을 보고 느낄 수 있었습니다.

구원이란 이 영적 감각의 회복이 선행되어야 이루어집니다. 영적 시각으로 자신의 죄를 보고, 자신이 죄인이라는 것을 인식하고, 자신의 죄성을 깨달은 후에 예수 그리스도를 구원자로 믿게 되는 것이 구원입니다.

사람은 보아야 믿습니다. 그리고 그 믿음을 바탕으로 보이지 않는 것을 보게 됩니다. 보이는 것과 보이지 않는 모든 것에는 그것을 만드신 주인이 있습니다. 이 세상의 보이는 것과 보이지 않는 모든 것은 하나님의 존재 흔적입니다. 곧, 우리가 보는 모든 것과 보이지 않는 모든 것은 하나님이 만드셨다는 사인(sign)입니다.

창세기의 일차적 독자는 출애굽한 이스라엘 백성입니다. 모세는 이스라엘 백성에게 새로운 시각을 심어 주어야 했습니다. 그 새로운 시각이란 그들의 존재의 의미를 찾아 주는 것이었습니다.

그들은 4백 년 동안 노예 생활을 하면서 자신이 하나님의 백성이라는 정체성을 잃어버렸습니다. 그들은 하나님의 백성이라는 존재의 의미가 너무 희미해졌던 것입니다.

이스라엘 백성은 4백 년 동안 애굽에서 종살이하면서 많은 경험을 습득했습니다. 그러나 그 경험 때문에 그들은 더욱 노예 의식에 사로잡히게 되었습니다. 거대한 신전, 범접할 수 없는 제사장들, 태양의 아들로 일컬어지는 애굽 왕의 권위에 그들은 압도된 생활을 하였습니다. 무엇보다 나일강 덕분에 풍요로운 애굽 사람들의 삶을 보면서 이스라엘 백성은 노예 상태에 순응했습니다. 이스라엘 백성이 애굽에서 경험하고 알게 된 바로는, 애굽의 신들이 그 나라에 풍요와 강력한 힘을 가져다주는 복의 원천이었습니다.

오늘날도 마찬가지입니다. 하나님을 믿지 않아도 세상은 잘 굴러가고 있습니다. 많은 사람이 굳이 하나님을 믿지 않아도 아쉬울 것이 없다고 생각하는 것 같습니다. 하나님이 주신 모든 일반 은총이 자기 것이라는 착각에 빠져 살고 있습니다.

사실 영적 시각으로 보면, 애굽이 누린 모든 풍요는 하나님의 일반 은총이었습니다. 그러나 그 당시 그들의 시각으로 보면, 애굽의 신이 내린 복이 분명했습니다.

좋은 것이건 나쁜 것이건 어떤 경험과 생각에 반복적으로 노출되다 보면, 그것이 진리처럼 머릿속에 고착됩니다. 창세기는 이러한 인간의 고착된 생각을 풀어 주려 합니다.

애굽의 풍요와 힘의 근원이 그들이 섬기는 신의 축복에서 나왔다는 견해에 반론을 펴기는 힘들어 보입니다. 왜냐하면, 이야기나 담론으로 이 견해를 뒤집기에는 역부족이기 때문입니다. 말이 경험을 이기지 못하기 때문입니다.

하나님은 이러한 현실의 왜곡 속에서 자신의 존재를 계시해야만 하셨습니다. 그 통로로 노예 된 이스라엘 백성과 모세를 선택하셨습니다. 하나님은 열 가지의 재앙으로 애굽 신과의 진검 승부를 겨루셨습니다. 그리고 어떤 신이 진짜 신이고 어떤 신이 가짜 신인지를 눈과 마음으로 보게 하셨습니다.

창세기의 창조 이야기는 일차적으로 이 출애굽의 기적을 보고 경험한 이들에게 알리기 위하여 기록되었습니다. 창세기는 하나님의 위대하심에 대한 지식의 지평을 열어 주기 위해 쓰였습니다.

예수님 당시나 지금이나 기적을 경험하지 않으면 도무지 믿지 않는 불신앙의 시대입니다.

모세가 하나님께서 세상을 창조하신 이야기를 기록한 의도는 분명합니다. 모세는 이런 말을 하고자 하는 것입니다.

"이스라엘 사람들아, 들어라!

너희가 경험한 애굽의 신들은 진짜 신이 아니다. 진짜 신은 따로 있다. 여호와 하나님이시다. 너희는 하나님의 백성이다. 너희 존재의 의미는 천지를 창조하시고 모든 것의 주인이신 하나님의 거룩한 백성이 되는 것이다. 애굽 사람들이 믿던 태양도, 달도, 파라오도 하나님이 만든 피조물에 불과하다.

하나님이 모든 것의 창조자시다!"

우리는 이스라엘 백성으로부터 과거의 경험이 진리가 될 수 없다는 것을 배웁니다. 경험은 우리 인생의 참고 사항일 뿐입니다. 자신의 경험을 절대화하는 것은 자신을 우상으로 만드는 일입니다.

오늘 우리는 과학을 맹신하고 물질을 맹신하는 세상에 살고 있습니다. 돈을 숭배하고, 쾌락과 하나님 없는 인생을 권하는 문화에 살고 있습니다. 이런 곳에서는 자신의 정체성이 희미해집니다. 우리의 정체성이 희미해지는 이유는 하나님보다 세상에 더 영향을 받고 살고 있기 때문입니다.

그래서 이러한 세상에 하나님은 다시 한번 출애굽 기적을 주셨습니다. 바로 우리 구주 예수님과 그분의 십자가 사건입니다. 하나님은 인생의 참된 자유와 복락은 오직 예수 그리스도라고 계시하셨습니다. 제2의 창조 이야기는 예수님과 그분의 십자가 사건입니다. 왜냐하면, 그 십자가를 통해서 우리가 재창조되었기 때문입니다. 다시 말하면, 우리 존재의 의미는 예수 그리스도와 십자가에서 찾아지는 것입니다. 십자가는 말합니다.

"하나님은 자신의 아들을 아끼지 않을 만큼 너를 사랑하신다. 그것이 네 존재의 의미요 살아가는 의미다."

모세는 출애굽한 이스라엘 백성에게 애굽의 우상들을 잊으라고 말합니다. 그리고 그 자리에 하나님을 모시고 기억하라고 말합니다. 종 되었던 그들을 그 강대한 나라에서 구원하시고 해방하신 하나님만 믿으라 말합니다. 오직 하나님만 믿음의 대상이라는 말입니다. 모세는 애굽과 세상의 모든 신은 허구라고 말합니다. 그는 창세기를 통해 이스라엘 백성에게 잃어버린 하나님과 그들의 정체성을 찾게 해 주려 합니다.

마찬가지로 하나님은 예수님의 십자가를 보여 주면서 자신을 더욱 뚜렷하게 계시하십니다. 이 땅의 모든 것은 죄와 사망이라고 말씀하십니다. 그리고 우리 인간이 살 수 있는 유일한 길과 대안을 제시하십니다. 바로 예수 그리스도와 그분의 십자가입니다.

저는 스무 살에 하나님을 믿었습니다. 당시 아버지가 갑자기 돌아가셨습니다. 아버지를 잃은 인생의 허무함이 저에게 찾아왔습니다. 하나님이 살아 계시다면 꼭 만나고 싶었습니다. 그래서 무작정 제 방에 들어가 처음으로 기도라는 것을 했습니다. 기도 내용도 단순했습니다.

"하나님이 살아 계시면 저에게 증거를 보여 주세요. 그 증거로 방언을 하게 해 주세요. 그러면 하나님을 위해 평생 살겠습니다."

정말 간절히 기도했습니다. 그러자 즉시 제 입에서 방언이 터져 나왔습니다. 저는 살아온 모든 날을 회개하고 거듭났습니다. 그리고 성경 말씀을 보았는데 말씀 한 구절 한 구절이 빛이 났고 꿀송이처럼 달았습니다.

하나님께서 저를 찾아오시어 잃어버린 저를 찾아 주신 것입니다. 저의 존재의 의미와 사명을 찾아 주셨습니다. 하나님께서 이스라엘 백성을 종살이하는 애굽에서 빼내어 주셨듯이 세상이라는 애굽에서 저를 빼내어 주셨습니다.

하나님의 말씀과 예수님의 십자가는 우리를 영적 애굽에서 건져 내고 홍해를 건너게 하십니다. 이 세상의 창조가 오직 하나님의 것이듯, 십자가는 이 세상의 구원은 오직 예수님밖에 없음을 우리에게 말해 줍니다. 예수님은 우리에게 말씀으로 찾아오시어 우리의 잃어버린 존재의 의미를 찾아 주십니다.

창세기 1장 1절은 잃어버린 이 세상의 주인을 찾아 줍니다. 이 세상의 주인을 찾을 때 내 존재의 의미가 살아납니다. 이 말씀을 통과해야만 성경 말씀이 하나님의 말씀이 되는 것입니다.

이 말씀을 찾는 유일한 길은 믿음입니다. 성경 말씀이 하나님의 말씀이 될 때는 우리가 그 말씀을 믿을 때입니다. 성경은 믿는 사람에게 하나님의 말씀이 됩니다.

그리고 그 말씀을 믿을 때 하나님은 우리의 모든 것을 찾아 주십니다. 모세가 이스라엘 백성에게 하나님의 창조를 재발견하게 함으로 하나님 백성의 위치를 찾아 준 것처럼 말입니다.

마찬가지로 우리는 예수님의 십자가를 통해 나 자신의 죄성을 재발견하고, 예수님의 십자가를 통한 구원을 재발견합니다.

인간은 예수님의 십자가의 사랑에서만 존재 의미를 찾을 수 있습니다. 우리 자신의 존재 의미가 희미해지는 것은 애굽과 같은 세상에 더 많은 영향을 받고 있기 때문입니다. 내가 세상에 영향을 받으면 받을수록 나의 정체성이 더욱 희미해집니다. 반면에 하나님의 말씀에 영향을 더 받으면 받을수록 나의 정체성이 더욱 분명해집니다.

희미한 내 존재의 의미를 찾는 유일한 길은 하나님의 천지 창조와 예수님과 그분의 십자가 사랑의 의미를 분명히 깨닫는 것입니다.

관계가
힘들어질 때

> 하나님께서 땅의 흙으로
> 사람을 빚으시고,
> 그 코에 생명의 숨을 불어넣으셨다.
> 그러자 그 사람이 살아나
> 생명체가 되었다(창 2:7).

　아담은 하나님이 만드셨습니다. 만드신 재료는 하나는 '흙'이고, 하나는 하나님의 생기, 곧 하나님의 '호흡'입니다. 따라서 인간의 본질은 하나는 흙이고 하나는 하나님의 호흡입니다.
　먼저 흙을 살펴볼까요?
　흙은 천지에 널려 있습니다. 그러나 흙은 귀합니다. 흙이 없다면 인간은 경작하며 살 수 없습니다. 인간의 재료는 흙입니다. 흙은 겸손(humility, 흙이나 땅을 의미하는 라틴어 *humus*에서 파생)을 뜻합니다. 아무리 높은 산이라도 사람의 발밑에 있을 뿐입니다. 흙은 모든 것을 받아 줍니다. 온갖 더러운 쓰레기들을 품어 삭히고 인고의 세월을 보내다가 모든 버려진 것을 새로운 생명으로 탄생시켜 내보냅니다. 흙은 다분히 하나님의 품성을 지녔습니다.

하나님은 아담을 지으셨을 때 흙처럼 모든 것을 품고, 용서하고, 관용하고, 평화하고, 사랑으로 관계하고 살도록 만드셨습니다. 그런데 흙이 흙처럼 살지 않고 자신의 본분을 망각하고 하나님처럼 되려고 할 때 모든 관계가 깨어졌습니다. 아담은 하나님과의 관계의 신앙에 실패하였습니다.

하나님과의 관계에서 실패하면 모든 것을 잃습니다. 구원, 용서, 천국, 영생, 사랑 등 이루 말할 수 없는 영적 은혜를 다 잃습니다. 그러나 하나님과의 관계에서 성공하면 모든 것을 얻습니다. 하나님을 얻으면 천국도 얻고 세상도 덤으로 얻고, 하나님을 잃으면 천국도 잃고 세상도 잃습니다. 하나님은 모든 관계 속에 축복과 형통을 숨겨 놓으셨습니다.

겸손의 반대가 교만이라면, 겸손은 신앙인의 으뜸 자질입니다. 왜냐하면, 기독교의 7대 죄악(교만, 시기, 분노, 탐욕, 탐식, 게으름, 정욕) 중에서 첫 번째가 교만이기 때문입니다.

C. S. 루이스는 교만이 인간의 암적 요소라고 말합니다. 나머지 죄는 인간의 본능에서 표출된 것이지만 교만은 지옥에서 곧장 오기 때문에 교만은 인간에게 가장 무서운 것이라고 말합니다. 그러므로 흙으로 만들어진 인간은 언제나 겸손해야 합니다.

인간은 하나님의 형상을 따라 만들어졌습니다. 하나님의 속성 중 가장 으뜸은 사랑입니다. 사랑은 '품'입니다. 하나님은 품이십니다. 모든 인간을 품어 줄 수 있는 우주보다 더 큰 품이십니다.

하나님의 사랑을 가장 알차게 담아 놓은 '탕자의 비유'는 하나님의 품이 얼마나 큰지 우리에게 말해 줍니다. 인간도 하나님처럼 품이 되어야 합니다.

아담은 태어나서(사실은 만들어진 것이지만) 단 한 번도 에덴을 떠난 적이 없었습니다. 처음에는 너무나 좋았을 것입니다. 그러나 시간이 흐르면서 반복되는 일상에 지겨운 감정이 생겨났을 수도 있습니다. 이러한 반복 속에서 아담과 하와의 마음에 욕망의 시험이 찾아왔습니다. 욕망은 새롭고 화려하고 특별한 것에 끌리게 되어 있습니다.

아담과 하와는 하나님과의 반복적인 일상의 관계보다 욕망을 선택했습니다. 사탄은 에덴동산의 선악과를 이용해 아담과 하와 속에 욕망의 불을 지폈습니다.

아담과 하와는 시련을 맞이한 게 아니라 자신의 욕망과 욕심과 불순종 때문에 유혹을 당한 것입니다. 경계의 기쁨, 한계의 은혜를 몰랐던 것입니다. 경계는 인간이 지켜야 할 선이고, 한계는 인간 자신의 위치를 아는 것입니다.

하나님께서 에덴동산에 선악과를 만드시고 "따 먹지 마시오"라고 푯말을 세우셨습니다. 이것은 인간이 금지 안에서 자유를 누릴 때 안전하다는 말씀입니다. 자유만 있으면 오남용에 빠지고, 반대로 금지만 있으면 선택을 못합니다.

> 폴 틸리히는 '인간이란 수많은 경계선 위에 서 있기에 위태로운 존재'
> 라고 했습니다. 내적 실존이 다양한 형태로 한계에 부딪히는 까닭입니다. 그에게 인간은 '두 기질 사이에', '현실과 상상 사이에', '이론과 실제 사이에', '자율과 타율 사이에', '신학과 철학 사이에', '교회와 사회 사이에', '종교와 문화 사이에', '본국과 타국 사이에' 있는 존재입니다.
> – 송용원, 『사이에서』

아담과 하와는 하나님이 말씀하신 경계선을 넘어가면 위태해진다는 것을 제대로 인식하지 못했습니다. 그리고 그들은 유혹을 이기지 못하고 모든 것을 잃게 되었습니다. 하나님과의 관계가 끊어지자, 낙원에서 추방당하고 자연으로부터도 외면당하게 되었습니다.

하나님은 인간을 창조하실 때 관계하며 살도록 만드셨습니다. 그러나 아담과 하와가 하나님과의 관계를 등한시하므로 결국 사탄과 관계를 맺었습니다. 그 결과 선악과를 따 먹게 되었고, 그와 동시에 하나님과의 관계는 파국을 맞았습니다.

아담과 하와는 세례 요한처럼 자신의 위치를 알아야 했습니다. 주님은 흥하고 자신은 쇠해야 한다는 위치 말입니다.

> 그(예수님)는 흥하여야 하겠고 나(요한)는 쇠하여야 하리라 하니라(요 3:30).

아담이 자신이 흙으로 만들어진 존재라는 사실을 늘 기억하고 살았다면 하나님과 같이 되려는 반역죄는 짓지 않았을 것입니다. 우리는 잊지 말아야 합니다. 우리가 흙이라는 사실을 말입니다. 또한, 하나님의 호흡, 곧 생명이 없으면 절대로 살지 못한다는 사실을 기억해야 합니다.

사람은 태어나자마자 들숨을 쉬고 평생 들숨과 날숨을 반복하며 살다가 날숨을 쉬고 죽습니다. 인간의 본질은 들숨으로 하나님의 생명을 받아들이고 날숨으로 타자에게 생명을 불어넣는 것입니다. 이렇게 인간은 하나님의 도움과 은혜 없이는 홀로 살아갈 수 없는 존재입니다. 자신의 위치를 아는 것이 구원의 시작입니다.

인간이 '흙'이라는 본질을 알면 관계 맺음에 성공할 수 있습니다. 우리가 관계에 실패하는 이유는 나 자신이 흙이라는 사실을 잊고 살기 때문입니다. 흙은 겸손이고, 품어 줌이고, 받아들임이고, 이해이고, 용서이며, 사랑입니다. 이런 마음과 자세를 가지면 결코 관계에 실패하지 않습니다.

예수님은 진짜 흙으로 오셨습니다. 사람의 몸을 입고 스스로 흙이 되셨습니다. 십자가는 인간의 모든 죄성과 죄악의 수용이며 새로운 탄생입니다.

세월이 흘러 30년 이상 목회를 한 지금 돌이켜 보면, 저는 '흙'의 모습으로 주님의 '생명'으로 제대로 살지 못한 것 같습니다. 열정만 가득했습니다. 가족과 성도들과 사람들을 더 많이 흙처럼 품어 주고 이해했다면 얼마나 좋았을까 하는 생각이 듭니다. 이 지점에서 때때로 인생과 목회에 아쉬움이 있습니다. 젊을 때는 옳고 그름만 생각했지 주님의 관용과 용서와 사랑이 부족했습니다.

그런데 하나님은 모나고 부족한 저를 목사로서 써 주시고 오늘까지 그 많은 허물을 감싸 주셨습니다.

하나님의 말씀은 우리가 흙이고 흙처럼 살아가야 한다는 정확한 위치를 알려 주고 자리를 다시 찾아 줍니다. 우리의 위치가 흙이라는 사실을 발견하고 깨달으면 관계의 어려움을 극복할 수 있습니다. 다른 말로 하면, 흙의 위치란 나 중심의 관계가 아니라 하나님과 타인 중심의 관계를 말합니다. 관계는 흙, 즉 겸손이라는 토양에서 만들어지고 자라고 열매를 맺기 때문입니다.

혼자인 것처럼
느껴질 때

> 하나님께서 말씀하셨다.
> "우리가 우리의 형상을 따라 사람을 만들자.
> 그들로 우리의 본성을 드러내게 하여
> 그들이 바다의 물고기와 공중의 새와
> 집짐승과 온 땅과 땅 위에 사는
> 온갖 동물을 돌보게 하자"(창 1:26).

하나님이 세상과 피조물을 만드시고 마지막에 인간을 만드셨습니다. 그분은 인간을 최종적으로 만드심으로 창조의 방점을 찍으셨습니다.

그런데 하나님은 인간을 다른 피조물과 구별되게 지으셨습니다. 그분은 창조의 주인이시지만 그 기쁨을 함께 누릴 동무가 필요하셨던 것입니다.

하나님의 위대성은 자신은 전능한 능력이 있으시면서도 그 만드신 것에서 기쁨을 함께 나눌 친구를 원하셨고, 그 친구를 직접 만드셨으며, 그에게 자유권과 선택권을 주셨다는 데 있습니다.

하나님은 자신의 본질을 하나는 '형상'(꼴, 모양, 모습)으로, 다른 하나는 '본성'(마음, 바탕, 성격)으로 표현하셨습니다. 형상은 외적인 모습이요, 본성은 내적인 모습입니다.

하나님은 영이십니다. 눈으로 볼 수가 없습니다. 그렇지만 인간의 편에서는 하나님을 이해하기 위하여 하나님에 대한 그 어떤 표현이 필요했습니다. 하나님께서는 자신의 형상을 따라 사람을 만들었다고 표현하셨습니다. 바꾸어 말하면, 사람은 자기 형상을 통하여 하나님을 이해할 수 있다는 것입니다.

그렇지만 더 분명하게 이해하기 위해서는 부연 설명이 필요해 보입니다. 그래서 하나님은 이 부분을 설명해 주셨습니다. 그 설명이란 바로 "사람들로 하나님의 본성을 드러내게 하여 온갖 것을 돌보게 하자"입니다. '돌봄', 이것이 하나님의 본성이라는 의미입니다.

창조주는 피조물을 돌봅니다. 부모는 자식을 돌봅니다. 목자는 양을 돌봅니다. 강한 자는 약한 자를 돌봅니다. 큰 자는 작은 자를 돌봅니다. 돌봄은 하나님의 본성입니다.

저는 저를 만드신 분이 돌보시는 분이라는 사실에 안도감과 기쁨을 누립니다. 저를 만드신 분의 본성이 착취자나 명령자가 아니라 돌보시는 분이라 마음이 따뜻해집니다.

저는 목회를 32년간 했습니다. 그동안 세 번의 개척, 세 번의 건축을 했습니다. 30여 년 전에 탄광촌에 들어가 교회를 세웠습니다. 가진 것이 아무것도 없이 오직 하나님 한 분만 바라보고 개척을 했습니다.

그곳은 말이 교회지 주인집하고 칸막이로 반씩 나누어 사용하는 공간이었습니다. 예배실은 두 평 남짓이었고, 강대상은 이것저것 주어다가 톱질과 망치질을 하여 만든 것이었습니다. 사택으로 쓰는 방에는 쥐가 돌아다녔습니다. 그래도 너무 행복했습니다. 하나님을 위해 살 수 있다는 것이 정말 행복했습니다. 하나님의 돌보심이 있기에 가능했던 젊은 날의 목회였습니다.

그때의 순전한 믿음과 마음을 상실하고 사는 것 같다는 생각이 들기도 합니다. 그래도 하나님의 돌보심은 여전히, 평생 저를 따라다닙니다. 우리의 힘은 돈도, 명예도 아닙니다. 하나님의 돌보심입니다. 그리고 그 돌보심으로 우리는 자신의 존재 의미를 찾습니다.

하나님께서 사람을 창조하시되 자신을 닮게 하셨습니다. 그리고 하나님의 본성을 드러내게 하셨습니다. 다른 말로 하면, 하나님이 사람을 만드신 이유는 돌보시기 위해서입니다.

그런데 왜 하나님은 우리를 돌보시려고 할까요?

이것은 관계에서만 설명됩니다. 보통 자식을 키우는 것보다 손자 손녀를 돌보는 기쁨이 비교할 수 없이 크다고 합니다. 할아버지, 할머니가 손주를 돌보는 일은 쉽지 않습니다. 그런데 즐겁고 행복합니다. 어떤 할아버지, 할머니도 손주를 돌보면서 그에게 어떤 대가를 기대하거나 추구하지 않습니다. 잘 돌봐 주면 먼 훗날 손주가 자신에게 보상해 줄 것을 계산하고 돌보는 이는 없습니다.

손자, 손녀가 존재하는 것만으로 이미 보상입니다. 그들이 먹는 것, 말하는 것, 행동하는 것, 걷는 것 등 모든 것이 기쁨입니다. 하나님과 우리의 관계가 그러합니다.

우리가 혼자인 것처럼 느껴질 때가 많이 있습니다. 그러나 우리는 한 번도 혼자일 때가 없었습니다. 언제나 하나님은 나와 함께하셨습니다. 하나님이 나를 돌보아 주셨기에 여기까지 올 수 있었던 것입니다.

우리가 신앙생활을 하면서 혼자라고 느끼는 이유는, 나에 대한 하나님의 돌봄을 믿지 못하기 때문입니다. 한마디로 관계를 잃어버렸기 때문입니다.

이 외로움을 극복하는 방법은 관계를 회복하는 것입니다. 하나님과의 관계, 이웃과의 관계, 자아와의 관계, 사회와의 관계 말입니다. 관계의 반대는 혼자이고, 혼자의 반대는 관계입니다. 우리가 외로운 이유는 홀로 있다고 생각하기 때문입니다.

하나님은 우리가 그분의 자녀로 존재하는 것만으로 기뻐하십니다. 돌봄이라는 하나님의 본성 속에 이미 부모와 자녀의 관계가 전제되어 있기 때문입니다.

하나님은 창세기를 통해 자신의 본성이 돌봄이라고 드러내셨습니다. 그리고 이 돌봄은 예수님과 그분의 십자가에서 더욱 분명히 드러났습니다. 누구든지 예수님을 믿으면 하나님의 자녀가 되는 권세를 주셨기 때문입니다. 자녀라는 말 속에는 하나님의 돌봄이 이미 녹아 있습니다.

하나님의 자녀가 된다는 것은 나를 돌보아 주는 분이 계신다는 뜻입니다. 동시에 이제는 나도 돌봐 주는 사람이 된다는 말입니다. 그리스도인의 정체성은 하나님의 마음을 갖는 데 있습니다. 그 하나님의 마음은 사람을 보살피는 돌봄의 마음입니다.

이 돌봄의 다른 말은 섬김입니다. 예수님은 자신이 섬김을 받으려고 오신 것이 아니라 도리어 섬기려 왔다고 하셨고, 더 나아가 그분 자신을 대속물로 주려고 왔다고 하셨습니다(마 20:28).

돌보고 섬기려면 희생이 필요합니다. 하나님께서 우리를 돌보려고 독생자를 희생하셨습니다. 우리는 희생 없는 시대에 살고 있습니다. 남의 희생을 강요하는 시대에 살고 있습니다. 돌봄은 희생으로 됩니다.

그러면 얼마나 돌보고 얼마만큼 희생해야 할까요?

그 답은 예수님의 말씀에 있습니다. 자신의 목숨을 희생물로 드릴 정도로 해야 합니다. 돌봄과 희생은 그리 만만치 않습니다. 그래서 구원의 길이 좁은 문, 좁은 길인 것입니다. 누구든지 예수님을 따라 구원의 길을 가려면 자기에게 지워진 십자가를 지고 따라야 합니다. 자신에게 주어진 돌봄과 희생이 담겨 있는 십자가를 내팽개치고 예수님을 따르는 일은 헛수고에 불과합니다.

세상은 더욱더 사랑이 식어 가고 비인격화되고 이기심에 매몰되어 가고 있습니다. 하나님이 창조물을 돌보시듯 부모가 자식을 돌보듯 세상을 따뜻하게 보듬어 주는 품이 필요한 시대입니다. 복음을 말하고 산다는 것은 하나님의 이 돌봄에 자신을 전적으로 투신하는 것입니다. 그것이 십자가 사랑의 본질입니다.

하나님은 우리를 돌보아 주셨고, 지금도 돌보아 주시고, 앞으로도 영원히 돌보아 주십니다. 우리는 혼자가 아닙니다.

지금 힘들고 어려운 시기를 걷고 있다고 생각하는 분도 있을 것입니다. 아니 우리 모두가 수고하고 무거운 짐을 지고 인생을 살아가는 사람들입니다.

지금 우리에게 필요한 것은 하나님이 나를 돌보신다는 믿음의 회복입니다. 말씀을 통해 잃어버린 하나님의 돌보심에 대한 믿음과 당신의 돌봄의 사명을 찾았으면 합니다. 그것이 외롭지 않게 신앙의 길을 가는 비결입니다. 사람은 관계가 있어야 외롭지 않기 때문입니다.

04

나도 모르게
시기심이 생길 때

> 뱀은 하나님께서 지으신
> 들짐승 가운데 가장 간교했다 (창 3:1).

창세기는 피조물 가운데 인간 다음으로 뱀을 중요하게 등장시킵니다. 중요 등장인물로 나온다고 다 선하고 좋은 역할인 것은 아닙니다. 성경은 인간의 타락에 뱀이 깊이 관여했다고 말합니다.

뱀이 인간의 타락을 유도했던 이유는 '간교'했기 때문입니다. 간교는 우리말로 간사하고 교활하다는 뜻입니다. 간교의 특징은 이간질을 통해 자신의 목적을 이루는 것입니다. 특히, 이간질은 관계를 끊어 놓는 데 그 목적이 있습니다.

성경에서 우리에게 힘주어 주목하게 하는 이 '간교'라는 단어에 주의를 기울여야 할 필요가 있습니다. 여기서 '간교하다'는 구약의 원어인 히브리어 (아룸)의 번역입니다. 이 단어에는 이 밖에도 '지

혜롭다'라는 뜻이 들어 있습니다. 따지고 보면, '간교하다'와 '지혜롭다'는 한 끗 차이로 모두 '어리석다'의 반대말입니다. 좋은 머리를 남을 속여 이익을 취하기 위해 쓸 때는 "간교하다"라고 하고, 이를 모두의 이익을 위해 쓸 때는 "지혜롭다"라고 말할 뿐입니다.

질투와 시기도 그런 관계의 단어입니다. 고대 철학자인 아리스토텔레스는 질투란 '나 자신'에 초점을 맞춰 '이웃이 지닌 것을 자신이 소유하지 못해 슬퍼하는 것'이라고 정의했습니다. 이와 비교해 시기란 '타인'에게 초점을 맞춰서 '자기가 갖지 못한 좋은 것을 이웃이 가진 것을 슬퍼하는 것'이라고 했습니다.

에덴동산에서 가장 친밀한 사이는 하나님과 아담 부부의 관계였습니다. 그런데 뱀이 친밀한 사이를 단절시키기 위해 파고들었습니다.

여기서 뱀은 사탄 자체가 아닙니다. 성경에서 하나님께서 지으신 모든 동물 중에 뱀이 가장 간교하다고 했기 때문입니다. 즉, 사탄이 가장 간교한 뱀을 이용했다는 이야기입니다(사도 요한이 기록한 요한계시록에서도 인간을 타락시킨 뱀의 이미지가 나오는데 거기에 표현된 "옛 뱀"은 사탄을 의미합니다). 창세기에서는 사탄이 가장 간교한 뱀을 이용하여 인간을 타락시키는 데 일조했다고 합니다.

뱀의 특성은 간교함이고, 이 간교함은 지혜롭다는 뜻도 의미합니다. 그런데 지혜란 자신의 욕망과 유익을 위해서만 사용할 때는 '간교함'이 됩니다. 그리고 공동의 유익을 위해 쓸 때는 '지혜로움'이 됩니다.

여기서 간교와 시기의 연관성을 이렇게 정리할 수 있습니다.

사탄의 가장 큰 유익은 하나님과 사람과의 관계 단절입니다. 그래서 뱀은 자신의 지혜를 사람을 타락시키는 데 사용했습니다. 이때 뱀의 행동은 지혜로운 것이 아니고 간교한 것입니다.

앞에서 말했듯이 시기란 자신이 가지지 못한 것을 타인이 가졌을 때 가지는 슬퍼하는 감정입니다. 뱀의 입장에서 보면 하나님과 사람과의 관계가 부러웠습니다. 뱀은 자신이 갖지 못한 하나님과의 친밀함을 아담 부부가 가졌다는 것 때문에 시기가 생겼습니다. 그래서 자신의 그 영리함을 가지고 하나님과 인간 사이의 관계를 끊어 놓았습니다. 이것이 뱀의 간교함입니다.

하나님과 인간 사이의 좋은 관계가 뱀의 시기심을 유발했다면, 이 관계를 끊어 놓는 역할을 한 것이 간교입니다. 그래서 시기와 간교는 긴밀히 연결되어 있습니다.

우리가 경험하는 바도 그렇습니다. 누군가에게 시기심이 생길 때 그 부러운 것이 그 사람에게서 사라졌으면 합니다. 그리고 그 부러운 것이 파탄 나게 행동하는 일이 간교함입니다. 시기는 내가 가지지 못한 것을 남이 가졌을 때 나타나는 매우 나쁜 내적 감정이고, 간교함은 자신의 유익을 탐하는 외적 표현입니다.

사탄은 자신이 가지지 못한 하나님과 사람과의 관계를 질투했습니다. 그리고 이 관계를 끊어 놓음으로써 자신의 유익을 채우는 데 뱀의 간교함을 사용한 것입니다.

사탄의 유익이 하나님과 인간과의 관계를 끊어 놓을 때 가장 극대화되기 때문입니다.

간교와 시기는 친밀한 관계입니다. 시기가 생기면 간교가 틈타고, 간교하면 시기심에 이용당합니다.

간교가 악한 것은 간사하고 교활한 말로 인간의 가장 중요한 생명줄인 '관계'를 끊어 놓기 때문입니다. 사탄의 가장 궁극적이고 최후의 시험은 하나님과의 관계를 끊어 놓는 것입니다. 선악과에 대한 뱀의 유혹도 근본적으로 하나님과의 관계를 끊어 놓는 유혹이었습니다.

하나님과의 관계가 끊어지면 다른 모든 관계는 허상에 불과합니다. 따라서 사탄의 일차적 목표는 하나님과의 관계를 단절시키는 것입니다.

신앙은 관계입니다. 하나님과의 관계, 목회자와의 관계, 교우와의 관계, 사회와의 관계입니다. 하나님과의 관계 단절에서 신앙의 회의와 소외가 찾아옵니다. 목회자와의 관계가 틀어지면 설교가 귀에 들어오지 않습니다. 교우와의 관계가 악화되면 교회에 나오기가 싫습니다. 사회와의 관계가 잘못되면 선교의 문이 막힙니다. 이 모든 관계 단절의 배후에는 사탄이 있습니다.

관계는 하나님께서 인간이 인간 되게 하시는 안전장치입니다. 사탄의 간교로 인해 이 안전장치가 해제되고 인간은 곧바로 소외 속에 살게 되었습니다. 하나님, 이웃, 자기 자신, 자연으로부터 소외감을 느끼게 되었습니다.

목회자들의 목회자였던 유진 피터슨은 『다윗: 현실에 뿌리박은 영성』에서 이렇게 말합니다.

다윗 이야기를 통해 온전하고 충만한 삶에 대해 무엇을 배울 수 있는가?

무엇보다도 온전하고 충만한 삶이란 하나님과 관계를 맺는 삶이라는 것을 배운다. 물론, 우리가 관계를 맺어야 할 것은 그 외에도 많다. 위험, 부모, 적, 친구, 자녀, 아내, 교만, 창피, 거절, 형제자매, 병, 죽음, 성(性), 정의, 두려움, 기저귀, 팩스, 아침 식사, 교통 혼잡, 막힌 하수관, 부도난 수표 같은 것도 물론 포함된다. 그러나 이 모든 상황과 사건과 사람들의 전면과 후면에는 하나님이 계시다. 우리는 항상 하나님과 관계가 있다.

구원이란 하나님과의 관계 회복입니다. 사탄은 아담의 불순종을 통해 하나님과의 관계를 단절시켰습니다. 그러나 예수님은 하나님에 대한 순종을 통해 하나님과 우리의 관계를 화평으로 복구시키셨습니다.

우리는 관계를 깨는 자가 되어서는 안 됩니다. 관계를 복구하는 피스메이커(peacemaker, 중재자)가 되어야 합니다. 그러기 위해서는 우리 안의 간교함과 시기심을 멀리해야 합니다. 더욱이 우리 주변에 있는 간교한 사람을 가까이하지 말아야 합니다.

그런데 여기서 우리는 한 가지 물음에 봉착하게 됩니다. 왜 하나님께서 간교한 뱀을 만드셨는가 하는 질문입니다. 만약 간교한 뱀을 만들지 않으셨다면 아담이 유혹에 넘어가 인간이 원죄를 갖게 되는 일도 없었을 텐데 말입니다.

'하나님께서 뱀을 만드신 후에 뱀에게 간교함을 두지 않으셨으면 되지 않았겠나' 하는 생각도 할 수 있습니다. 물론, 그럴 수도 있었습니다. 그러나 하나님의 창조는 선택과 자유를 허용한 다양성의 창조입니다.

만약에 하나님께서 모든 창조물이 죄를 짓지 않도록 획일적으로 창조하셨다면 그 창조물은 로봇이나 기계에 불과했을 것입니다. 하나님은 비인격적인 창조물이 아니라 인격적인 창조물을 만들고 싶으셨습니다.

인간은 로봇과 더불어 살 수 없습니다. 로봇은 편리한 이기지 관계를 맺을 수 있는 인격체가 아닙니다. 요즘 애견 로봇이 제작되기는 하지만, 사실 사람은 동물이라도 의지가 있고 성향이 있고 감정이 있는 존재를 키우고 싶어 합니다.

하나님은 편리한 인간을 만드신 것이 아니라 관계의 인간을 만드셨습니다. 하나님 자체가 인격적인 분이시기에 그분의 창조물도 인격적으로 창조하셨습니다.

인격적이라는 말은 선택 가능한 자유로운 존재라는 것입니다. 사람은 취약한 부분이 다 다릅니다. 어떤 이는 돈에 취약하고, 어떤 이는 명예에 취약하고, 어떤 이는 이성에 취약하며, 어떤 이는 권력에 취약합니다. 인간은 다 획일적이지 않습니다. 취약이 죄는 아닙니다.

뱀이 간교하다는 것은 그 뱀의 취약성입니다. 간교 자체가 죄는 아닙니다. 그 간교를 사용할 때가 죄입니다. 간교는 뱀의 성향입니다. 사탄은 간교한 뱀에게 들어가 뱀을 인간 타락에 이용한 것입니다.

칼 자체가 범죄는 아닙니다. 의사가 사용하면 사람을 살리는 것이 되고, 강도가 사용하면 사람을 죽이는 것이 되는 이치입니다.

그래서 인간은 자신의 타락한 본성을 알아야 합니다. 우리 안에는 선한 것이 하나도 없습니다. 오직 하나님을 의지하고 살아가야 할 존재입니다.

우리 안에는 이미 조성된 간교함이 있을 수 있고, 아직 조성되지 않았지만 언제든 조건이 되면 간교할 가능성도 있습니다. 인간은 환경과 조건만 만들어지면 언제든지 죄를 지을 준비가 되어 있는 존재입니다.

영적인 죄 가운데서 큰 것 중 하나가 시기와 질투입니다. 인간은 정도의 차이만 있지 모두 시기와 질투를 가지고 있습니다. 시기와 질투는 나도 모르게 은연히 작동합니다. 그리고 그 시기와 질투에서 간교가 작동됩니다. 내가 가지지 못한 것에 대한 슬픔에서 비롯된 시기와 질투는 내 안의 간교함을 깨웁니다. 그러면 우리는 자신이 가지지 못한 온갖 것에 대해 간교함을 사용합니다.

내가 누군가를 시기하면 그 관계를 끊어 놓고자 하는 악한 본성이 슬그머니 찾아옵니다. 간교는 자신의 유익을 위해서라면 어떤 관계도 끊어 놓습니다. 이때 우리는 선택을 해야 합니다. 간교함을 사용할지 폐기할지 말입니다.

그러면 누가 간교하고 시기하는 사람인가요?

자신이 가지지 못한 것을 타인도 가지지 못하게 관계를 끊어 놓는 사람이 있다면 그가 바로 간교하고 시기하는 사람입니다.

사탄은 지금도 간교한 사람과 시기심이 많은 사람을 이용합니다. 간교와 시기가 무서운 것은 그런 우리의 본성을 사탄이 마음껏 사용하기 때문입니다. 그러니 사탄의 좋은 이용 도구가 되지 않도록 내 안의 간교와 시기를 조심해야 합니다.

조심하십시오!

내 안에 시기심이 생길 때 간교하지 않도록 말입니다. 우리가 시기를 조심하고 멀리해야 하는 이유는, 시기가 영적인 죄악 가운데서도 무서운 것이기 때문입니다. 시기는 간교를 불러들이고, 그 간교를 통해 자신과 타인을 망가트리는 무서운 죄입니다.

하나님의 말씀은 은연중 시기하고 간교하는 나를 발견하게 해 줍니다. 마음과 입술이 정(淨)하게 일치되는 나를 찾았으면 합니다.

죽음이
두려울 때

> 뱀이 여자에게 말했다.
> "너희는 결코 죽지 않아.
> 하나님은 너희가 그 나무의 열매를 먹는 순간
> 하나님처럼 되어서,
> 선에서 악까지 모든 실상을 보게 되리라는 것을
> 알고 계신 거야"(창 3:4-5).

우리는 죽음을 잊은 시대에 살고 있습니다.

세상은 인간에게 죽음을 잊게 만드는 마취제들을 계속 개발해 주입하고 있습니다. 이것이 장사가 잘되는 사업이기 때문입니다. 죽음을 잊게 만드는 것이 인간에게 독약이 된다는 것에 사람들은 관심이 없습니다. 오히려 사는 동안 죽음을 잊게 해 주는 것들을 찾아다니고 있습니다.

고대에는 사람들이 풍요를 가져다주는 신을 추구했습니다. 그래서 많은 상인이 인간의 욕망을 채워 줄 새로운 우상 개발에 주력했습니다. 그 결과 고대 사회는 각종 우상으로 넘쳐나게 되었습니다. 그리고 그 상인들은 막대한 돈을 벌었습니다. 현대에는 죽음을 잊게 해 주거나 불로장생(不老長生)의 욕망을 충족시켜 주면 큰돈을 벌 수 있습니다.

인간은 기억과 망각이라는 좋은 자산을 가졌습니다. 돈을 버는 것과 잘 쓰는 것 둘 다 중요한 것처럼, 기억과 망각 또한 적절한 사용이 필요합니다. 참된 지혜란 기억해야 할 것과 잊어야 할 것을 분별하는 것입니다. 성경은 무엇보다 죽음을 기억하라고 조언합니다. 구원이란 죽음을 지나쳐서 생각할 수 없는 문제이기 때문입니다.

하나님이 인간에게 처음으로 경계하라고 하신 말씀이 "너희는 죽는다"입니다. 반면에 사탄이 인간에게 자신 있게 권한 말은 "결코 죽지 않는다"입니다. 인간을 향한 하나님의 사랑은 죽음을 인식하며 살게 합니다. 반면에 사탄은 인간에게 끊임없이 죽음을 잊게 만듭니다.

그러면 인간을 두고 한 하나님과 사탄의 말이 왜 다를까요?

한마디로 하나님은 우리를 사랑하시는 분이고 사탄은 우리를 파괴하는 존재이기 때문입니다. 죽음을 기억하면 영생 지향적이 되고 하나님 나라에 관심을 두게 되기 때문입니다. 반면에 죽음을 잊고 살면 이 땅 지향적인 사람이 되어 구원에 관심을 두지 않기 때문입니다.

오늘날 사람들을 보십시오. 저마다 천년만년 살 것처럼 살아갑니다. 오직 현실 지향적이고 이 땅 지향적입니다. 이 세상에 모든 것을 걸고 삽니다. 이 땅의 것만 생각하고 사는 사람은 하나님을 기억하지도, 믿지도 않습니다.

사탄은 이 점을 이용한 것입니다. 아담 부부가 선악과를 따 먹어도 결코 죽지 않는다고 장담한 이유는, 그들의 현실적 욕망을 알기 때문입니다. 사탄이 죽음을 무시하게 만든 논리는 인간이 하나님처럼 되리라는 것과 선에서 악까지 모든 것을 알 것이라는 말입니다.

지금 이 세상이 그렇습니다. 사람들이 저마다 돈을 제1번으로 추구하는 이유는, 돈으로 하나님처럼 살 수 있기 때문입니다. 돈이 신이 되어 버린 것은 돈으로 다 할 수 있는 세상이기 때문입니다. 하나님처럼 되는 일, 이 땅에서 그것은 돈을 많이 소유하는 것입니다. 그리고 그 돈은 인간의 모든 욕망을 이루게 하여 죽음을 잊게 만듭니다.

돈에 더하여 인간이 죽음을 기억하지 못하게 하는 것 하나는, 인간 지식의 교만성입니다. 사람은 과학이라면 맹신을 합니다. 통계, 데이터, 유전자에 대한 연구 대부분이 사탄이 파 놓은 함정에 빠져 있습니다. 그런 정보는 인간이 무병장수하고 곧 불로장생하는 방법을 찾을 것처럼 속단하게 합니다. 인간이 자신의 위치를 분명하게 파악하지 못하게 하는 것입니다. 인간의 현 위치는 하나님의 진노의 중심이라는 좌표에 놓여 있는데 말입니다. 이것이 인간이 지금 구원받아야 할 가장 긴급한 이유입니다.

자신의 위치를 분명히 알아야 조난당했을 때 구조대의 구조를 받을 수 있습니다. 많은 사람이 길을 잃어버렸는데도 그 상황을 애써 인정하지 않으려 합니다. 아니, 자신은 길을 잃어버렸을 리가 없다고 생각합니다.

저는 사람들이 지인의 장례식장에 가서 국화 한 송이를 영정 앞에 올려놓고, 묵념 한 번 하고, 육개장 한 그릇 먹고 나올 때만 죽음을 생각하고 있을까 봐 염려가 됩니다.

톨스토이의 소설 『이반 일리치의 죽음』에서 나오는 문상객들의 모습처럼 말입니다. 그 소설에서 고등법원 판사인 이반 일리치가 갑자기 병들어 죽자 사람마다 생각이 제각각입니다. 동료들은 그가 죽었으니 그의 자리는 누구에게 돌아갈까 궁금해합니다. 자신이나 자신의 가까운 사람이 그 자리에 갔으면 하는 생각으로 가득 찹니다. 그의 아내도 남편이 죽어서 슬퍼하기보다 자신이 받을 연금에 더 관심을 둡니다. 이반 일리치의 죽음을 진심으로 애도하는 사람이 없습니다. 모두 한결같이 자신은 죽음과 아무 관계가 없는 것처럼 살아갈 뿐입니다.

저에게 40대 후반에 고난이 찾아왔습니다. 머리가 너무 아프고 어지럽고 움직이기가 너무 힘들었습니다. 아무래도 병원에 가 봐야 할 것 같았습니다. 병원에 가니 의사가 뇌 정밀 진단 사진을 찍어 보자고 했습니다. 사진을 찍고 판독 결과를 초조하게 기다렸습니다. 이윽고 제 이름을 불러 의사 앞에 가서 앉았습니다.

그런데 의사의 얼굴이 심상치 않았습니다. 순간 불길한 예감이 들었습니다. 아니나 다를까 의사가 제 머리에 암의 소견이 보인다고 말했습니다. 그러면서 며칠 후에 다시 검사를 해 보자고 했습니다.

목사로서 많은 죽음을 보아 왔습니다. 그런데 막상 제가 죽을병에 걸렸다니 다리가 떨리고 두려움이 몰려왔습니다. 예배당에 들어가 무릎을 꿇고 눈물을 흘리며 살려 달라고 하나님께 매달렸습니다. 그때 저는 제 신앙의 바닥을 보았습니다. 주님을 위해 살다가 주님을 위해 죽겠다고 늘 말했지만, 막상 죽음이 찾아오니 제 신앙의 정체가 보였습니다. 저는 그때 제가 얼마나 죽음을 무서워하는 존재인가 깨달았습니다. 저의 믿음이 허상이었다는 것이 밝혀졌습니다.

저는 한 번만 살려 달라고 주님께 기도했습니다. 암 진단이 오진으로 되게 해 달라고 기도했습니다. 일주일간 기도하고 다시 병원에 찾아가 재검진을 했습니다. 재진 결과, 암이 아니고 염증이었습니다. 그때 저는 죽었다가 다시 살아난 것처럼 기뻤습니다.

이 일을 겪으면서 저는 죽음을 맞이한 사람들의 심정을 비로소 알게 되었습니다. 이 일을 통하여 하나님은 저에게 삶과 죽음의 의미를 찾아 주셨습니다.

죽음도 삶의 일부입니다. 우리가 살아 있다면 삶의 일부인 죽음을 소중히 다루어야 합니다. 죽음을 소중히 다룬다는 것은 죽음을 맞이하는 나를 진정으로 소중히 여기라는 의미입니다.

나를 소중히 여기는 것은 이 땅에서 잘 먹고 잘살고 마음껏 자유를 누리고 행복을 만끽하는 것이 아닙니다. 영원한 구원의 삶, 천국의 삶, 영생의 삶을 누리는 것입니다. 영원이라는 시간에서 비추어 보면 이 세상 시간은 순간이요 누리는 것은 진짜 누림의 그림자에 불과합니다.

사람이 구원받을 수 있는 길은 자신이 죽음에 놓여 있다는 인정 외에는 다른 길이 없습니다. 인간은 언제 어디서 어떻게 죽을 줄 모릅니다. 죽음이란 속도의 차이일 뿐입니다. 좀 빠르고 좀 늦고의 차이일 뿐입니다. 사람이 모두 죽는다는 사실은 누구나 은연중에라도 알고 삽니다.

죽음에는 축복된 죽음도 있습니다. 그러나 이 세상에서 얼마나 많은 사람이 죽음을 위한 준비를 하지 못하고 죽음을 맞이하는지 생각하면 안타까울 따름입니다. 만약 우리가 의사로부터 죽음의 선고를 받는다면(사실 우리 인간 모두가 이미 죽음의 선고를 받았지만), 그래서 죽음의 실체를 더욱 느끼고 죽음을 준비하고 죽음을 맞이한다면, 그 죽음은 축복된 죽음이라 생각합니다.

죽음이 인간에게 나쁜 역할만 하는 것은 아닙니다. 죽음도 사명이 있습니다. 죽음의 의미는 좋게도 나쁘게도 바뀔 수 있습니다. 그것은 죽음에 대한 인간의 태도에서 결정이 납니다.

인간이 죽음을 생각하는 일은 잃었던 하나님을 더욱 진실하게 찾게 해 줍니다. 그리하여 그가 하나님을 만나고 이 땅을 떠난다면 그것은 축복된 죽음입니다.

"너는 절대 죽지 않으리라" 하는 사탄의 음성 대신 "너는 죽으리라" 하는 하나님의 음성을 기억하며 살아야 합니다. 그것이 자신의 삶과 죽음을 소중히 다루는 일입니다.

하나님은 자신의 아들 예수 그리스도와 그의 십자가에서 인간에게 죽음을 기억하게 하셨습니다. 인간이 사는 길은 죽음을 기억하는 것입니다. 그러니 죽음을 두려워하는 것이 무조건 나쁜 것은 아닙니다. 오히려 죽음의 두려움을 잘 사용하면 됩니다. 하나님을 더 의지하고 더 붙잡고 사는 쪽으로 말입니다.

하나님의 위로는 삶에만 있는 것이 아닙니다. 수많은 사연을 안고 살다가 죽어 간 모든 사람에게 삶과 죽음은 하나님만 참된 위로라고 말해 줍니다. 우리의 진정한 삶의 시작은 죽은 후에 있을 것이기 때문입니다.

우리는 당장 오늘 밤에라도 죽을 수 있는 존재라는 사실을 기억했으면 합니다.

06

누군가의 비밀을
알게 되었을 때

> 여자가 나무를 보니 먹음직스럽게 보였고,
> 그 열매를 먹으면 모든 것을 알게 될 것 같았다.
> 그 여자가 그 열매를 따서 먹고 자기 남편에게도 주니,
> 그도 먹었다(창 3:6).

사탄이 인간에게 선악과를 권하면서 따 먹도록 유혹한 말이 있습니다. "결코 죽지 않는다"라는 것과 오히려 "하나님처럼 된다"라는 말이었습니다.

그러면 인간이 이해한 하나님처럼 된다는 말의 의미는 무엇일까요?

사탄이 한 말에서 단서를 찾을 수 있습니다.

"너희가 나무의 열매를 따 먹는 순간 하나님처럼 되어서, 선에서 악까지 모든 실상을 보게 된다."

이 말은 선악과를 따 먹으면 현실적 유익이 제공된다는 것입니다.

대상: 너희가
시간: 즉각적으로
지위: 하나님처럼 되어서
능력: 선에서 악까지 다 알게 되고
생명의 한계: 결코 죽지 않는다.

인간에게 안전한 지역을 알려 주는 것이 경계선입니다. 인간에게 해를 끼치는 것에는 예외 없이 '금지' 표시가 들어 있습니다.
하나님과 우리 사이도 마찬가지입니다. 하나님은 인간이 안전하게 살 수 있는 방법을 미리 알려 주시고, 경계선을 정해 주셨습니다.
아무리 가까운 사이라도 지켜야 할 선이 있습니다. 서로의 선을 지켜야 더욱 가까워지고 신뢰가 형성되는 것입니다.
그렇다면 아담 부부가 유혹에 넘어가 선악과를 따 먹은 이유는 무엇 때문이었을까요?

첫째, 잉여 시간
둘째, 편안한 환경

다윗이 죄에 넘어진 일도 잉여 시간과 편안한 환경에서 시작되었다는 것을 주지할 필요가 있습니다.

에덴동산은 모든 것이 다 갖추어진 낙원입니다. 인간이 의식주를 염려해 노동할 필요가 없는 곳입니다. 에덴은 아담 부부에게 많은 여가를 제공했습니다.

그들은 여가에 서로 많은 대화를 나누었습니다. 그 중심 주제의 하나가 선악과였습니다. 시간이 지날수록 선악과에 대한 호기심은 점점 깊어 갔습니다.

'도대체 왜 하나님은 동산 중앙에 있는 나무의 열매만 못 먹게 하시는 걸까?'

사탄은 이들 부부의 이 호기심과 탐구의 욕망을 파고들었습니다. 그리고 그들의 호기심을 충족시켜 주면서 죄를 짓게 했습니다. 사탄의 말처럼 그들은 실상을 보게 된 것입니다.

모든 것을 알게 된다고 인간이 더 선해지거나 능력이 있게 되는 것은 아닙니다. 더욱이 행복해지는 것도 아닙니다. 모든 것을 다 아는 것은 하나님의 영역입니다. 모든 것을 다 알고서도 끝까지 행복하고 선한 분은 오직 하나님뿐이십니다. 하나님의 전지하심과 전능하심은 어떠한 상황에서도 흔들리지 않습니다. 하나님은 항상 변함이 없으시고 선하십니다.

그러나 인간은 나의 비밀과 상대의 비밀에 괴롭게 흔들립니다. 오늘날 많은 사람이 다른 사람들의 허물이나 비밀, 약점을 알고 싶어 합니다. 그리고 그 사실을 퍼뜨리고 싶어 합니다.

사탄은 오늘날 우리에게 선악과를 권하면서 원초적 시험을 다시 던집니다. 인간은 많이 알면 알수록 자신이 하나님과 같아진다고 생각합니다. 더 나아가 하나님을 없애고 그 자리에 자신이 서기를 욕망합니다. 과학의 발전, 인공 지능, 역사의 새로운 이해, 데이터, 인간 유전자의 분석과 맹신 등 수많은 선악과로 인간이 자기 위치를 분별하지 못하게 만듭니다.

모든 것을 다 안다고 하나님같이 되는 것은 아닙니다. 모든 것을 다 안다고 인간이 행복해지는 것은 더더욱 아닙니다. 인간은 신의 영역에 도전해서는 안 됩니다. 인간은 인간이 될 때 가장 아름답고 선합니다.

우리는 경계해야 합니다. 잉여의 시간과 편안한 환경을요. 그리고 인간의 모든 허물과 선을 다 알려고 하지 말아야 합니다. 누군가의 비밀을 아는 순간 관계가 파괴되는 경우가 많기 때문입니다. 그리고 알게 된 것이 있다고 해도 남에게 함부로 전하지 말아야 합니다.

어느 유명한 목사님에게 그 교회의 집사님 한 분이 찾아왔다고 합니다. 그분이 비밀 정보 하나를 알려 주었습니다. 아무개 성도가 뒤에서 목사님의 욕을 하고 다니니 조심하라는 말이었습니다.

그 정보를 접한 목사님은 그 집사님에게 이렇게 조용히 타이르고 돌려보냈다고 합니다.

"집사님, 다시는 제게 그런 정보를 알려 주지 마세요. 집사님이 말하기 전까지 저는 그 성도님을 사랑했습니다. 그런데 그 소리를 듣는 순간 사랑의 감정이 수그러들었습니다. 그냥 모르던 때가 더 좋았습니다. 저도 사람인데 그런 소리를 들으면 어떻게 예전처럼 그분을 사랑할 수 있겠습니까."

때로는 모르는 것이 복입니다. 우리가 사람의 모든 진실을 알면 그 충격과 배신감과 고통 속에서 헤어나오지 못할 것입니다. 하나님께서 우리에게 모든 것을 알게 하지 않으신 것이 때로는 우리에게 축복입니다.

다른 사람의 허물이나 비밀을 수사관처럼 캐지 말고, 앵커처럼 보도도 하지 마십시오.

우리 또한 얼마나 많은 비밀을 숨기고 사는 존재인가요?

단지 하나님께서 우리의 모든 허물을 덮어 주시기에 그 은혜로 사는 것입니다.

다른 사람의 허물이나 비밀을 알게 된다면, 소문을 퍼뜨리지 말고 그 영혼을 위해 하나님께 기도하십시오.

하나님께서 말씀하시는 대로만 사십시오.

모든 것을 다 안다고 하나님처럼 되는 것이 아닙니다. 그리고 하나님을 대신하여 심판자가 되어서도 안 됩니다.

하나님이 금하신 것은 알려고도 하지 말고, 전하지도 마십시오.

그것이 새로운 선악과를 따 먹지 않는 길입니다.

나의 실상이
드러날 때

> 그러자 그 두 사람은 곧바로 실상을 보게 되었다.
> 자신들이 벌거벗은 것을 알게 된 것이다.
> 그들은 무화과나무 잎을 엮어서
> 임시로 몸을 가렸다(창 3:7).

상(像)에는 실상(實像)과 허상(虛像)이 있습니다. 실상은 모든 것의 있는 그대로의 참모습입니다. 반면 허상은 실제 없는 것이 있는 것처럼 나타나 보이거나 실제와는 다른 것으로 드러나 보이는 모습입니다.

현대는 실상을 외면하는 시대입니다. 허상의 시대입니다. 실상을 추구하고 찾는 자가 적습니다. 온갖 것으로 자신을 치장하는 시대입니다. 외모, 인기, 돈, 학벌, 명예, 권력, 부, 성공 등 수많은 것으로 인간의 실상을 가리려고 합니다.

그러나 가린다고 가려지는 것일까요?

아담 부부가 선악과를 따 먹자 하나님처럼 된 것이 아니라 자신들의 실상을 보았습니다. 그 실상은 자신들의 벌거벗은 상태였습니다. 그들은 너무 부끄러웠습니다.

왜 인간의 실상에 대한 묘사가 벌거벗은 것에서부터 시작했을까요?

인간은 사람들 앞에서 벌거벗을 때 가장 수치심을 느끼기 때문입니다.

벌거벗었다는 말은 많은 의미를 담고 있습니다. 꼭 알몸으로 드러나야만 부끄러움을 갖는 것은 아닙니다. 인간은 도덕성이 벌거벗겨지고, 가족사가 벌거벗겨지고, 재산 형성 과정이 벌거벗겨지고, 권력의 찬탈이 벌거벗겨집니다. 이렇듯 벌거벗게 되는 분야가 다양합니다.

우리는 자신의 실상을 알아야 합니다. 돈 좀 벌었다고, 권력 좀 가졌다고, 성공 좀 했다고, 유명해졌다고 자신의 실상을 잃고 사는 예가 허다합니다. 이 세상의 것들은 인간의 실상을 잊게 만듭니다. 더 나아가 인간의 실상을 선하게 포장합니다.

예수님은 이 땅에 인간의 실상을 알려 주시고 그 실상을 가려 주려고 오셨습니다. 아담 부부가 자신들의 부끄러운 실상을 알고 임시로 무화과나무 잎을 엮어 자신의 수치를 가렸습니다.

인간의 죄성과 수치는 잎사귀로 가릴 수 없습니다. 오직 예수 그리스도의 보혈로만 그 수치를 지울 수 있습니다.

하나님은 아담 부부의 수치를 가려 주시기 위해 가죽옷으로 바꾸어 입히셨습니다. 그들이 반역하고 불순종했는데도 하나님께서 그들에게 은혜를 주신 것입니다. 오늘 우리도 그러합니다. 우리가 우리의 실상을 고백하면 하나님께서는 우리에게 은혜를 베푸십니다.

살아가다 보면 우리는 다른 이의 실상을 보게 됩니다. 그럴 때 그 사람의 죄성과 실상에 놀랄 것이 아닙니다. 우리 자신이 바로 그 사람과 같기 때문입니다.

우리에게는 하나님의 자비와 은혜가 필요합니다. 나 자신의 실상을 보고 나의 죄성을 인정하고 하나님의 은혜를 구해야 합니다. 타인의 실상을 볼 때는 비난하거나 전파하지 말고 가죽옷을 지어서 입혀야 합니다.

누구의 가죽으로요?

'나 자신의 가죽으로'입니다.

내 가죽을 벗기려면 아픔과 고통과 인내가 필요합니다. 그래서 용서와 사랑이 힘든 것입니다. 하나님께서 아담 부부의 실상을 가려 주시기 위해 동물의 가죽이 필요했습니다. 그 동물의 희생으로 아담 부부의 수치가 가려졌습니다.

우리는 우리의 정체를 잘 알지 못합니다. 아니, 알려고도 하지 않습니다. 무엇보다 가장 크게 염려되는 것은, 자신의 실상을 보며 하나님의 은혜를 깊이 간직하며 살지 못하고 있다는 점입니다. 많은 이가 입으로는 "나 같은 죄인"이라고 말하지만 마음은 교만하고 이기적인 생각과 행동을 하면서도 자기가 의인인 줄로 착각하고 살아갑니다.

하나님의 복은 물질과 성공과 번영이 전부가 아닙니다. 하나님의 진정한 축복은 자신의 실상을 아는 것입니다. 자신의 실상을 알아야 마음이 가난해지고, 마음이 가난해져야 하나님의 위로와 천국을 받을 수 있는 것입니다.

저에게는 초등학교 교사인 딸이 하나 있습니다. 목사인 제가 보아도 성품과 신앙이 참 아름답습니다.

그런데 그 딸이 기도할 때마다 눈물을 흘리며 자신의 죄를 회개합니다. 부모 입장에서 때로는 무슨 일이 있나 걱정이 되기도 합니다. 특히, 제 아내는 딸이 너무 과한 것 같아서 걱정이 컸습니다.

보다 못한 아내가 한마디 했습니다.

"너는 왜 만날 울면서 그렇게 회개기도만 하니?"

딸은 그저 빙그레 웃었습니다.

제가 말했습니다.

"눈물과 회개가 없어진 시대에 성령님이 주시는 은혜예요."

자신의 실상을 볼 수 있다는 것은 복입니다. 자신의 죄성을 보며 애통해하는 자에게 하나님의 위로가 있는 법입니다.

우리 주님은 자신의 생명을 벗겨 우리의 허물과 죄를 가려 주셨습니다. 이제는 우리가 할 차례입니다. 서로 사랑한다는 것은 자신의 가죽을 벗겨 상대의 허물을 가려 주는 것입니다. 이것이 진정으로 자신의 실상을 아는 자의 태도입니다.

나의 실상은 내놓을 것이 하나도 없는 존재입니다. 우리의 실상은 천 번, 만 번을 살펴보아도 죄인일 뿐입니다.

예수님이 우리의 실상 때문에 자신을 드려 하나님께서 우리의 죄를 간과하시게 하셨습니다. 우리 또한 형제의 실상을 보게 되었을 때 비난하지 말아야 합니다. 그것이 자기 실상을 정확히 보는 자의 태도입니다. 그를 보호하고 용서하고 사랑하는 것이 자기 실상을 아는 자의 태도입니다. 그런 자가 자기 실상을 정확히 보는 자입니다.

하나님 앞에서 자기 실상은 찾아내고, 형제의 실상은 덮어 주는 것이 신앙의 실력입니다.

하나님이 멀게
느껴질 때

> 저녁 산들바람 속에
> 하나님께서 동산을 거니시는 소리가 들리자,
> 남자와 그의 아내는 하나님을 피해
> 동산 나무 사이에 숨었다(창 3:8).

인간은 숨는 존재입니다. 반면에 하나님은 찾으시는 분이십니다.

사람이 관계가 멀어질 때는 숨을 때입니다. 아담 부부가 하나님을 피해 숨었다는 것은 하나님이 멀게 느껴졌다는 뜻입니다. 인간의 죄성이 하나님과 멀어지게 합니다.

인간은 자신의 죄성을 숨기고, 도덕적이지 못한 일을 숨기며, 정당하지 못한 재산을 숨깁니다. 할 수 있는 한 자신에게 불리한 모든 것을 숨기려 하는 존재입니다.

하나님께서는 숨어 있는 우리를 찾아 구원하는 분이십니다. 어릴 적에 숨바꼭질을 해 보았을 것입니다. 인간과 하나님 사이가 바로 이 숨바꼭질하는 모습과 같습니다. 인간은 할 수 있는 한 하나님을 피해서 숨고, 하나님은 이러한 인간을 기어이 찾아내십니다. 아래의 시는 이러한 인간과 하나님 사이의 숨바꼭질을 잘 표현했습니다. 그러나 굳이 이 유명한 시를 인용하지 않아도, 구원받은 그리스도인이라면 자신을 향한 하나님의 집요한 사랑을 알고 있습니다.

나는 그에게서 도망쳤네! 밤에도 낮에도
나는 그에게서 도망쳤네! 수많은 세월 동안을
나는 그에게서 도망쳤네! 내 마음속의 미궁 같은 길로
슬픔 속에서도 그를 피해 숨었다네.

겉으로는 계속 웃었고,
한때 희망에 부풀어 오르기도 했었지만
이내 두려움의 골짜기 안에
거대한 어둠 속으로 곤두박질쳐 버렸네!

나를 따라오는, 추적해 오는 그 힘찬 발소리
그러나 서두르지 않고 흐트러지지 않는 걸음걸이
장엄한 긴박함으로 한 목소리가 두드리네.
발소리보다 더 긴박하게

"네가 나를 배반하기에
모든 것이 너를 배반하였도다.
가여워라. 너는 알지 못하는도다.
나 아니면 오직 비천한 너를 누가 사랑해 주겠느냐?
내가 네게서 너의 모든 것을 가져감은
너를 해롭게 하려는 것이 아니라
다만 네가 그 모든 것을 내 품에서 찾게 하려 함이었노라.
네가 어린아이 같은 생각으로 잃어버렸다.
여기 모든 것을
나는 내 집에 쌓아 두었노라.
일어나라. 내 손을 꼭 잡고 가자.
… 아! 어리석고 눈멀고 연약한 자여
내가 바로 네가 찾는 자이니라."
- 프랜시스 톰프슨, 〈천국의 사냥개〉

숨바꼭질의 의미는 숨는 데 있지 않고 적절한 타이밍에 찾아지는 데 있습니다. 우리가 하나님을 찾은 것이 아닙니다. 하나님이 우리를 찾으신 것입니다. 그래서 우리가 하나님을 만난 것입니다.

인간은 본능적으로 하나님을 피하고 숨습니다. 더 나아가 하나님을 인정하지 않습니다.

사람이 유명하거나 권력이 있거나 재력이 있으면 찾아오는 사람이 많습니다. 그러나 반대로 가진 것이 없고 인생의 밑바닥에 떨어지면 누구에게나 외면당하고 거절받습니다. 사람이 누군가에게 거절당하면 자존심에 상처를 입습니다.

저는 마음먹고 글을 쓴 후 희망을 품고 유명 출판사에 원고를 투고하고 한 달이나 기다린 적이 있습니다. 그러나 그 출판사의 선택을 받지 못했습니다. 한마디로 거절당했습니다. 그때 마음이 쓸개 탄 포도주를 마신 듯 시리고 아프고 상했습니다.

그런데 생각해 보니 그리 낙심할 일도 아니었습니다. 이 세상에 수많은 거절이 있는데, 가장 중요한 분께서 저를 거절하지 않으시고 값비싸게 수용해 주셨기 때문입니다.

인간의 이력은 초라하기 그지없습니다. 인간은 자랑할 것이 하나도 없습니다. 그런데도 인간은 자신의 재능과 부유함과 능력을 자랑합니다. 그러나 몇 대만 거슬러 올라가면 별의별 조상을 두고 있는 것이 인간입니다. 그리고 인간의 원점은 아담입니다.

끊임없이 하나님을 향하여 숨는 인간, 그리고 끊임없이 인간을 찾아오시는 하나님. 이 진지한 숨바꼭질 속에 하나님의 애타는 사랑이 숨어 있습니다.

지금 하나님은 천국의 사냥개가 되어 당신을 계속 뒤쫓습니다. 이제 더는 도망갈 시간과 길이 없습니다. 숨을 곳이 없습니다. 숨겨진 죄를 안고 도망치지 마십시오. 주님 앞에 죄를 내려놓고 하나님과 직면하십시오. 하나님께서 우리를 받아 주시며 책망보다는 위로를 주실 것입니다.

"그 무거운 죄를 지고 다니느라 힘들었겠다. 초조하게 죄를 숨기느라 애썼다. 잘 돌아왔다. 내가 그런 너를 위해 세상에 내려와 너를 쫓고 다녔다."

하나님께서는 이렇게 말씀하시며 우리를 사랑 가득한 품에 안아 주실 것입니다.

잃어버린 것이 하잘것없으면 찾지 않습니다. 그러나 그것이 귀한 보물이면 어떡하든 기필코 찾는 법입니다.

하나님은 다 가지셨습니다. 하나님은 더 필요가 없으십니다. 그런데 우리는 그런 하나님이 찾으신 존재입니다. 우리는 하나님에 의해 찾아진 존재이고, 동시에 하나님을 찾아야만 하는 존재입니다. 한쪽만 찾으면 사랑과 평화를 누릴 수 없습니다. 한쪽에서만 찾는 것이 짝사랑입니다. 사랑이기는 하지만 아픈 사랑입니다. 양쪽 다 서로 찾아야 아름다운 만남이 되고 사랑이 됩니다.

그래서 하나님이 우리를 먼저 찾아 주셨고, 우리가 하나님을 찾는 존재가 되길 원하십니다. 여기에 우리의 존재 가치가 있습니다.

하나님이 멀게만 느껴질 때 '나는 하나님에 의해 찾아진 존재'라는 것을 잊지 마십시오. 그리고 그 하나님을 다시 찾으십시오.

그러면 멀게만 느껴지던 하나님이 가깝게 찾아와 계신 것을 비로소 느낄 수 있을 것입니다.

09

하나님의 도움이
필요할 때

> 하나님께서 남자를 보고 물으셨다.
> "네가 어디 있느냐?"(창 3:9).

"네가 어디 있느냐?"

인간을 향한 하나님의 이 물음은 가장 긴박하고 가장 가족적입니다.

하나님은 아담 부부가 사탄에게 넘어가 선악과를 따 먹었다는 소식을 들으셨습니다. 이 일은 간단하게 생각할 문제가 아닙니다.

이 일은 인간적인 표현을 빌리자면 이렇습니다. 한 사람에게 사랑하는 아들이 있었습니다. 그는 아들을 결혼시켰고 분가한 아들 부부를 축복했습니다. 그런데 아들 부부가 잘 사는 줄만 알았는데, 어느 날 충격적인 소식을 듣게 되었습니다. 아들 내외가 부부 싸움을 하다가 분노를 못 이겨 독약을 먹고 다 같이 죽었다는 것이었습니다.

하나님께서 아담 부부에 대하여 들으신 소식은 위에 예를 든 것보다 더 심각한 이야기입니다. 앞으로 아담 후손은 대대로 죄의 바이러스에 감염되어 태어나고 마침내 다 죽게 되었기 때문입니다.

사실 아담 부부가 선악과를 먹은 것은 독약을 먹은 것과 다름없습니다. 선악과는 따 먹으면 죽습니다. 그래서 선악과의 다른 말은 '독과일'입니다. 선악과는 탐스럽고 먹음직한 과일처럼 보이지만 사실은 '독 사과'(가칭)입니다.

현대에는 이 독 사과가 쫙 깔렸습니다. 에덴동산에서는 동산 중앙에만 있었지만, 현대는 어디에나 널려 있는 것이 독 사과입니다. 그리고 에덴의 시절과 마찬가지로 그 독 사과는 인간에게 여전히 매력적이고 호기심이 가는 것입니다. 그때나 지금이나 이 독 사과를 먹는다고 인간의 생명이 바로 죽는 것은 아닙니다. 만약에 이 독 사과를 먹자마자 곧바로 죽는다면 따 먹을 자가 누가 있겠습니까.

독이 서서히 퍼지듯이 선악과의 독도 서서히 퍼집니다. 수많은 사람이 에덴 시절부터 지금까지 이 선악과의 열매를 추구했습니다. 독 사과를 먹으면 영적으로는 바로 죽고 육적으로는 서서히 죽는 것이 특징입니다. 영의 죽음이 먼저이고, 육의 죽음이 그다음입니다.

그런데 아담 부부는 하나님께 특별한 존재였습니다. 아담 부부가 선악과를 따 먹었다는 소식을 듣고 하나님이 급히 에덴동산에 달려가셨습니다. 이때 아담 부부는 하나님이 무서워 동산 나무 뒤에 숨어 있었습니다.

하나님은 아담을 찾으셨습니다.

"네가 어디 있느냐?"

전지하신 하나님께서 아담이 어디에 있는 줄 모르고 부르신 것은 아닙니다.

그렇다면 부르심의 의미는 무엇입니까?

아담이 숨어 있는 곳이 어디냐는, 숨은 장소를 물으신 것이 아닙니다.

"네가 무엇을 하였느냐?"
"네가 서 있는 위치는 무엇을 하는 자리이냐?"
"네가 나에게 숨은 이유가 무엇이냐?"
"네가 두려워하는 것이 무엇이냐?"

이런 다양한 의미가 있었을 것입니다.

하나님은 아담의 죽음에 한걸음에 달려오셨습니다. 인간에게 원죄가 들어오고 죽음이 들어오는 순간이었기 때문입니다. 아담 이후 인간은 하나님에 대하여 숨는 존재가 되었습니다.

구원이란 이 인간이 마신 영적인 독약을 다시 해독(解毒)하는 것입니다. 그런데 인간의 어떤 노력과 선행과 의료 기술로도 인간의 죄성을 제거하지 못합니다. 오직 예수 그리스도의 십자가와 그 보혈로만 제거됩니다.

하나님은 지금도 근심과 두려움에 빠져 있는 수많은 아담을 부르십니다.

아주 오래전에 저는 교회 건축을 했습니다. 성도가 별로 없고 가진 것도 없었지만, 기도 속에 하나님의 응답을 받고 교회 건축을 시작했습니다.

건축업자와 계약에 들어갔습니다. 그런데 이분이 계약금을 많이 주면 더 싸게 해 주겠다고 제의했습니다. 어느 교회 집사님이라고 하여 믿었습니다. 저희로서는 한 푼이라도 건축비를 절감해야 했습니다.

그런데 문제는 많은 계약금을 주고 난 후였습니다. 기초공사만 하고 더는 공사를 안 하고 잠적을 한 것입니다. 저는 걱정에 밤낮을 기도하고 염려하고 지내며 매일 건축업자의 집을 찾아갔습니다. 그러나 그 집사 업자는 이미 잠적한 상태였습니다.

저는 하나님께 하소연했습니다.

"하나님, 저희 형편을 아실 텐데 왜 이런 고난을 겪게 하십니까? 어서 제발 건축업자가 돌아와 교회가 완공되게 해 주십시오! 하나님, 제가 서 있는 이 근심과 고통, 두려움의 자리를 아시잖아요?"

이렇게 날마다 기도했습니다.

저는 어려움에 봉착하니 하나님이 제가 서 있는 위치를 외면하시는 것 같았습니다. 그런데 하나님은 제가 서 있는 자리를 다 알고 계셨습니다.

얼마 후 건축업자는 돌아왔고 교회 예배당은 주님의 은혜 가운데 완공되었습니다.

"네가 어디 있느냐?"

하나님께서 그 집사 건축업자의 양심을 건드리신 것 같았습니다.

꼭 우리가 잘못해서 "네가 어디 있느냐"라고 물으시는 것이 아닙니다. 우리를 도와주시기 위해 지금 있는 자리를 물어보시는 것입니다. 우리는 이 하나님의 사랑의 부르심에 응답해야 합니다.

내가 지금 어디에 있는지 그 위치를 정확히 찾아야 하겠습니다. 내가 서 있는 위치를 알아야 우리가 가야 할 정확한 방향을 찾을 수 있기 때문입니다. 그래야 하나님의 도움을 받을 수 있습니다.

하나님의 도움이 절실히 필요할 때 내 위치를 정확히 알고 파악하는 것이 중요합니다. 그리고 하나님께 구원 요청을 하는 것입니다.

"네가 어디 있느냐"라고 나에게 물으시는 것은 나를 도와주시기 위함입니다.

10

남들이 부러울 때

> 하나님께서 아담과 그의 아내에게 가죽옷을 만들어 입히셨다(창 3:21).

원죄 이전에는 옷이 필요치 않았습니다. 그러나 인간의 범죄 이후 인생에 필요한 준비물이 너무 많아졌습니다.

어릴 적 저의 어머니가 바느질하시던 모습을 생각해 봅니다. 바느질은 어머니의 정성과 사랑의 냄새를 떠올리게 합니다. 어머니와의 추억과 어린 시절에 대한 향수를 불러일으킵니다.

아담 부부는 하나님께 반역과 불순종의 죄를 저질렀습니다. 그러나 하나님은 부모의 마음으로 가죽옷을 만드셔서 아담 부부에게 입히셨습니다.

그런데 이 옷은 예수님이 오시기 전까지 임시로 입는 옷이었습니다. 이제 예수님이 오셨으니 잎사귀 옷이나 가죽옷을 벗고 예수님의 새 옷으로 갈아입어야 합니다. 그런데 인간은 그 옷이 주는 만족감에 빠져 새 옷으로 갈아입기를 거부합니다.

신종 코로나가 대유행하기 전까지 한 15년 동안 노숙자 목회를 했습니다. 매주 매일 노숙자들이 찾아왔습니다. 그들은 요구 사항이 많았습니다. 이분들이 한번 왔다 가면 온 교회에 무어라고 설명할 수 없는 고약한 냄새가 진동했습니다. 그래도 저희는 부족하면 부족한 대로 그들을 최선을 다해 섬겼습니다. 그러다가 코비드 시기가 되면서 자연스럽게 노숙자 목회는 정리가 되었습니다.

아직 노숙자 목회를 하고 있을 때, 매일 교회에 찾아와서 술을 먹고 예배당이나 교육관에서 자고 돈을 타 가는 분이 있었습니다. 우리는 그분을 일명 털보 아저씨라고 불렀습니다.

저는 그분에게 새로운 삶을 살게 해 주고 싶었습니다. 그래서 한번은 새 속옷과 겉옷을 준비하고 그분을 기다렸습니다. 같이 목욕탕에 가서 그 고약한 냄새를 다 빼 주고 새 옷을 입히면 새로운 삶을 살 것 같아서였습니다.

드디어 기다리던 털보 아저씨가 왔습니다. 저는 같이 목욕탕에 가서 몸을 씻고 새 옷을 입자고 했습니다. 그러면 돈을 많이 주겠다고 유혹도 했습니다. 그런데 그분은 한사코 목욕탕에 안 가고 새 옷도 안 입겠다고 했습니다. 많은 시간 설득했지만 실패했습니다. 그분은 그냥 새 옷 대신 돈을 달라고 했습니다.

노숙자들에게 새 옷을 주려 하면 대개 옷보다 돈을 더 원합니다. 돈이 더 필요해서도 그렇겠지만, 지금 옷이 새 옷보다 더 편하고 좋기 때문입니다. 고약한 냄새가 나는 옷이 새 옷보다 더 익숙한 것입니다. 그리고 그들이 당장 필요하다고 여기는 것은 술을 사 먹을 돈이었습니다. 노숙자들의 공통점은 자기 자신을 찾기 싫어한다는 것입니다.

우리도 그렇습니다. 주님이 우리에게 의의 옷을 입자고 하시지만 세상 옷이, 세상 욕망이 더 좋다고 한사코 거절합니다. 그 대신 물질의 축복이나 달라고 합니다. 입술로는 예수님의 의의 옷을 사모합니다. 그러나 마음과 몸은 세상 것에 가 있습니다.

인간이 만들어 입은 무화과나무 잎의 옷은 인간의 자기 맘대로의 옷입니다. 인간은 철저히 자기 맘대로, 자기 욕망대로 사는 존재입니다. 좀 더 도덕적이고 율법적인 가죽옷을 입고 사는 사람도 마찬가지입니다. 자신의 의로 구원을 이루려는 행위가 퍽 눈물겨워 보입니다. 이 또한 안전하고 영구한 옷은 되지 못합니다.

하나님은 구원을 구약을 통해 살짝만 보여 주셨습니다. 그리고 예수 그리스도와 그분의 십자가를 통해 전부 보여 주셨습니다.

이 세상에서 가난한 자는 무화과나무 잎으로 자신의 수치를 가립니다. 좀 더 부자인 사람은 가죽옷으로 자신의 허상을 가립니다. 이 세상에서는 잎사귀 제품과 가죽 제품이 빈부의 차이를 나타내 줍니다. 인생을 막 사는 사람과 좀 더 도덕적으로 사는 사람이 있을 뿐입니다.

그러나 하나님 나라에 입장할 때에 인간은 그런 옷으로 자신의 죄성과 죄악을 한 치도 가릴 수 없습니다. 하나님의 무서운 눈은 모든 것을 꿰뚫어 보시기 때문입니다.

인간의 수치를 가리고 죄성을 가리고 하나님의 심판대를 지날 수 있는 유일한 옷은 그리스도의 옷입니다. 예수님의 십자가의 피는 우리의 죄인 된 몸과 영혼을 씻겨 주십니다.

하나님께서는 그분의 자녀가 된 우리에게 의로우신 예수님의 옷을 입혀 주십니다. 아담은 무화과나무 잎으로 옷을 만들어 입었습니다. 하나님은 예수님이 오실 때까지 가죽옷을 임시로 입히셨습니다. 그리고 마지막에는 예수 그리스도의 의의 옷을 지어 입히셨습니다.

좀 더 깊이 들어가 이야기하면 이런 것입니다. 아담이 만들어 입은 옷은 인간의 의와 노력입니다. 그런데 이 옷은 절대로 자신의 죄를 가릴 수 없는 옷입니다. 인간이 아무리 선하게 살아도 태생이 죄인인 것을 없앨 수는 없습니다. 많은 사람이 도덕과 도(道)와 선행으로 의에 도달하려고 하지만 헛된 노력일 뿐입니다.

하나님이 만들어 주신 가죽옷은 인간에게 주신 율법에 불과합니다. 유대인들이 아무리 율법에 집중해도 율법은 인간의 죄성을 더욱 선명하게 드러내 줄 뿐입니다. 이 율법은 예수님이 오시기까지 인간의 죄성을 한편으로는 억제하고, 한편으로는 드러낼 뿐이었습니다.

하나님은 인간의 모든 죄악을 사해 주시고 의롭게 해 주시려고 독생자 예수님을 보내 주셨습니다. 예수님의 십자가를 통하여 우리에게 의의 옷을 입혀 주셨습니다.

하나님은 이 옷을 만들어 입히시기 위해 자신의 독생자를 희생하셔야만 했습니다. 이 새로운 옷은 하나님의 생명으로 만든 옷입니다. 마침내 예수 그리스도가 오셔서 자신의 십자가를 지고 자신의 생명을 우리에게 주신 것입니다. 이것이 구원입니다.

이 땅의 값비싼 옷들, 명품 옷들은 우리의 죄를 가릴 수 없습니다. 더욱이 하나님의 검열대를 결코 통과할 수 없습니다. 오직 예수 그리스도와 그 보혈인 그리스도의 옷만이 우리를 안전하게 합니다. 하나님은 자기 아들을 죽이시고 그 생명으로 우리에게 구원의 옷을 지어 입히셨습니다.

인간은 아직도 자신의 죄를 무화과나무 잎으로 가리려고 애씁니다. 어떤 이들은 선행으로, 혹은 금욕으로, 또는 율법을 행함으로 가죽옷을 만들어 입으려 애씁니다. 하나님의 눈으로 보면 잎사귀 옷이나 가죽옷이나 매한가지입니다. 구원의 문을 통과할 수 있는 옷은 오직 예수님의 의의 옷뿐입니다.

그런데 우리 중에는 아직도 자신이 디자인하고 만든 무화과나무 잎의 옷을 입고 사는 사람이 많습니다. 그것에 자부심을 느끼는 사람도 많습니다. 또 어떤 이는 율법적으로 행하는 가죽옷을 뽐내기도 합니다.

바울의 염려는 이것이었습니다. 주님을 믿는다 하면서 육신 속에 빠져 사는 사람들을 염려했습니다. 그러나 그가 더욱 염려한 것은 가죽옷과 같은 율법으로 구원받고자 애쓰는 교회 안의 사람들이었습니다.

구원을 위해서는 잎사귀로 만든 옷도, 율법으로 만든 가죽옷도 다 소용없습니다. 예수 그리스도의 핏값으로 사신, 예수 그리스도의 의의 옷만이 우리의 구원에 필요한 옷입니다.

우리는 하나님이 손수 지어 주신 예수 그리스도의 의의 옷을 입은 사람들입니다. 이 무한한 하나님의 사랑과 생명이 담긴 의의 옷을 입고 있으면서 무화과나무 잎의 옷이나 율법으로 만든 가죽옷을 부러워해서는 안 됩니다. 아직도 세상을 부러워하고 육적인 축복을 부러워하는 사람은 자신이 입은 옷의 의미와 가치를 모르는 사람입니다. 우리가 세상을 부러워하면 안 됩니다. 세상이 우리를 부러워해야 합니다.

값없이 대가 없이 우리에게 의의 옷을 입혀 주신 주님을 찬양합니다!

이 사실이 힘들고 지친 인생길을 살아가는 우리에게 참된 위로가 됩니다.

11

하나님께 죄송할 때

> 시간이 흘렀다.
> 가인은 자기 밭에서 거둔 곡식을
> 하나님께 제물로 가져왔고,
> 아벨도 자신이 기르는 양의 첫 새끼 가운데
> 가장 좋은 부위를 골라 제물로 가져왔다.
> 하나님께서 아벨과 그의 제물은 반기셨으나,
> 가인과 그의 제물은 반기지 않으셨다.
> 가인은 화를 내며 언짢아했다(창 4:3-5).

신앙이란 어떤 특정한 시간과 행동에 기반을 둔 것이 아닙니다. 우리의 신앙과 삶의 기반은 하나님의 말씀입니다. 성경 말씀대로 우리가 삶에서 얻는 것을 '더불어' 살기 위한 것으로 삼아야 합니다. 또한, 우리 인생에서 가장 좋은 것을 하나님께 드려야 합니다.

부모의 사랑을 더 받기 위해 형제간에 나타나는 심리적 갈등이나 적대감을 '가인 콤플렉스'라고 합니다. '가인 콤플렉스'는 가인이 동생 아벨을 시기하여 죽인 사건에서 유래했습니다.

아담과 하와는 에덴동산에서 쫓겨나서 땅을 경작하며 고단한 삶을 살게 되었습니다. 그때 그들에게 위안이 되는 아들 가인이 태어났습니다. 물론, 나중에 둘째 아벨도 태어났습니다.

아담 부부는 첫째인 가인을 편애했습니다. 가인은 사실 부모의 사랑을 독차지했습니다. 그의 직업이 농부인 것만 보아도 아버지 아담의 가업을 이어받았고 부모의 사랑을 독차지했음이 분명합니다. 야곱이 요셉을 비정상적일 만큼 편애했듯이 아담과 하와도 비정상적으로 첫째 아들인 가인을 편애했습니다.

이 편애로 말미암아 가인의 인격은 그의 이름 원어의 뜻(얻다, 소유하다)처럼 되어 갔습니다. 가인은 더 많이 얻고 더 많이 소유하려는 탐욕적인 이기심과 시기심으로 가득 찬 사람으로 자라 갔습니다. 한마디로 '관계'의 소중함을 철저히 외면하며 오직 '자기애'로 가득 찬 사람이 되어 갔습니다.

우리는 형이 동생을 죽인 이 최초의 살인 사건이 다른 이유가 아닌 관계의 파괴에서 나온 결과라는 것을 알게 됩니다. 가인이 아벨을 죽인 사건은 이미 받고 있던 '부모의 사랑'이 아니라 '하나님의 사랑'을 독차지하려는 시기심에 의해서 빚어진 것임을 알게 됩니다.

풍요는 축복이 아니고 빈곤도 저주가 아닙니다. 둘 다 시험일 뿐입니다. 관계의 시험일 뿐입니다. 풍요는 다른 사람과 어떻게 나누느

나의 시험이고, 가난은 인내의 시험일 뿐입니다. 그리고 이것의 최종적 시험 결과가 예배에서 판가름이 납니다.

가인과 아벨의 삶도 예배에서 판가름이 났습니다. 하나님은 그분과 사람과의 관계를 물질의 많고 적음으로 측정하지 않으십니다. 하나님과의 관계는 평상시에 그가 하나님께 얼마나 감사하며 살아왔는지 그리고 그 감사함으로 다른 사람과 어떤 관계를 맺었는지로 판가름 납니다.

하나님은 관계를 소중히 여기십니다. 주님은 말씀하십니다.

> 그러므로 예물을 제단에 드리려다가 거기서 네 형제에게 원망 들을 만한 일이 있는 것이 생각나거든 예물을 제단 앞에 두고 먼저 가서 형제와 화목하고 그 후에 와서 예물을 드리라 (마 5:23-24).

이왕 제사(예배) 드리러 왔는데 다 드리고 가서 화해하면 안 될까요? 혹시 화해해야 할 사람이 멀리 있다면 더 곤란할 것입니다.

그냥 기도로 회개하고, 화해는 나중에 만나서 하면 안 될까요?

그런데 주님은 '즉시' 하라고 말씀하십니다.

제사를 드릴 수 있는 모든 조건, 곧 제물, 제사자, 제사장이 다 있고 하나님이 계신데 다른 무엇이 더 중요합니까?

주님의 말씀은 제물과 제사자 그리고 제사장이 중요하지 않다는 뜻이 아닙니다. 제사가 중요하지 않다는 뜻이 결코 아닙니다. 다만 이 모든 것이 어우러져 합당한 제사가 되려면 모든 관계를 정상으로 되돌리고 더 좋은 관계를 유지해야 한다는 뜻입니다. 관계가 삶이고 삶이 제물이라면, 화해를 하고 와서 제물을 드리라는 것은 매우 중요한 가르침입니다.

관계는 주님의 말씀에 순종하는가에 대한 '시금석'입니다. 예배 인도자와 예배자가 예배를 드리기 전에 나 자신과 관계의 화해를 할 사람이 있는지 먼저 살펴보아야 합니다. 외적인 것만 치장하거나 준비하지 말고 우리의 내적인 마음을 살펴야 합니다. 나는 지금 누구와 화해가 필요한지 자신에게 물어야 합니다.

한마디로 가인은 탐욕의 인간, 시기심의 인간으로서 관계를 파괴하는 전형입니다. 가인은 하나님과의 관계, 부모와의 관계, 동생과의 관계에 실패한 대표적인 예입니다. 그가 관계를 소중히 여긴 사람이었다면 하나님께 드린 제사에 성공했을 것입니다.

관계에 예배의 성공 여부가 판가름 난다고 할 수 있습니다. 삶의 핵심은 관계이기 때문입니다. 관계를 경시하는 것, 여기서부터 신앙의 문제가 생기는 것입니다. 관계에 신경을 쓰지 않는 사람은 이기적인 사람입니다. 자신에게 필요치 않은 관계를 피곤하게 맺으려 하지 않기 때문입니다. 나만 잘살면 된다는 이기심의 발로입니다.

그러나 주님의 마지막 명령은 "서로 사랑하라"이고, 서로 사랑하는 것은 '관계'라는 것을 명심해야 합니다. 성경이 우리에게 가르치는 예배란 '삶이 예배 되게 하고, 예배가 삶이 되게 하는 것'입니다.

오늘날 우리는 무서울 정도로 '가인적(的)'입니다. 가인과 같은 성격을 띠고 있다는 것입니다. 우리는 이기심과 시기심, 성공주의, 개인주의가 판치는 세상에서 살고 있습니다. 바른 인간관, 바른 신앙관을 정립할 수 있으려면 할 수 있는 대로 모든 사람과 평화 관계를 유지해야 합니다. '더불어'가 아니라 '자신만을 위한 것'은 그 어떤 것도 합리화되거나 정당화될 수 없습니다. 그리고 '평화의 유지비'는 겸손과 관용 그리고 사랑으로 항상 내가 먼저 지불해야 하는 것입니다.

또한, 신앙은 나의 가장 좋은 부위를 하나님께 드리는 것입니다. 가인과 아벨의 차이점은 "가장 좋은 부위"라는 표현에서 드러납니다. 아벨은 자신이 기른 양의 가장 좋은 부위를 골라 제물로 가져왔습니다.

우리 인생에서 가장 좋은 부위는 하나님께 드리는 것이 신앙입니다. 가장 좋은 부위는 정성이고 마음이고 사랑이고 존중이고 기쁨입니다. 가장 좋은 부위는 하나님과 나의 관계를 나타내 줍니다.

우리의 신앙생활이 종교적이 되면 가인처럼 대충 하나님을 대합니다. 그러나 아벨은 그 삶에서 언제나 하나님을 존중했습니다. 하나님을 경외하고 사랑하는 마음에서 나온 것이 '가장 좋은 부위'입니다.

우리는 아벨처럼 하나님께 예배를 드리지 못하고 가인처럼 드리는 것에 죄송한 마음을 가져야 합니다. 하나님에 대한 불만보다는 하나님에 대한 죄송한 마음이 커야 신앙의 실력입니다.

가장 좋은 부위를 보면 하나님이 생각나는 것, 이것이 신앙과 제사의 근본입니다. 하나님과 가장 좋은 관계는 가장 좋은 부위를 가장 좋으신 하나님께 드리는 것입니다.

예수님은 자신의 가장 좋은 부위를 우리를 위해 하나님께 드렸습니다. 그뿐 아니라 자비, 사랑, 은혜, 기적, 영광 등 자신이 가진 모든 것을 하나님께 드렸습니다. 예수님은 우리에게 자신의 몸과 피와 생명을 나누어 주셨습니다.

십자가는 하나님께서 가장 좋은 부위를 우리에게 주신 사건입니다. 동시에 십자가는 우리가 가장 좋은 부위를 하나님께 드리는 것이 신앙이고 사랑이라는 사실을 조용히 말해 줍니다.

하나님께서 가장 좋은 부위를 우리에게 주셨다는 사실에 감사합니다. 주님이 우리에게 가장 좋은 부위인 '생명'을 주셨듯이 우리의 가장 좋은 부위인 '우리의 생명'을 드릴 수 있어야 합니다.

우리 대부분은 하나님께 나의 가장 좋은 부위를 드린 것이 언제인지 생각도 나지 않습니다. 오히려 가장 좋은 부위는 내가 갖고 부실한 부분은 하나님께 드리며 사랑한다고 고백합니다. 하나님께 너무 죄송할 따름입니다.

이제 잃어버린 가장 좋은 부위를 찾아 하나님께 드렸으면 합니다. 좋은 것이 생기고 가장 좋은 부위를 얻으면 하나님을 먼저 생각했던 그 처음 사랑을 찾았으면 합니다.

사람이 미워질 때

> 하나님께서 가인에게 물으셨다.
> "네 아우 아벨이 어디 있느냐?"
> 가인이 대답했다.
> "제가 어떻게 알겠습니까?
> 제가 그를 돌보는 사람입니까?"(창 4:9).

사랑과 진리는 독과점 품목이 아닙니다. 사람과 사회가 타락하면 모든 것을 독점하려고 합니다. 아벨의 억울한 죽음은 가인이 모든 것을 독점하려는 탐욕과 이기심 그리고 시기에서 나온 결과물입니다.

아벨은 사랑받지 못한 아들처럼 보입니다. 다른 말로 이야기하면 철저한 약자입니다. 그가 유일하게 삶의 원동력을 가질 수 있었던 부분은 하나님과의 관계였습니다. 하나님께서 아벨과 아벨의 제물과 제사를 받으셨다는 성경의 증언이 이 사실을 뒷받침합니다.

하나님께서 아벨의 삶을 제물로 받으셨다고 하는 것은 그가 얼마나 관계를 바로 세우려고 노력하며 살았는지를 대변해 줍니다. 아벨은 형만 사랑하는 부모를 이해하려 했습니다. 모든 것이 자기 뜻대로 돌아가야 직성이 풀리는 형 가인의 횡포에도 관계를 깨지 않으려 노력했습니다. 가인과 아벨이 따로따로 제사를 드린 것이 아니라 공동 제사를 드린 것만 보아도 알 수가 있습니다. 가인과 아벨의 제사는 공동 제사였습니다. 공동은 관계를 의미합니다.

관계가 결핍되고 소외된 예배를 주님은 기뻐하시지 않습니다. "너희는 세상의 소금이고 세상의 빛이다"(마 5:13-14)라고 우리의 정체성을 확립해 주시는 주님의 말씀에서도 신앙은 관계라는 것이 입증됩니다. 주님이 "지극히 작은 자 하나에게 한 것이 곧 내게 한 것이니라"(마 25:40)라고 말씀하신 것만 보아도 우리가 얼마나 관계의 지평을 넓혀 가야 하는지 알게 됩니다.

우리 주변에 아벨처럼 소외된 사람은 없는지 주님의 눈으로 세상을 바라보아야 합니다. 관계를 잘하려면 잘못된 한 부분을 보고 전체를 판단하지 말아야 하고, 잘된 한 부분을 보고 전체를 긍정적으로 볼 수 있어야 합니다. 내가 일만 달란트 빚진 자라는 인식은 모든 사람과의 관계를 깊어지게 하고 넓힙니다. 관계를 경시하는 것은 관계를 중요하게 여기시는 하나님을 무시하는 것이 됩니다.

특히, 약자는 철저히 무시하고 유명하고 힘 있고 돈 있는 강자와만 관계를 맺으려 하는 사람들이 있습니다. 우리는 약한 자에게 관심이 거의 없는 시대에 살고 있습니다.

그러나 성경의 하나님은 약자에게 관심을 쏟으십니다. 과부, 고아, 가난한 자, 약한 자, 나그네들을 언제나 챙기십니다. 하나님은 약한 자를 붙들어 쓰셔서 강한 자를 부끄럽게 하십니다.

우리는 자신이 가인인지 아벨인지를 끊임없이 묻고 살아야 합니다. 하나님과의 관계, 사람과의 관계 안에서 자신의 진짜 모습을 발견해야 합니다. 그래야 사람을 미워하는 함정에서 벗어날 수 있습니다.

우리가 사람을 미워하는 이유는 다양합니다. 내 앞에서 아벨처럼 하나님께 인정받는 사람이 은근히 미워질 수 있습니다. 나를 괴롭히고 힘들게 하는 사람이 미워지기도 합니다. 신앙이 관계인 것은 그 관계를 잘해야 사람을 미워하는 죄에서 빠져나올 수 있기 때문입니다.

학생들은 시험을 보며 자신의 실력을 측정합니다. 신앙도 실력이 있어야 합니다. 신앙의 실력을 쌓아야 합니다. 실력의 다른 말은 성장과 성숙입니다. 태어났지만 성장이 없으면 비정상입니다.

성장하고 성숙했다는 것은 성령의 열매를 맺는다는 말입니다. 성령의 열매가 나타나지 않는다면 내 안에 성령님이 부재하시다는 뜻입니다. 성령의 열매 중 앞에 나오는 세 가지인 사랑과 희락과 화평은 하나님과의 관계에서, 오래 참음과 자비와 양선은 타자와의 관계에서 그리고 충성과 온유와 절제는 자신과의 관계에서 맺히는 것입니다. 한마디로 관계 안에 신앙의 본질이 다 들어 있다고 할 수 있습니다. 그리고 그 관계는 약자에게 관심을 두는 것부터 시작합니다.

예수님은 제자들에게 이렇게 차례로 명령하셨습니다.

첫째, 나를 따르라.

둘째, 나를 믿으라.

셋째, 나를 사랑하라.

넷째, 서로 사랑하라.

 마찬가지로 우리에게도 이렇게 차례로 명령하셨습니다. 여기서 주님의 마지막 명령은 "서로 사랑하라"입니다. 사람을 미워하지 말고 사랑하라고 마지막 당부를 하셨습니다. 이 말씀을 준행하기 위해서는 하나님의 사랑을 입은 우리 자신을 먼저 생각해 보아야 합니다.

 하나님이 우리를 사랑하시는 증거가 십자가이고, 우리가 하나님의 사랑을 실천할 수 있는 곳도 예수님의 십자가입니다. 이 세상에서 십자가의 사랑과 생명을 뛰어넘을 수 있는 것은 아무것도 없습니다.

 하나님은 아담에게 이렇게 물으셨습니다.

 "네가 어디 있느냐?"

 그의 아들 가인에게는 이렇게 물으셨습니다.

 "네 아우 아벨이 어디 있느냐?"

 오늘도 우리 주님은 말씀하십니다.

 "네가 어디 있느냐?

 네 아우 아벨이 어디 있느냐?"

 주님은 십자가에서 이 물음을 던지고 답을 주시기 위해 이 땅에 오신 것입니다.

 "네, 주님. 제가 아벨을 돌보는 자입니다."

이것이 십자가의 답입니다. 이 답을 가슴에 품고 살아야 사람을 미워하지 않을 수 있습니다.

예수님은 우리를 돌보러 세상에 오셨고 십자가에서 죽기까지 우리를 돌보셨습니다. 그리고 지금도 우리를 돌보고 계십니다. 하나님께서 우리가 태어나서 삶을 살아 내고, 죽고, 그리고 영원한 나라에 이르기까지 우리를 돌보아 주신다니 정말 행복합니다.

그러나 우리의 기쁨이 여기서 끝나면 안 됩니다. 우리는 모두 다 죄와 죽음의 강도를 만난 자였습니다. 그런데 우리 주님이 나의 선한 사마리아인이 되어 주셨습니다.

이 땅에는 죄와 죽음의 강도를 만난 자가 널려 있습니다. 그러나 많은 이가 자신이 강도 만난 자라는 것을 인식하지 못합니다. 왜냐하면, 거듭난 자만이 자신이 강도 만난 자라는 것을 알 수 있기 때문입니다.

예수님은 유대인들을 향해 이렇게 말씀하셨습니다.

> 진리를 알지니 진리가 너희를 자유롭게 하리라(요 8:32).

이 말을 들은 유대인들은 분개했습니다. 자신들은 지금 노예가 아니라 자유인이라고 생각했기에 자유롭게 하리라는 예수님의 말씀의 의미를 이해하지 못했기 때문입니다.

현대도 예수님 당시와 똑같은 현상에 놓여 있습니다. 현대인들은 자신이 죄의 노예이고 죽음의 강도를 만난 자라고 인식하지 않습니다. 그러니 구원의 필요성을 느끼지 못합니다.

이제 우리가 강도 만난 자의 선한 사마리아인이 되어 주어야 합니다. 내가 강도 만난 자였다는 사실과 이제 내가 강도 만난 자의 선한 사마리아인이라는 나의 정체성을 찾아야 합니다.

"주님, 맞습니다!

제가 제 아우를 돌보는 자입니다!"

내가 그 사람을 돌보는 자라는 사명을 깨달을 때 그 사람을 더는 미워하지 않습니다. 내 앞의 그 사람이 자꾸 미워질 때 자신을 설득해야 합니다. 하나님께서 이 사람을 내게 붙이신 이유는, 그 사람을 미워하라는 것이 아니라 돌보라고 맡기신 것입니다.

사명을 거창하게 생각하지 않았으면 합니다. 내 앞의 미운 그 사람을 돌보는 것, 그것이 나의 일차적 사명입니다.

내가
절망스러울 때

> 셋도 아들을 낳고 그 이름을 에노스라고 했다.
> 그때로부터 사람들이
> 하나님의 이름으로 기도하고
> 예배하기 시작했다(창 4:26).

아담 부부는 큰 고난을 겪었습니다. 이 고난은 그들의 선택에서 찾아왔습니다.

인생과 신앙은 선택이고 관계입니다. 잘된 선택에서 잘된 관계가 나오고, 잘못된 선택에서 잘못된 관계가 나옵니다.

서로의 관계를 지탱해 주는 것이 신뢰입니다. 신뢰가 깨지면 모든 관계는 파산에 직면합니다. 선악과는 금지의 개념보다 신뢰의 개념입니다. 하나님과 아담 부부의 관계는 선악과라는 신뢰 속에 묶여 있었습니다.

하나님께서 선악과는 먹지 말라고 하신 말씀은 하나님과의 신뢰를 깨지 말라는 주문입니다. 하나님은 아예 "따 먹으면 죽는다"라고 말씀하셨습니다. 이것은 미래에 대한 예지적 말씀입니다. 따 먹고 싶은 욕망, 따 먹으라는 시험에 직면할 때 하나님의 말씀을 기억하라는 뜻이셨습니다. 여기서 '죽는다'라는 것은 하나님과의 관계가 깨지는 것을 의미합니다.

그러나 그들은 현재의 하나님과의 관계에 만족하지 못했습니다. 더욱이 안타까운 것은 사탄과의 관계를 새로이 구축했다는 것입니다.

결국, 그들은 선악과 하나로 하나님과의 관계를 무너뜨렸습니다. 그들은 낙원과 모든 것을 잃고 에덴 밖으로 쫓겨났습니다. 이것이 그들의 첫 번째 불행이고 절망입니다.

두 번째 불행과 절망은 자식들에게 찾아왔습니다. 그들은 슬하에 두 형제를 두었습니다. 한 명은 가인이고 다른 한 명은 아벨입니다. 가인은 부모의 욕망을 이어받았고, 작은아들 아벨은 착하고 하나님을 경외하는 사람이었습니다.

결국, 가인은 자신의 동생을 시기하여 아벨을 살해했습니다. 인류 최초의 살인 사건이 아담 가정사에 일어났습니다. 그리고 그 사건의 전말은 큰아들이 작은아들을 돌로 쳐 죽이는 사건이었습니다. 더욱 더 충격적인 것은 예배가 끝난 후 예배로 인해 이 사건이 발생했다는 점입니다.

우리는 알아야 합니다. 예배 중에 결코 시험에 들지 말아야 한다는 사실을 유념해야 합니다. 특히, 목사님의 설교에 시험이 들지 말아야 합니다. 예배의 실패는 삶의 실패입니다.

아담 부부는 지옥에서 사는 것 같았습니다. 에덴만 경험한 아담 부부가 처음으로 지옥의 개념을 경험한 것입니다. 지옥은 환경으로 경험하는 것이 아니라 고통으로 경험하는 것입니다.

아담 부부는 큰아들이 작은아들을 죽이는 불행을 겪어야만 했습니다. 그리고 하나님께 자신들만 쫓겨난 것이 아니라 자신의 장남이 쫓겨나는 비참한 현실을 지켜보아야만 했습니다. 아담 부부는 평생 고통 속에 살았을 것입니다.

하나님은 이런 이들에게 셋이라는 아들을 주어 그들 부부를 위로하셨습니다. 그리고 셋이 아들을 낳고 그 이름을 '에노스'라고 지었습니다. 에노스는 히브리어 '아나쉬'에서 나왔습니다. 그 뜻은 '약하고 깨지기 쉬운 존재'라는 뜻입니다.

셋이 자기 아들 이름을 '연약한 존재'라고 지은 이유가 분명히 있을 것입니다. 이름은 그 사람을 나타내기에 신중하게 짓는 법입니다.

셋은 가정사의 비밀을 알게 됩니다. 큰형은 가인이고 작은형은 아벨이라는 것을 알게 되었을 것입니다. 그리고 그 형들이 왜 집에 같이 살지 않는지를 물었을 것입니다. 아담 부부는 가슴 아픈 사연을 쭉 이야기했을 것입니다. 자신들이 사탄의 유혹에 넘어가 선악과를 따 먹은 사실부터 그 이후의 모든 삶을 이야기했을 것입니다. 마침내 가인과 아벨의 이야기를 했을 때는 모두가 눈물을 터트렸을 것입니다.

아담의 가정사는 셋에게 많은 교훈을 주었을 것입니다. 마침내 셋은 자신의 아들이 태어나자 그 이름을 '에노스'라고 지었습니다. 그 이름은 깨지기 쉬운 인간, 유혹에 한없이 연약한 인간을 뜻합니다. 셋은 인간이 연약하기에 하나님을 의지하지 않으면 살 수 없다는 고백을 자기 아들의 이름 속에 남겨 두었습니다.

에노스라는 이름은 아담 가정사에 담긴 교훈이라고 생각합니다. 동시에 에노스라는 이름은 인류의 명패입니다.

에노스의 시대부터 기적이 일어났습니다. 사람들이 비로소 그때부터 하나님의 이름으로 기도하고 예배를 시작했기 때문입니다.

하나님 앞에 철저히 절망해 보지 않은 사람은 참된 그리스도인이 되기가 힘듭니다. 자신이 절망스러운 존재라는 것을 깨달을 때 인간은 비로소 진심으로 하나님을 찾기 때문입니다.

저 또한 뒤돌아보니 정말 깨어지기 쉬운 인간으로 살았습니다. 하나님의 단단한 은혜가 없었다면 목회와 인생의 길을 한 발도 걸어올 수 없었을 것입니다. 죄에 넘어지고, 자책하고, 무력감에 빠지고, 패배 의식을 갖고, 순수한 열정은 사라지고, 타성에 젖어 살고, 미래가 희망 없어 보이고, 절망하기도 했습니다. 이런 저를 주님은 끝까지 책임져 주셨습니다. 그래서 이전보다 주님을 간절히 붙잡고 싶습니다.

하나님은 은혜로 저를 일으켜 세워 주시고, 용서하시고, 먹여 주시고, 입혀 주시고, 환대하시고, 지켜 주시고, 사랑하시고, 안아 주시고, 힘을 주십니다. 어찌 저뿐이겠습니까. 우리 모두에게 그리하셨습니다.

큰 산을 태우는 데는 큰 산만 한 불이 필요 없습니다. 작은 불씨 하나면 충분합니다. 마찬가지로 우리가 위대한 일을 해야만 위대한 사람이 되는 것은 아닙니다. 내가 서 있는 자리에서 하나님 앞에 연약한 존재로 서기를 시작하면 됩니다.

자신이 연약한 존재, 즉 하나님의 구원과 도움이 필요한 존재라는 것을 아는 순간부터 참된 기도와 예배는 시작됩니다. 그리고 동시에 구원도 시작됩니다.

하나님의 아들 예수 그리스도는 자신의 몸을 단번에 희생 제물로 드리셨습니다. 그분은 우리를 위해 단번에 십자가에서 죽으시고 우리에게 영원한 생명을 주셨습니다.

하나님은 마리아에게 말씀하셨습니다.

> 보라 처녀가 잉태하여 아들을 낳을 것이요 그의 이름은 임마누엘이라 하리라 하셨으니 이를 번역한즉 하나님이 우리와 함께 계시다 함이라(마 1:23).

하나님이 우리와 함께 계시고 우리가 하나님과 함께하는 것이 '기도'이고 '예배'입니다. 무력하기만 한 나 자신을 보고 절망하지 마십시오. 우리는 언제나 절망과 희망의 경계선에 있는 자들입니다. 나를 보면 절망하게 되고 하나님을 보면 희망이 소생하는 존재 말입니다.

절망도 진짜 절망이 있고, 가짜 절망이 있습니다. 진짜 절망이란 나의 죄성을 보며 애통해하는 것이고, 가짜 절망은 환경과 조건에 절망하는 것입니다. 진짜 절망은 그 절망 속에서 마침내 하나님을 찾는 것입니다. 그러나 가짜 절망은 자신의 환경과 조건 속에 매몰되어 더는 헤어나오지 못하는 절망입니다.

하나님을 찾지 않는 절망은 소망이 될 수 없습니다. 그러나 하나님을 마침내 찾는 절망은 소망적 절망입니다. 나의 죄성에 절망하는 것은 본질적 절망이고, 나의 환경과 조건에 절망하는 것은 현상적 절망입니다.

> 셋도 아들을 낳고 그의 이름을 에노스라 하였으며 그때에 사람들이 비로소 여호와의 이름을 불렀더라(창 4:26).

나 자신을 보고 절망할 수밖에 없는 그때가 하나님께 신령과 진정으로 기도하고 예배가 시작되는 때입니다. 그러니 '그때'를 잊지 말고 잃었던 나의 순전한 믿음을 되찾아야 하겠습니다.

주님과
동행하고 싶을 때

> 에녹은 예순다섯 살에
> 므두셀라를 낳았다.
> 에녹은 늘 하나님과
> 동행했다(창 5:21-22).

　예수님을 믿고 거듭나 구원받은 사람의 특성은 주님과의 동행입니다. 그리스도인인데 주님과 동행하지 않는다면 주님의 참다운 제자가 될 수 없습니다. 동행은 관계를 맺어 줍니다. '홀로'가 아닌 '더불어'의 동행은 주도권이 주님께 있습니다. 에녹의 삶의 핵심적인 특징은 하나님과의 동행이었습니다.

　구약 시대에(어쩌면 지금도 마찬가지이지만) 인간이 누릴 수 있는 최상의 복이 있었습니다. 그 복은 무병장수, 광활한 토지, 자손의 번성이었습니다. 그런데 이런 것보다 더 큰 복이 있다고 생각한 사람이 있었습니다. 바로 에녹입니다. 에녹에게 최상의 복은 하나님과의 동행이었습니다. 다른 말로 하면, 에녹에게 복된 삶이란 하나님과의 바른 관계에서 이루어지는 영적 교제였습니다.

우리가 믿는 하나님이 삼위일체라는 신비적 관계로 되어 있듯이 하나님을 향한 우리의 신앙도 관계의 차원을 지닙니다. 하나님과 나와 이웃이 함께 가는 관계의 신앙을 지녀야 합니다. 관계를 떠난 삶과 신앙과 영성은 존재하지 않습니다.

그러면 언제부터 에녹이 하나님과 동행했을까요?

그가 아들 므두셀라를 낳고 난 다음부터입니다. 성경을 보면 65세에 에녹이 아들 므두셀라를 낳은 후 3백 년 동안 하나님과 동행했다고 나옵니다. 이 3백 년이 중요합니다. 그 이전에는 하나님과 동행하는 삶을 살지 못했는데 65세에 아들을 낳고 인생의 변화가 찾아왔습니다. 영적 체험을 한 것이 분명합니다. 그가 하나님께 밀착되었다는 뜻으로 성경에서 그가 하나님과 3백 년 동안 동행했다고 말하고 있기 때문입니다.

에녹이 근본적으로 변화된 시점은 므두셀라를 낳은 후입니다. 그는 아들의 이름을 비장하게 지었습니다. 그 이름은 '창을 던지는 자'라는 뜻이며, '그가 죽으면 심판이 온다'라는 뜻도 있습니다. 그 이름이 의미심장합니다.

에녹은 예언자로서 인류의 멸망에 대한 계시를 받았음이 분명합니다. 그 계시는 아들을 낳고부터 임했습니다. 그런데 놀랍게도 노아의 홍수가 일어난 해와 므두셀라가 죽은 해가 같습니다.

므두셀라는 지상에서 가장 오래 산 사람입니다. 969세까지 살았습니다. 이 사람의 나이에 의미가 있는 것이 아닙니다. 그가 죽으면 심판이 오는데 그렇게 오랫동안 하나님께서 기다려 주셨다는 것이 핵심입니다.

우리도 우리 자신이 죽으면 반드시 하나님의 심판대 앞에 서게 된다는 것을 기억하며 살아야 합니다. 그래야 주님과의 동행이 온전해질 수 있습니다.

에녹은 패악한 시대에 하나님의 말씀을 전하며 하나님과 동행하며 살았습니다. 동행한다는 것은 같이 간다는 뜻입니다. 같이 갈 때는 누가 주도권을 잡느냐가 중요합니다. 그런데 에녹의 삶에서 주도권은 하나님께 있었습니다. 이 '주도권'이 중요합니다. 하나님과 동행하면서 자신이 주도권을 행사하려고 한다면 주님과의 관계가 바를 수 없습니다. 주도권은 주권으로도 해석할 수 있습니다.

오늘날 심각한 문제는 그리스도와 주 되심, 곧 주님의 주권은 함께 가는 것인데 그리스도에만 치중한다는 것입니다. 반절의 고백만 드리는 것입니다. '주 예수 그리스도'이신 분을 믿는다고 하면서 실제로는 '주'(주인)는 빼고 '그리스도'(구원자)만 믿습니다. 왜냐하면, 나를 구원해 주시는 그리스도는 좋지만, 내 모든 것의 주인이신 주님께 모든 주권은 드리고 싶지 않기 때문입니다.

주님을 믿어도 여전히 주권이 자신에게 있어야 한다는 것입니다. 그러나 우리는 더 늦기 전에 내 인생의 소유권을 주님께 넘겨 드리는 소유권 이전 등록을 마쳐야 합니다.

관계의 영성은 믿음과 사랑을 관계로 봅니다. 하나님과의 동행을 통해 형제와의 동행, 믿지 않는 자와의 동행, 피조물과의 동행에 균형을 맞추어 냅니다. 초대 교회 교인들은 서로 교제하며 떡을 떼며 하나님과 동행하며 믿음의 공동체와 함께 갔습니다. 하나님과 동행하는 자는 반드시 형제와도 동행합니다.

주님은 우리와 동행하기 위해 영광된 보좌를 포기하고 낮고 낮은 땅에 오셔서 죄인인 우리와 상대하셨습니다. 우리 또한 기득권과 자존심과 이기심을 내려놓고 하나님과 동행하고 이웃과 동행해야 합니다.

하나님과의 동행은 주도권을 내가 행사하지 않는 것입니다. 하나님과 타인에게 주도권을 내놓아야 합니다. 결국, 인생의 문제는 주도권 싸움에서 일어나고 그 과정에서 관계가 파괴되기 때문입니다.

사도 바울이 말한 "날마다 죽노라"(고전 15:31)라는 말은 내 주도권을 내려놓고 산다는 것으로 번역할 수 있습니다. 그렇게 할 때 모든 관계에서 성공을 낳게 됩니다. 주도권을 내려놓는 것이 하나님 나라를 공고히 하며 하나님 나라를 확장하는 일이 될 수 있습니다.

저는 신학생 시절에 서울 은평구 녹번동에 있는 한 교회에서 봉사했습니다. 교회 봉사를 마치면 학교 기숙사에 돌아왔습니다. 기숙사 방에는 이층침대 두 개가 놓여 있었고, 네 명이 한 방을 썼습니다. 제 잠자리는 이층침대 위층이었는데, 누워서도 천장이 바로 맞닿았습니다.

그때로부터 40년이 지났습니다. 그런데 살아오는 동안 그 침대에 누워 있던 저 자신이 자주 생각나곤 했습니다. 누군가 저에게 가장 평안하고 근심 걱정이 없던 행복한 시절이 언제였느냐고 묻는다면, 그 시절이었다고 말하고 싶습니다.

고단한 하루를 마치고 침대 위층에 올라가 누우면, 얼굴이 맞닿던 천장 아래에서 얼마나 행복했는지 모릅니다. 그때는 제 인생에서 가장 순수하게 살았고 가장 순수하게 예수님을 사랑했던 시절입니다. 그때만큼 순수하게 주님과 동행한 시절이 없었던 것 같습니다. 모든 주도권을 주님께 드리고 아골 골짝에 가도, 주님을 위해 당장 죽는다 해도 행복한 때였습니다. 그 순수한 마음을, 믿음을, 사명을 되찾고 싶습니다. 목회를 30여 년 해 왔지만 뒤돌아보니 내 주장, 내 판단, 내 정의, 내 생각으로 살아온 것 같아 주님께 늘 죄송합니다.

그리스도인이라면 누구나 주님과 동행하고 싶은 열망이 있을 것입니다. 그러나 그것이 말처럼 쉽지가 않습니다.

에녹은 하나님과 3백 년 동안이나 동행했는데, 왜 우리는 단 하루도 힘들까요?

에녹이 하나님과 늘 동행할 수 있었던 이유가 무엇일까요?

그것은 '하나님의 임재 의식'입니다. 성령 안에서 산다는 말의 다른 표현은 하나님을 의식하고 산다는 말입니다.

우리는 교회에 와서 예배드릴 때만 하나님을 의식하는 것에 고착되어 있습니다. 신앙은 삶입니다. 신앙은 언제 어디서나 하나님을 의식하는 삶입니다. 이것이 주님과 동행한다는 뜻입니다.

우리가 주님과 동행하고 싶다면 일상의 모든 상황과 시간에서 하나님의 임재 의식을 가지고 살아가야 합니다.

내 정체성이
의심될 때

> 그러나 노아만은 달랐다.
> 노아는 하나님의 눈에
> 쏙 들었다(창 6:8).

　그리스도인의 삶이란 구별된 삶입니다. 그러나 현대는 구별이 없어진 시대입니다. 세상과 교회의 모습이 비슷해졌고 크리스천과 비크리스천의 구별도 모호해졌습니다. 이것을 다른 말로 하면, 그리스도인이 정체성을 잃어 간다고 할 수 있습니다.
　세상이 악하면 한 사람 의인은 더 도드라져 보입니다. 태양과 전깃불로 밤낮 환하게 비춘다고 세상이 환해지는 것이 아닙니다. 세상은 태양이 아니라 하나님의 빛으로 밝혀야 합니다. 나머지 빛은 참된 빛이 아니기 때문입니다.
　하나님이 태양과 달을 만드시고 밤낮으로 비추게 하셨습니다. 우리가 하나님의 자녀가 되었다는 것은 빛의 자녀가 되었다는 말입니다. 세상에 하나님이 만드신 태양 빛이 필요하듯이 인간의 삶에는 반드시 의로운 빛이 비춰야 합니다.

그런데 인간 세상이 어둡습니다. 교회가 그렇게 많고 신자가 그렇게 많은데 어두운 세상을 비춰 내지 못하고 있습니다.

하나님께서 세상을 만드시고 후회하신 이유는 다름 아닌 노아 시대의 악함 때문입니다. 사람이 악해지는 것은 그 마음에 하나님 두기를 싫어하기 때문입니다. 이것은 다른 말로 사람들이 빛을 싫어하고 어두움을 좋아한다는 말입니다. 세상이 악하고 불행한 것은 하나님의 빛을 사모하기보다 죄의 어두움을 좋아하기 때문입니다.

사람의 마음에 하나님이 계시면 세상은 평화의 행복이 가득합니다. 그러나 인간의 마음에 하나님이 없으면 암흑 같은 세상이 됩니다. 세상은 태양 빛으로 사는 것 같지만 사실은 하나님의 은혜의 빛으로 삽니다. 하나님의 은혜의 빛이 중단되면 세상의 모든 것은 멈춥니다. 이 세상은 사람이 아니라 하나님의 은혜로 돌아갑니다. 하나님께서 은혜의 손길을 인간에게서 거두시면 인간은 더는 살 수가 없습니다.

하나님은 인류 역사의 마지막에 언제나 의인 한 명씩을 예비해 두셨습니다. 하나님은 계획하고 준비하는 분이십니다. 노아가 바로 그런 사람입니다. 그 타락의 시대에 하나님의 사람으로 살았습니다.

세상은 하나님을 싫어하고 하나님을 잘 믿는 사람을 더욱 싫어합니다. 모든 사람이 "아니요" 할 때 홀로 "예" 하고, 모든 사람이 "예"

할 때 홀로 "아니요"라고 할 수 있는 사람이 필요한 시대입니다. 그것이 그리스도인의 정체성입니다. 오늘날 우리는 그리스도인이라는 정체성이 희미해졌습니다. 하나님의 자녀로서의 정체성을 잃어 가고 있습니다.

악이 난무하는 시대에 오롯이 노아만이 "아니요" 했습니다. 하나님의 말씀을 누구도 귀담아듣지 않을 때 오직 노아만이 "예" 했습니다. 이것이 노아의 분명한 정체성입니다.

다르게 산다는 것은 힘든 일입니다. 다르게 산 숨겨진 인물이 있습니다. 바로 우리아입니다. 그는 밧세바의 남편인 동시에 다윗의 충직한 부하였습니다. 다윗에게 억울하게 희생되었지만 그만큼 다르게 산 사람은 찾아보기 힘듭니다. 그는 충성심과 의리 때문에 죽은 사람입니다.

다윗은 그의 죄과를 은폐하기 위해 밧세바의 남편 우리아를 전쟁터에서 불러냈습니다. 그리고 휴가를 주었습니다. 그렇게 하면 우리아가 밧세바와 관계함으로, 밧세바의 임신이 다윗 자신으로 인한 것이라는 사실을 덮을 수 있다고 예상했습니다.

그러나 우리아는 다른 사람이었습니다. 그는 전쟁터에서 싸우며 죽어 가는 전우를 떠올렸습니다. 자신만 집에서 편하게 쉴 수 없다고 생각했습니다. 그래서 그는 성문 옆에 텐트를 치고 생활하다가 다시 전쟁터로 나가 전사했습니다. 우리아는 그 충성심 때문에 죽은 것입니다. 성경에는 이렇게 다르게 산 사람이 있습니다. 그는 다르게 살려다 억울하게 죽은 대표적인 인물입니다.

모두 다 악에 빠져 살아가는데 오직 나만이라도 하나님을 경외하며 살아간다는 것은 많은 대가를 지불해야 합니다. 우리가 그리스도인의 정체성을 가지고 살지 못하는 것은 대가를 지불하려 하지 않기 때문입니다. 비난과 조롱, 멸시, 소외, 폭력, 위협, 고독, 진실 등 모든 것을 감당해야 합니다.

하나님은 누가 진짜인지 누가 가짜인지 다 아십니다. 하나님은 노아가 진짜 신자라는 것을 아셨습니다. 그런 그가 하나님의 눈에 쏙 든 것은 마땅한 일이었습니다.

다르게 사는 것은 자신을 고립시키거나 다른 사람과 관계를 끊고 사는 것이 아니라는 사실을 알아야 합니다. 물고기가 바다에 살지만 그 속에서 소금에 절여지지 않는 것처럼, 우리는 세상에 살지만 세상에 물들지 않고 진정한 크리스천으로 살아가야 합니다.

> 그러나 노아는 여호와께 은혜를 입었더라 (창 6:8).

"그러나 아무개는 달랐다."

우리의 이름도 이렇게 나와야 합니다.

이 세상에는 구별된 그리스도인이 희소합니다. 구별된 정체성으로 사는 그리스도인이 거의 없는 시대입니다. 자신을 구별해 방주를 짓는 사명을 다하는 그 다른 사람을 하나님은 찾으십니다.

우리가 그리스도인으로서 정체성을 찾지 못하는 이유는, 대가를 지불하는 믿음의 삶을 살지 못하기 때문입니다. 하나님의 말씀대로 살기 위해, 하나님의 자녀답게 살기 위해 대가를 지불하는 사람이 그리스도인의 정체성을 가지고 사는 사람입니다.

지금은 그리스도인으로서 분명한 정체성을 가지고 살아가야 하는 시대입니다. 그 정체성을 가지기 위해 모든 대가를 지불하는 용기가 요구됩니다. 분명한 하나님의 자녀로서 정체성을 가지고 살기 위해 세상을 거절하는 용기, 말씀을 수용하는 용기가 필요합니다.

> 누구든지 사람 앞에서 나를 시인하면 나도 하늘에 계신 내 아버지 앞에서 그를 시인할 것이요 누구든지 사람 앞에서 나를 부인하면 나도 하늘에 계신 내 아버지 앞에서 그를 부인하리라(마 10:32-33).

16

말씀대로
살고 싶을 때

> 노아는 명령하신 대로
> 다 행했다(창 7:5).

운명에는 두 가지가 있습니다. 하나는 결정된 운명이고 다른 하나는 선택적 운명입니다. 결정된 운명은 부모, 형제, 남성, 여성 등이 있습니다. 선택적 운명은 결혼, 학교, 직장, 종교, 친구 등입니다.

사실 어느 것이 더 중요한가에 대한 의견은 분분할 것입니다. 저는 결정된 운명보다 선택적 운명이 더 중요하다고 생각합니다. 결정된 운명으로 인한 제약은 선택된 운명을 통해서 얼마든지 극복 가능하기 때문입니다.

특히, 어떤 종교를 선택하느냐는 자신의 영원한 운명을 결정짓는 일입니다. 물론, 하나님이 우리를 먼저 선택하셨지만, 우리에게 그 초청을 받아들일 자유를 주신 것도 사실입니다.

노아의 시대나 예수님의 시대나 지금의 시대나 사람들은 생명과 구원과 영생을 얼마든지 선택할 수 있습니다.

'노아' 하면 방주입니다. 보통 상식적으로 배는 바닷가에서 지어야 하는데, 노아는 방주를 산 위에다 지었습니다. 시간적으로는 120년간 지었습니다.

산 위에서는 사람을 살리는 방주가 지어지고 있었습니다. 그러나 산 아래에서는 먹고 마시고 시집가고 장가들고 쾌락과 폭력과 패악이 난무하는 세상이 펼쳐지고 있었습니다.

모세가 산 아래에 백성을 남겨 두고 이스라엘의 생명과 삶의 바탕이 되는 십계명을 받고 있을 때와 비슷합니다. 그때 산 아래에서 이스라엘 백성이 금송아지를 만들고 먹고 마시며 광란의 축제를 벌이고 있었던 상황과 매우 유사합니다.

우리는 이 시대를 꿰뚫어 볼 수 있는 예언자의 눈을 가져야 합니다. 먹고 마시고 장가드는 것이 죄는 아닙니다. 문제는 그들 속에 자신을 창조하시고 자신들의 주인이신 하나님에 대한 관심이 조금도 없었다는 것입니다. 하나님의 소리에 털끝만큼도 관심이 없이 오직 자신의 욕망에 따라 살아가는 것이 문제였습니다.

> 예언자는 철저하게 느끼는 사람이다. 예언자의 일이란 하늘이 어찌 보는가를 전하여 알리는 것이다. 예언자들은 꿰뚫어 보는 사람들이다. 하나님이 보시는 시각으로 꿰뚫어 보는 것이 예언자의 일이다. 예언이란 어떤 특수한 상황을 단순히 적용하는 일이 아니다. 예언은 오

히려 역사 속의 어느 특정한 순간을 해석하는 것이다. 인간 상황을 하늘의 눈으로 이해하는 것이다. 그러므로 예언은 하늘의 눈으로 인간 실존을 주석하는 것이다.

- 아브라함 요수아 헤셸, 『예언자들』

　20세기에 활동한 유대교 신학자 아브라함 요수아 헤셸이 말한 대로 노아는 세상을 꿰뚫어 보는 사람이었습니다. 하나님의 눈을 가지고 세상의 실존을 해석했기에 하나님에 대한 신뢰가 가능했습니다.
　그래서 노아는 하나님에 대한 두터운 신뢰를 가지고 믿음으로 방주를 지을 수 있었습니다. 노아가 믿음 없이 방주를 지었다면 하나님을 믿지 않지만 돈 벌기 위해 교회를 짓는 건축업자와 다른 바 없는 것입니다.
　방주를 지은 기간을 봐도 노아의 믿음을 알 수 있습니다. 120년은 짧은 세월이 아닙니다. 이 기간은 인간을 향한 하나님의 자비와 기다림의 시간이었습니다. 노아에게는 나무로 배를 만들지만 실제로는 믿음으로 방주를 짓는 인고의 세월이었습니다.
　유람선은 돈으로 건조하지만 구원선은 믿음으로 건조하는 것입니다. 배의 설계도와 나무가 있다고 방주가 만들어지는 것이 아닙니다. 노아는 그때까지 홍수를 본 적이 없었고, 앞으로도 그럴 것 같은 맑고 푸른 하늘이 펼쳐져 있었습니다.
　그런데 노아가 인류를 삼킬 만한 홍수를 생각하며 방주를 지을 수 있었던 동력은 무엇이었을까요?

그것은 그렇게 말씀하신 하나님의 신실하심을 믿는 믿음의 동력으로 가능했습니다. 노아의 방주는 하나님의 인내, 자비, 사랑, 심판이 서로 잇대어 지어지고 있었습니다. 하나님 없는 산 아래는 죽음이 드리워 있었습니다. 반면에 하나님 의식이 있는 산 위에서는 노아의 지휘 아래 구원이 만들어지고 있었습니다.

죄의 삯은 사망입니다. 여기서 '삯'은 로마 군인이 복무하면서 곡물이나 의류 등 물품으로 월급을 받는 데서 유래되었습니다. 산 아래서는 죄의 삯으로 사망이 다가오고 있었고, 산 위에서는 믿음의 삯인 구원이 다가오고 있었습니다.

우리는 의식주로 살아가지만, 또 한 가지 우리의 영원한 운명이 달린 믿음으로 사는 사람입니다. 믿음으로 사는 사람은 하나님이 명령하신 것을 다 행하며 사는 사람입니다. 부분적으로 순종하는 것이 아닙니다. 다 순종해야 합니다. 믿음은 상대평가가 아닙니다. 절대평가입니다. 다른 사람에 비해 내가 좀 더 순종하는 것은 믿음이 아닙니다. 하나님이 명령하신 것을 다 준행하는 순종이 믿음입니다.

말씀대로 살고 싶다면 노아를 생각해야 합니다. 우리 주님도 노아의 때를 언급하셨습니다. 이 땅의 현실은 노아의 때나 예수님의 때나 지금이나 같습니다. 우리는 임박한 하나님 나라의 긴박성과 심판의 긴박성을 알아야 합니다. 그래야 말씀대로 살 수 있습니다. 우리가 말씀대로 살지 못하는 것은 시대를 분별하지 못하기 때문입니다.

종말주의는 나쁜 것이지만 종말 의식으로 살아가는 것은 참된 그리스도인의 자세입니다. 그것은 신앙에 신비주의(mysticism)는 위험하지만 신비적(mystic)인 것은 필요한 것과 같은 이치입니다.

모든 것에는 끝이 있다는 종말 의식이 모자란 세상입니다. 하나님의 말씀대로 살고 싶다면 종말 의식을 회복하여야 합니다. 우리가 부러워해야 하는 대상은 잘 먹고 잘사는 사람이 아닙니다. 자식이 잘된 사람도 아닙니다. 돈과 명예와 권력이 있는 사람도 아닙니다. 하나님의 말씀대로 살아가는 사람입니다.

그러기 위해서는 노아의 종말 의식을 가지고 구원의 방주를 지으며 살아가야 합니다. 구원의 방주를 짓고 살아가는 것이란 사명으로 사는 것입니다. 유람선을 타고 사명을 완수할 수는 없습니다. 구원선을 타야 합니다. 사명 없이 살아가는 것은 놀고먹는 일입니다.

하나님은 우리를 놀고먹게 하기 위해 부르신 것이 아니라 사명을 따라 살라고 부르셨습니다. 누구에게나 부르신 사명은 다 있습니다. 구하고, 찾고, 두드리는 것을 소원을 이루는 데에만 사용하지 마십시오. 사명을 찾는 데도 사용해야 합니다.

내가 가진 것이 없더라도 하나님의 말씀을 준행하며 살아가려는 몸부림이 있다면 그 사람이 하나님의 눈에 쏙 드는 사람입니다. 하나님의 말씀대로 살아가기를 진정 원한다면 사명을 찾아야 합니다. 그리고 노아의 종말 의식을 회복해야 합니다. 사명 의식과 종말 의식은 우리를 말씀의 준행으로 이끕니다.

당신은 마지막 때를 바라보며 산 위에다 방주를 짓는 노아입니까? 아니면 먹고 마시고 즐기는 것을 행복으로 여기면서, 이것만을 축복으로 생각하면서 오직 이 세상에만 붙잡혀 사는 산 아래 사람입니까?

17

무엇을 해야 할지 모를 때

> 그때에 하나님께서
> 노아와 그와 함께 배에 있는
> 모든 들짐승과 집짐승들을
> 돌아보셨다(창 8:1).

"불보다 무서운 것이 물"이라는 말이 있습니다. 하루에 강수량이 200밀리미터만 넘어도 '집중호우'라고 합니다. 만약 하루 강수량이 1,000밀리미터라면 도시와 마을이 파괴됩니다.

그렇다면 이 땅의 생물이 전멸한 노아의 홍수 때는 하루 강수량이 얼마나 되었을까요?

성경을 보면, 하늘의 모든 문이 열리어 물을 쏟아붓고, 땅의 모든 구멍은 물을 냈다고 합니다. 하루 강수량을 밀리미터가 아니라 미터 단위로 얘기해야 할 만큼 왔던 것 같습니다. 하루도 쉬지 않고 주야로 40일 동안 쏟아진 물줄기가 지상의 모든 것을 삼켰습니다. 사체가 둥둥 떠다니고 썩은 악취가 세상을 뒤덮었을 것입니다.

땅에서 갑작스레 죽음을 맞게 된 모든 생물이 두려움에 떨었을 것입니다. 방주에 타고 있던 노아와 그의 가족과 동물도 두려움에 빠진 것은 마찬가지였을 것입니다. 처음 겪는 물 심판 앞에서 노아 가족은 구원의 은총에 감사하면서도 두려움으로 모든 상황을 바라보아야만 했습니다.

그래도 다행입니다. 하나님께서 노아가 방주를 지을 때 옆면에 창문을 내게 하지 않으신 것은 노아 식구들에 대한 세심한 배려였을 것입니다. 만약에 옆으로 창문에 냈다면 그들은 물 심판의 무서움을 견디지 못했을지도 모릅니다.

다행히 창을 하늘 쪽으로만 내게 하신 주님의 배려를 봅니다. 혹자는 창문을 하늘 쪽으로만 낸 이유에 하나님만 바라보라는 뜻이 있다고 해석합니다. 물론, 그런 영적 해석도 일리가 있습니다. 그러나 저는 인간을 비롯한 모든 생물이 비참하게 죽어 가는 모습을 보지 않게 하시려는 주님의 배려가 방주의 창에 있다고 생각합니다. 어떤 부모가 사람과 동물이 비참하게 죽어 가는 현장을 견학시키겠습니까. 그 상황을 보지 못하게 피하게 하거나 눈을 감기겠지요.

하나님의 배려를 "노아와 모든 짐승을 돌아보셨다"라는 구절에서 느낄 수 있습니다. 돌아보셨다는 것은 여기저기 살펴보시고 돌보셨다는 뜻입니다. 오늘날로 말하면, 노아는 가족과 몸만 겨우 살아남은, 심각한 재해를 당한 수재민입니다. 오늘날에도 어떤 나라나 도시에 수재민이 생기면 다른 사람들이 가서 도와줍니다. 먹을 것과 마실 것과 생활에 필수적인 용품을 주고, 도로와 집을 복구해 줍니다.

하나님께서는 홍수에 모든 것을 잃은 노아를 돌아보시고자 오셨습니다. 한마디로 수해를 복구하러 오셨습니다. 바람을 일으켜서 땅의 물을 마르게 하시고, 넘치는 물이 줄어들게 하시고, 샘들을 다시 막으시며, 하늘의 창들을 닫아 비를 그치게 하셨습니다.

하나님은 우리를 돌아보는 분이십니다. 조용히 오셔서 재해 입은 상황을 복구하는 분이십니다. 하나님의 눈은 언제나 자녀에게 고정되어 있습니다. 우리의 일상을 늘 소리 없이, 그림자 없이 방문하셔서 우리를 돌아보고 가십니다.

오늘 우리가 이렇게 사는 것은 주님의 돌아보시는 은총 덕분입니다. 예수님을 이 땅에 보내신 이유는, 하나님께서 그 아들을 통해서 이 땅을 돌아보시기 위해서입니다. 그런데 인간은 자신들을 돌아보기 위해 오신 하나님을 환영하지 않았습니다. 더욱이 그를 냉대하고 거부하고 인간의 모든 고통을 가했습니다. 자신들을 살리러 오신 분을 오히려 죽인 것입니다. 이런 인간에게 무슨 기대와 희망이 있겠습니까.

그러나 사랑은 언제나 오래 참고 기다립니다. 예수님은 쓰나미보다 더 무서운 죽음이라는 심판이 임한 이 땅을 복구하시기 위해 이곳에 오셨습니다. 예수님과 그분의 십자가는 인류 멸망에 대한 하나님의 돌아보심입니다. 누구든지 예수님을 믿으면 하나님의 자녀가 됩니다. 그리고 우리의 아빠이신 하나님은 그 자녀들을 돌아보십니다.

마찬가지로 신앙이란 우리가 하나님과 그분의 일을 돌아보는 것입니다. 하나님만 우리를 돌아보시는 것이 아닙니다. 우리도 하나님과 그분의 일을 돌아보아야 합니다. 하나님만 나를 돌보아 주셔야 하는 것이 아닙니다. 목사만 성도를 돌아보아야 하는 것이 아닙니다. 부모만 자식을 돌아보아야 하는 것이 아닙니다.

하나님의 일을 돌아보십니까?
교회를 돌아보십니까?
목사님을 돌아보십니까?
성도들을 돌아보십니까?
부모님을 돌아보십니까?
자녀를 돌아보십니까?
이웃을 돌아보십니까?

무엇을 해야 할지 모를 때 '돌아봄'을 생각하십시오. 하나님이 무엇이 부족해서 돌아보라는 것이 아닙니다. 자녀가 부모에게 관심을 가지고 살피는 것은 마땅한 도리입니다. 그리고 주님의 마음과 눈으로 세상의 소외된 자를 돌아보는 것이 십자가의 사랑이며 구원입니다.

무엇을 하며 살아가야 할지 모를 때는 나에 대한 하나님의 돌아봄과 형제에 대한 나의 돌아봄을 생각하십시오. 이것을 가리켜 '복음으로 사는 것'이라고 말합니다. 이 복음으로 사는 것, 그것이 지금 바로 해야 할 일입니다.

제2부

소망을 찾아서

신앙생활이
때로 외로울 때

> 노아는 하나님께 제단을 쌓았다.
> 그는 모든 짐승과 새들 가운데서
> 정결한 것을 골라 제단 위에 번제물로 드렸다.
> 하나님께서 그 향기를 맡으시고
> 마음속으로 생각하였다.
> '내가 다시는 사람 때문에
> 땅을 저주하지 않을 것이다'(창 8:20-21).

고대에는 전쟁이 잦았습니다. 전쟁은 승자와 패자가 있기 마련입니다. 모든 전쟁이 다 그렇지만 전쟁은 죽느냐 사느냐의 문제였습니다. 그 부족이나 국가의 명운이 걸려 있을 때가 많았습니다.

전쟁의 승자는 의기양양하게 자신의 나라로 돌아왔습니다. 그런 때에는 그야말로 축제의 분위기가 연출되었습니다.

그런데 개선 용사들이 들어오는 순서가 있었다고 합니다. 말을 탄 장군이 앞장서고 장교와 병사들이 뒤따라옵니다. 특이한 것은 병사들 뒤에 큰 말이 끄는 아주 큰 향로가 들어온다는 점입니다. 그 향로에서 피어오르는 흰 연기와 향내가 온 성안에 가득 차게 됩니다. 그 향로를 앞세우고 전쟁에 패한 포로들이 쇠사슬에 묶여 피 흘리며 끌려옵니다. 그 뒤로 전리품이 보이면서 개선의 절정에 이릅니다.

> 승리의 나팔 소리, 북소리, 백성의 함성도 물론 중요합니다. 동시에 그 향로 위에 타고 있는 향불에 초점을 맞추어 보아야 합니다. 그날의 향내는 같은 것이지만 한편은 승리감을 고조시켜 주는 향내입니다. 또 한편 패자들에게는 죽음의 냄새입니다. 승자에게는 생명과 기쁨의 냄새요, 패자에게는 멸망과 절망과 공포의 냄새였을 것입니다.
>
> - 곽선희, 『소망의 말씀』

홍수가 끝난 후 노아가 하나님께 감사의 제사를 드렸습니다. 제물은 살아남은 모든 짐승 가운데서 가장 정결한 것을 골라 번제물로 드렸습니다. 그러자 하나님께서 그 향기를 받으시고 다시는 인간에게 물로 심판하지 않겠다고 마음으로 다짐하셨습니다.

여기서 우리는 제물의 요건에 대하여 알 수 있습니다. 제물은 아름다운 향기가 나야 합니다. 하나님은 노아의 제물에서 나오는 향기를 맡으셨습니다.

어떤 제물이 향기로울까요?

정결한 제물이 향기롭습니다. 삶이 정결한 사람은 자신을 제물로 드릴 때 아름다운 향기가 납니다. 제물로 드리려면 자신을 죽이고 태우는 아픔이 있어야 합니다. 이때 우리가 누구인지 그리고 하나님을 얼마나 소중하게 여기고 사랑하는지가 드러납니다. 나 자신을 태우는 고통 가운데서 향기는 더욱 진해지는 법입니다.

사도 바울은 우리를 가리켜 "그리스도의 향기"(고후 2:15)라고 했습니다. 예수님도 하나님께 피의 제사를 드렸습니다. 예수님의 십자가는 아름다운 향기입니다. 거듭난 자와 하나님의 자녀만이 이 향기에 이끌려 십자가 앞에 나올 수 있습니다.

당신은 과연 어떤 향기의 소유자입니까?

우리는 모두 '그리스도의 향기'입니다. 우리의 행위를 통하여 다른 사람들이 예수님의 향기를 맡을 수 있어야 합니다. 이 향기는 승리의 향기입니다. 우리는 예수님의 향기에 취하고 십자가의 사랑에 취하여 살아갑니다. 그럴 때 무엇인가 우리 행위 속에 귀한 역사가 일어나는 것입니다.

어려운 순간마다 다시 한번 우리의 향기를 점검해야 합니다. 우리의 말 한마디 한마디, 행위 하나하나가 그리스도의 향기인지 점검해 보아야 합니다. 우리가 그리스도의 향기를 발할 때 하나님은 그 향기를 받으시고 기뻐하십니다. 이것이 "너희 몸을 하나님이 기뻐하시는 거룩한 산 제물로 드리라"(롬 12:1)라는 말씀을 실천하는 것입니다.

제가 목회하는 교회의 성도는 아니지만, 이웃 교회를 다니는 한 권사님의 이야기를 소개합니다. 그 교회는 담임목사님도 참 훌륭하시고 목회를 진실되게 하십니다. 그 권사님의 가정은 가족 모두가 주님께 헌신하는 가정입니다.

그 권사님은 중국에 사업체를 가지고 계셨습니다. 그래서 종종 중국에 출장을 가곤 하셨습니다. 몇 년 전 사업차 중국에 가셨습니다. 건널목 신호등을 기다리고 계시다가 발을 헛디뎌 넘어지셨는데, 안경이 깨지면서 눈이 피범벅이 되었습니다.

권사님은 주변 사람에게 도와 달라고 소리쳤습니다. 그런데 중국 사람 누구도 도와주지 않았습니다. 우여곡절 끝에 권사님이 병원에 도착했을 때는 이미 앞이 보이지 않았습니다. 그 사건 이후 지금도 앞을 보지 못하십니다.

그런데 중요한 것은 가족 모두가 실망하고 원망할 만한데도 하나님께 감사하면서 신앙생활을 더 진실하게 하고 있다는 사실입니다. 이런 모습이 삶의 향기로운 제사를 드리는 모습입니다.

권사님이 갑자기 두 눈이 보이지 않으니 얼마나 힘들겠습니까?
때로는 얼마나 고독하고 외로우시겠습니까?
삶이 한순간에 바뀌었는데 얼마나 힘들고 괴로우시겠습니까?

그래도 권사님은 하나님께 감사하며 여전히 헌신적인 생활을 하십니다. 얼마 전 이분이 교회의 장로로 피택되어 장로님이 되셨습니다. 갑자기 장애인이 되셨는데도 모범적으로 신앙생활을 하고 하나님을 사랑하는 그 진실된 모습에 모든 교인이 감명을 받았습니다.

이런 것이 삶의 향기로운 제사입니다. 이 시대는 이 장로님같이 삶의 향기를 풍기는 사람이 필요합니다.

　　방 안에서 무슨
　　향내가 나는 듯도 하여
　　둘러보다가
　　며칠 전에 핀 다섯 송이
　　흰 난(蘭) 가까이 코를 가져간다.
　　거기서 나는 것이었는데
　　모르고 있었으니 …

　　향기는 외로운 것이다.
　　모든 향기는 외로운 것이다.
　　아무도 모르게 풍기고 있다가,
　　소리 없고 자취 없어
　　지극하여
　　화심(花心)도 세계도 웅숭깊다가
　　알려지니, 더 외롭다―모든
　　남모르는 향기여
　　꽃이든 마음이든
　　향기의 외로움이여.
　　　- 정현종, 〈향기의 외로움〉, 『견딜 수 없네』

외로운 향기를 피우며 살아가는 것이 그리스도인의 삶입니다.
주님의 향기를 풍긴다고 누가 알아주나요?
그래도 단 한 분 우리 주님을 바라보고 사모하며 살아가는 것이 신앙의 향기라 생각합니다. 우리 주님이 내 향기를 알아주시면 천하를 얻은 기쁨을 느낍니다.
때로는 신앙생활이 외롭고 지치지만 내게 주어진 인생과 사명의 길을 가다 보면 우리 주님을 만날 것입니다.
잃고 살았던 주님의 향기를 다시 피우며 살아갔으면 좋겠습니다. 그것이 우리 주님이 가신 길처럼 외로운 길이라도 말입니다.

남의 허물을
보았을 때

> 셈과 야벳은 겉옷을 가져다가
> 어깨에 걸치고 뒷걸음질해 들어가서,
> 아버지의 벌거벗은 몸을 덮어 드렸다.
> 그들은 아버지의 벌거벗은 몸을 보지 않으려고
> 얼굴을 돌렸다(창 9:23).

사람은 누구나 실수를 합니다. 실수 없는 사람은 없습니다. 허물과 잘못도 마찬가지입니다. 뭔가 잘못을 할 수밖에 없으므로 인간입니다.

이때 중요한 것은 사람의 태도입니다. 실수하는 사람과 허물을 보는 사람의 태도입니다. 실수한 사람은 자신의 실수를 반복하지 않으려고 주의해야 합니다. 반면에 다른 사람의 허물을 본 사람은 그 사람의 허물을 조용히 덮어 주려 해야 합니다.

홍수의 충격이 가라앉고 지상이 다시 정돈되었습니다. 노아는 농부로서 최초로 포도 농사를 지은 사람입니다. 그는 그 포도로 포도주를 만들었습니다. 그리고 그 포도주를 좋아했습니다. 하루의 일과가 끝나면 노아는 포도주를 한 잔씩 마셨습니다. 그러면 기분이 좋아지고, 많은 것을 잊을 수 있었습니다.

우리는 노아의 포도주 사건을 단순히 노아가 의인인데 술 취하는 실수를 했다고만 보아서는 안 됩니다. 의인도 인간이고 노아도 인간입니다. 그는 인류의 멸망이라는 현실을 눈으로 직접 보고 체험한 사람입니다. 그 무서운 현장을 지켜보고 아무렇지도 않다면 그 사람은 냉정한 사람이고, 자신밖에 모르는 사람이요, 의인이라고 말할 수 없을 것입니다.

그는 정신적 트라우마를 겪었을 것입니다. 비만 조금 와도 두려웠을 것입니다. 그는 정신적으로 안정되지 못했습니다. 그는 그 죽음의 현장을 잊고 싶었습니다. 그러나 그 기억을 지울 수가 없었습니다.

어느 날부터인가 그는 포도주를 마시기 시작했습니다. 포도주는 잠시나마 그의 고통을 잊게 해 주었습니다. 그렇게 반복하다 보니 노아는 점점 포도주에 의존하게 되었습니다. 그리고 마침내 자신의 모든 옷을 벗어 던지고 술기운에 곯아떨어지는 지경에까지 이르렀습니다.

많은 사람이 이 지점에서 노아가 타락했다고 합니다. 그러나 그것은 너무 과한 결론입니다. 노아는 천사나 신적 존재가 아닙니다. 그는 연약한 인간입니다.

그는 홍수로 인류가 죽어 가는 것을 직접 목격한 인물입니다. 지상에서 물이 빠지고 바닥이 드러났을 때의 모습을 상상해 보십시오. 사람을 비롯한 모든 생물이 죽어서 사체가 온 지면에 가득한 현장을 보았을 때 노아의 충격이 어떠할지 상상해 볼 수 있을 것입니다.

어쩌면 우울증이라도 걸려야 정상일 것입니다. 그 심판의 현장을 보고 공포를 느끼지 않을 수 있었겠습니까. 심판의 트라우마, 물의 트라우마와 강박관념을 노아가 가졌다고 생각해 볼 수 있습니다. 만약 인간의 죽음과 충격적인 심판의 현장을 보고 자신이 살았다는 사실에 안도하기만 했다면, 그는 인간도 아니고 의인도 아닙니다.

우리는 노아가 왜 그토록 포도주를 많이 마시고 자식 앞에서 실수했는지를 이해하고 생각해 보아야 합니다. 그날도 노아는 마음이 우울하고 힘들었던 것 같습니다. 그는 저녁을 먹고 잠을 이루지 못한 채 포도주를 마시며 홍수 전과 후를 다시 생각해 보았을지도 모릅니다. 자신이 의인이라고는 하지만 가족 외에는 단 한 사람도 살리지 못한 것을 후회했을지도 모릅니다. 하나님의 심판과 홍수가 이렇게 무서운 것이었다면 사람들을 설득하여 구하는 데 시간을 더 많이 보냈어야 했다고 자책했을 것입니다.

그는 어느새 많은 포도주를 마셨고 제정신이 아니었습니다. 벌거벗은 줄도 모르고 곯아떨어졌습니다.

이때 노아의 둘째 아들 함이 아버지의 처소에 들어왔습니다. 그는 의인의 이미지와는 너무 동떨어진, 술에 취해 알몸으로 곯아떨어진 아버지의 모습을 보았습니다. 함은 자신의 아버지가 그런 사람인 것이 믿을 수가 없었습니다. 곧바로 두 형제에게 이 사실을 알렸을뿐더러 비난을 했습니다.
 그러나 셈과 야벳은 달랐습니다. 아버지를 존경했고 신뢰했습니다. 아버지의 실수와 허물을 보지 않았습니다. 그들은 얼굴을 돌리고 겉옷으로 아버지의 허물을 가려 주고 뒷걸음질하면서 나왔습니다.
 아버지의 허물을 세 형제가 다 같이 보았는데 처신이 달랐습니다. 함은 아버지의 허물을 보기 위해 아버지의 허물 쪽으로 얼굴을 돌렸습니다. 반면에 셈과 야벳은 아버지의 허물을 보지 않기 위해 반대쪽으로 얼굴을 돌렸습니다. 모두 얼굴을 돌렸는데, 한 명은 허물을 보기 위해 얼굴을 돌렸고, 다른 형제들은 허물을 보지 않기 위해 얼굴을 돌렸습니다.

 우리는 어떤 사람이고 나는 어떤 사람입니까?
 나는 왜 얼굴을 돌립니까?
 남의 허물을 보기 위해 얼굴을 돌립니까?
 아니면 남의 허물을 보지 않기 위해 얼굴을 돌립니까?

 더욱이 셈과 야벳은 아버지의 허물을 보지 않았을뿐더러 허물을 다른 사람이 보지 못하도록 가리어 주었습니다.
 저 역시 함과 같은 존재였습니다. 젊은 날, 제가 했던 목회는 자기 의로 가득했습니다. 제 소견에 옳은 것이 하나님의 뜻이라고 여겼습니다. 성도의 허물과 실수를 보지 않게 얼굴을 돌려야 했습니다. 그런데 저는 성도의 허물에 얼굴을 돌리고 집착했습니다. 바르게 가르쳐야 한다는 일념으로 열정을 불태웠습니다.

　세월이 지나니 다 헛것이었습니다. 세월을 이만큼 살아 보니 이해 안 되는 일이 없습니다. 전에는 성도들의 사정을 헤아리지 못하고 허물을 바로 잡고 고쳐야 한다고만 생각했습니다. 저의 눈 속에 있는 널빤지는 못 보고 타인의 눈 속에 있는 톱밥만 본 것입니다. 다행히 지금은 저 자신이 많이 깎인 것 같아 하나님께 감사합니다.

　반대로 생각하면 성도들이 저를 보고 얼마나 힘들었겠습니까?

　제가 목회자로서 얼마나 부족한 것이 많았겠습니까?

　그런데도 주님과 성도들은 저의 허물 쪽으로 얼굴을 돌리지 않고, 저의 아주 작은 좋은 점에 얼굴을 돌려 지켜봐 주셨습니다. 그 은혜로 제가 여기까지 목회하며 올 수 있었다고 생각하고 정말 감사합니다.

　노아의 포도주 사건에서 중요한 것은 하나님의 판단입니다. 하나님은 노아가 포도주를 마시고 한 의인답지 않은 행동에 눈을 고정하지 않으셨습니다. 더욱이 노아를 비난하지도, 벌을 내리지도 않으셨습니다. 오히려 노아의 세 아들에 대한 저주나 축복을 노아에게 일임하셨습니다. 하나님께서 판단하시지 않는 일을 우리가 판단해서는 안 됩니다. 하나님을 이해하는 깊이가 곧 사람을 이해하는 깊이입니다.

　하나님은 사랑이십니다. 성경에 사랑은 허다한 허물을 덮는다고 했습니다. 신앙의 본질은 하나님을 사랑하고, 사람을 사랑하는 것입니다. 사랑하려면 타자의 입장에 서야 합니다. 서로의 입장에 서면 서로 허물을 덮어 줍니다.

하나의 실수로 그 사람 전부를 판단해서는 안 됩니다. 인간은 누구나 실수를 합니다. 남을 비난하거나 허물을 전파하기 전에 자신의 죄성을 볼 줄 알아야 합니다. 자신의 연약함과 죄성을 볼 줄 아는 사람은 결코 남의 허물을 다른 이와 나누지 않습니다. 오히려 더 확장되지 않도록 그 허물을 덮어 줍니다. 그리고 남의 허물을 보기 위해 얼굴을 돌리지 않습니다. 오히려 허물을 보지 않기 위해 얼굴을 돌립니다. 얼굴 돌리는 것을 잘해야 합니다.

우리는 함이 될 수 있고 셈과 야벳이 될 수도 있습니다. 그리고 노아도 될 수 있습니다. 남의 허물을 보지 않고 오히려 가려 주는 셈과 야벳이 필요한 세상입니다.

하나님은 예수님의 십자가를 보시고 우리의 죄를 보지 않기 위해 얼굴을 돌리셨습니다. 그리고 하나님의 자녀가 된 우리를 사랑하시기 위해 우리에게 얼굴을 돌리셨습니다. 이 사실을 믿음으로 받아들인다면 우리는 언제나 평안하고 행복할 수 있습니다.

평안과 행복은 환경에 있는 것이 아니고 선택에 있는 것입니다. 남의 허물이 보이고 내가 괴로울 때 어느 쪽으로 얼굴을 돌릴지 우리는 선택해야 합니다. 신앙은 바로 선택이기 때문입니다.

> 미움은 다툼을 일으켜도 사랑은 모든 허물을 가리느니라(잠 10:12).

성경에서 사랑은 허다한 허물을 덮어 준다고 합니다.
말씀을 선택하면 그 말씀이 나를 찾아 줍니다.

선한 영향력으로
살고 싶을 때

> 하나님께서 그들의 언어를
> 혼란스럽게 하셨으므로,
> 그곳의 이름을 바벨이라고 했다.
> 하나님께서 그들을 그곳에서
> 세상 곳곳으로 흩어 버리셨다(창 11:8-9).

하나님은 인간에게 얼마나 관대하셔야 할까요?

하나님에 대한 인간의 속 썩임과 반역과 죄는 끊임이 없습니다.

하나님의 창조물 중 제1호 보물은 인간입니다. 그래서 하나님께서는 에덴을 만드시고 인간이 그곳에서 행복하게 살도록 하셨습니다. 그러나 우리가 아는 바와 같이 인간은 에덴에서의 반역과 불순종으로 인해 에덴 밖으로 추방당했습니다.

그런데도 하나님의 인간에 대한 애정을 누구도 막을 수 없었습니다. 하나님은 인간에게 가죽옷을 지어 입히셨고, 홍수를 내시기 전에 120년간 기회를 주셨습니다. 죄악을 버리고 하나님의 사랑에 반응할 기회를 주셨습니다.

그러나 인간의 선택은 언제나 하나님과의 분리였습니다. 그들은 심판 속에서 죽어 갔습니다. 다행히 노아 한 사람을 통해 인류는 그 명맥을 이어 갈 수 있었습니다.

하나님의 축복으로 인간은 다시 번성하고 번창해 나갔습니다. 그리고 그들은 바벨이라는 곳에 모여 하나님을 향한 그들의 교만과 반역을 다시 드러냈습니다. 그들은 바벨에 모여 탑을 한없이 높이 쌓고 하나님과 같아지려는 욕망을 드러냈습니다.

그들은 바벨탑이 아니라 하나님께 제단을 쌓아야 했습니다. 바벨탑은 인간의 기술과 교만이 합쳐져 만들어진 것입니다. 돌에서 벽돌로, 진흙에서 역청으로 인간의 기술이 발전했습니다. 인간은 습득된 기술과 과학으로 하나님을 더욱 신뢰해야 하는 것이 마땅합니다. 그러나 인간은 기술과 과학을 언제나 하나님께 정면 도전하고 반역하는 데 사용합니다. 현대에도 과학 기술로 하나님께 끊임없이 도전하고 있습니다.

인간은 모이면 선한 것이 나오지 않습니다. 언제나 문제를 일으키고 공동체가 부패합니다. 인간은 모이기를 원했고 하나님은 그 모임을 흩으셨습니다. '우리'라는 단어가 참 좋지만, 이기적인 마음으로 모이면 공동체가 부패하고 서로를 소외시킵니다. 하나님은 바벨에 모인 사람들을 온 지면에 흩으셔서 떨어져 살게 하셨습니다.

초대 교회는 날마다 부흥했습니다. 그러나 그들의 선교는 예루살렘과 유대인 중심적이었습니다. 하나님은 일찍이 그들에게 예루살렘과 온 유대와 사마리아와 땅끝까지 이르러 증인이 되라고 말씀하셨습니다. 그러나 그들은 흩어지지 않았습니다.

예루살렘에 큰 핍박이 일어났습니다. 그들은 살기 위해 흩어져야만 했습니다. 그리고 흩어진 그곳 이방 땅에도 복음이 전해졌습니다.

예배를 많이 드린다고, 주님의 이름을 밤새도록 부른다고, 아름답고 열정적인 찬양을 드린다고 거룩한 교회가 되는 것이 아닙니다. 오히려 그 포장지에 잘 싸여 본질을 더는 보지 않거나 외면하는 것이 아닌지 되돌아보아야 합니다.

"주여!"라는 열정의 외침이 꼭 좋은 신앙이라고 말할 수 없습니다. 신앙은 외침이 아닙니다. 주님의 이름을 크게 부르는 것이 아닙니다. 종교적 행위는 더더욱 아닙니다.

신앙은 삶입니다. 예배도 삶입니다. 삶 속에 예배가 있고, 예배에 삶이 들어가 있어야 합니다. 예배와 삶은 분리가 아니라 일치요 상호작용이어야 합니다. 삶이 예배일 때 우리는 나의 일상을 가장 거룩하고 기쁘고 감사하고 친절하고 관대하게 살 수 있습니다. 예배에 삶이 들어가야 하는 이유는, 예배란 종교 의식을 행하는 시간이 아니라 나의 한 주간 살아온 삶을 주님께 드리는 시간이기 때문입니다.

이사야는 종교 의식에 그치는 형식적인 예배를 우리에게 이미 보여 주었습니다. 하나님은 이사야를 통해 살진 송아지와 많은 제사에 신물이 난다고 말씀하십니다.

여호와께서 말씀하시되 너희의 무수한 제물이 내게 무엇이 유익하뇨 나는 숫양의 번제와 살진 짐승의 기름에 배불렀고 나는 수송아지나 어린양이나 숫염소의 피를 기뻐하지 아니하노라 너희가 내 앞에 보이러 오니 이것을 누가 너희에게 요구하였느냐 내 마당만 밟을 뿐이니라 헛된 제물을 다시 가져오지 말라 분향은 내가 가증히 여기는 바요 월삭과 안식일과 대회로 모이는 것도 그러하니 성회와 아울러 악을 행하는 것을 내가 견디지 못하겠노라(사 1:11-13).

한국 교회와 우리는 신앙의 본질을 찾아야 합니다.

하나님의 설교가 홍수처럼 쏟아지는데 왜 한국 교회는 신뢰받지 못하는 공동체가 되었을까요?

그 이유는 우리가 듣는 것에만 몰두했지 행하는 것에는 관심이 없기 때문입니다. 목사님은 매주, 매일 설교 준비하느라 바쁘고, 성도들은 그 설교를 듣느라고 바쁩니다. 말씀대로 행할 틈이 없습니다. 우리는 알아야 합니다. 듣는 실력과 신앙의 실력이 같지 않다는 사실을 말입니다.

우리는 세상의 죄를 지적하기에 급급하지만, 문제는 교회입니다. 교회는 죄에 대한 청정 지역이 아닙니다. 교회라고 완전성이나 거룩성이 보장되는 것이 아닙니다. 주님이 소아시아 일곱 교회에 편지하실 때 단 한 교회(빌라델비아 교회)만 칭찬받았다는 사실에 주목해야 합니다.

인간은 교회라는 바벨탑을 쌓을 수 있습니다. 교회가 하나님을 주인으로 모시지 않고 자기 옳은 소견대로 존재한다면 그 교회 또한 바벨탑에 불과합니다. 교회라는 거룩해 보이는 위장 속에 현대 교회는 자신만의 바벨탑을 쌓지 않는지 되돌아보아야 합니다.

교회는 모이는 교회인 동시에 흩어지는 교회가 되어야 합니다. '우리'라는 단어는 한곳에 모인 사람들만을 의미하지 않습니다. 서울 사람만 우리 민족이 아닙니다. 해남 땅끝마을에 사는 사람도 우리 민족입니다. 큰 교회만 존재 의미가 있는 것이 아닙니다. 작은 교회도, 개척교회도 존재 의미가 있습니다. 다 필요한 존재요 공동체입니다. 서로 경쟁하거나 시기하지 않고 사랑해야 합니다.

부유나 빈곤은 축복도 저주도 아닙니다. 다만 시험일 뿐입니다. 부유는 나눔의 시험이고, 빈곤은 인내의 시험일 뿐입니다. 부유한 교회는 자신의 부유를 자랑하지 말고 작은 교회에 힘을 보태야 합니다. 작은 교회는 큰 교회를 비판하지 말아야 합니다. 성도 수가 적은 현실에 낙망하지 말고 교회의 존재 의미를 소중한 한 성도 한 성도에게서 찾아야 합니다.

교회는 하나이고, 하나이어야 합니다. 하나는 언제나 하나입니다. 그리스도의 몸 된 우리 모든 교회는 하나입니다. 모든 것에 함께 움직이고, 함께 나누며, 함께 사는 것이 하나입니다.

한국 교회는 낮아져야 합니다. 그래야 교회가 바벨탑이 되지 않습니다. 우리는 주님 한 분만으로 만족하는 사람과 교회가 되어야 합니다.

오래전에 교회 건축을 하고 몸이 아주 아팠습니다. 죽을 고비를 많이 넘겼습니다. 병원에 가도 원인을 찾지 못했습니다. 도저히 힘들어 살 수 없어 주님 전에 나아가 눈물의 기도를 드렸습니다. 교회를 개척하고 여태 고생한 것이 살짝 억울했습니다. 주님께 탄원하고 기도했습니다.

주님의 음성이 제 마음속에 들려왔습니다.

"장 목사야, 너는 나 하나로 만족할 수 없니?"

저는 이 주님의 소리를 듣고 크게 회개했습니다. 저는 제 야망을 위해 살았지 진정으로 주님 한 분만으로 만족하며 살지 못했습니다. 즉시 회개했습니다. 그리고 주님께 말씀드렸습니다.

"주님, 주님 한 분만으로 평생 만족하며 살겠습니다."

그리고 저는 며칠 후 바로 건강을 찾았습니다.

지금도 두렵습니다. 때로 주님 한 분만으로 살지 못하는 저 자신의 나약함이 두렵습니다.

우리가 진정 두려워할 것은 주님 한 분만으로 만족하며 살지 못하고 있다는 것입니다. 만약 우리와 우리의 교회가 주님 한 분만으로 만족한다면 탐욕도, 이기심도 없어질 것입니다. 그리고 서로 힘이 되어 주는 한국 교회가 될 것이라 믿습니다.

이제 우리는 흩어 보내야 합니다. 하나님께서 초대 교회를 흩으신 이유는 선한 영향력을 끼치라는 뜻 때문입니다. 복음은 선한 영향력을 끼치는 일입니다. 선한 영향력을 끼치기 위해서는 내가 가진 것을 풀어야 합니다. 풀지 않는데 어떻게 흘러 들어가겠습니까?

주님이 내게 주신 물질을, 재능을, 시간을, 보물을 흘려 보내야 합니다. 바벨탑처럼 나 자신을 위해 쌓기만 해서는 안 됩니다. 움켜쥐면 잃습니다. 내가 선한 영향력을 끼치지 못하고 사는 이유가 바로 이것입니다. 더 깊이 들어가 보면, 주님 한 분만으로 만족하지 못하는 우리의 탐심과 이기심이 밑바탕에 깔려 있기 때문입니다.

내가 주님을 잃으면 천국도 잃고 세상도 잃습니다. 그러나 주님을 얻으면 천국도 세상도 얻습니다. 내가 바벨탑처럼 꼭꼭 싸매고 높이 쌓는 것이 무엇인지 찾아야 합니다. 그리고 내가 가진 것을 내보내야 합니다. 그리고 낮아져야 합니다.

그때 비로소 우리는 선한 영향력으로 살기 시작합니다. 선한 영향력이란 그저 듣기 좋은 말이 아닙니다. 가장 귀한 주님을 얻었으니 다른 것은 놓는 것입니다. 주님을 바탕 삼아 나의 모든 것이 다른 사람에게 축복으로 흘러 들어가게 하는 것이 선한 영향력의 시작입니다.

신앙은 말씀으로 나의 세상을 구축하는 것이 아닙니다, 오히려 바벨탑 같은 나의 세상을 흩트리고 하나님의 나라를 세우는 것입니다. 이것이 선한 영향력으로 산다, 또는 복음으로 산다는 것의 의미입니다.

삶의 목적이
희미할 때

> 하나님께서 아브람에게 말씀하셨다.
> "네 고향과 네 가족과 네 아버지 집을 떠나,
> 내가 네게 보여 줄 땅으로 가거라"(창 12:1).

하나님께서 세상을 창조하시고 인간에게 자유와 선택권을 주셨습니다. 인간은 자유권을 사용했습니다. 하나님께서 하지 말라고 하신 것을 하는 데 그 자유권을 사용했습니다. 하나님은 그분의 말씀과 사탄의 말 중에서 하나를 선택할 수 있는 선택권도 주셨습니다. 인간은 하나님을 배신하는 데 그 선택권을 사용했습니다.

인간의 선택에 하나님은 실망하셨습니다. 인간이 번번이 하나님을 선택하지 않고 자신의 욕망과 본능과 배신을 선택했기 때문입니다. 인간은 하나님의 사랑을 진심으로 받아들이지 못했습니다.

하나님은 세상에 마음 둘 곳이 없으셨습니다. 그래서 이제 하나님도 누군가를 선택하셔야만 했습니다. 바로 아브라함이었습니다.

하나님은 왜 아브라함을 선택하셨는지 그 이유를 밝히셨습니다. 그것은 아브라함이 자기 자녀와 후손에게 하나님의 생활 방식을 가르쳐 그 방식대로 살게 하기 위해서였습니다. 여기서 하나님의 생활 방식이란 친절과 너그러움, 바르게 사는 것입니다(창 18:17). 그리고 하나님께 부르심을 받는다는 것은 축복이라는 것을 알리시기 위해서였습니다.

이제 하나님은 아브라함에게 마음을 두고 그를 살피고 성장시키기로 작정하셨습니다. 아브라함의 나이 75세 때에 하나님은 아브라함에게 전격적으로 나타나셨습니다. 그리고 말씀하셨습니다.

> 너는 너의 고향과 친척과 아버지의 집을 떠나 내가 네게 보여 줄 땅으로 가라 (창 12:1).

하나님과 아브라함의 새로운 시작, 새로운 동행이 시작되었습니다.

인생은 가는 것입니다. 인생의 길을 따라가는 것입니다. 그런데 인생의 길은 제각각이지만, 그 끝이 전부 죽음입니다. 인간이 살자고 걷는 길이 실제로는 죽자고 걷는 길입니다. 그 제각각의 길 대신 하나님께서 하나의 길을 내신 것이 구원입니다. 믿음이란 내 길을 돌려서 하나님이 내신 길을 가는 것입니다.

하나님이 온 힘을 다해 내신 생명의 길이 예수님입니다. 이 구원의 길을 내는 비용이 너무 많이 들었습니다. 인간의 돈으로도, 능으로도 안 되는 어마어마한 비용이었습니다. 하나님께서 자신의 아들을 십자가에서 죽이시는 비용을 지불하셔야 했습니다. 예수님은 자신을 가리켜 길이고 진리이며 생명이라고 말씀하셨습니다.

> 예수께서 이르시되 내가 곧 길이요 진리요 생명이니(요 14:6).

목적지에 가려면 현 자리를 떠나야만 합니다. 그러나 인간은 길을 가지만 그 끝의 목적지가 어떤 곳인지 전혀 알지 못하고 갑니다. 만약 그 길의 목적지를 명확하게 안다면 선택은 달라질 것입니다. 목적지를 알든 모르든 인생은 가야만 합니다.

갈 때는 지금 있는 자리를 들쳐 메고 새로운 길과 목적지에 갈 수는 없는 것입니다. 하나님께서 아브라함에게 고향과 가족과 아버지 집을 떠나라고 하신 것은 단순히 혈연과 지연의 공동체를 떠나라고 하신 것이 아닙니다. 새로운 영향력으로 이동하라는 것입니다. 내가 주인 삼고 나를 붙들어 맨 모든 것에서 자유해서 하나님과의 동행에 들어가라는 말입니다.

혹자는 아브라함이 살던 하란은 우상의 도시였기에 하나님께서 거기를 떠나라고 하셨다고 말합니다. 물론, 그 말도 틀리지 않습니다. 그러나 사람은 환경에 지배당한다는 말이 고정적인 진리는 아닙니다. 왜냐하면, 인간에게 영향을 주는 것은 환경이 아니라 인간의 선택이기 때문입니다.

그동안 인류는 많은 선택에서 실패해 왔습니다. 에덴동산이 환경이 나빠 아담 부부가 원죄를 지은 것이 아닙니다. 에덴동산은 외적 환경이 거의 완벽했습니다. 문제는 환경이 아니라 선택이었습니다.

중요한 것은 인간의 내적 환경입니다. 내적으로 나 자신을 다스리지 못하면 인간은 아무리 좋은 환경에서도 하나님과 멀어질 수밖에 없습니다.

아브라함은 급작스러운 하나님의 말씀에 반응해야 했습니다. 선택해야 했습니다. 떠날 것인지, 남을 것인지 말입니다.

우리는 살면서 사람과 환경과 일과 사건에 많은 영향을 받습니다. 신앙은 누구에게 영향을 받느냐의 문제입니다. 동시에 신앙은 선택입니다. 신앙은 떠나는 것입니다. 하나님께서 보여 주실 땅으로 가는 것입니다.

아브라함의 목적지는 가나안입니다. 그러나 우리가 가야 할 땅은 이 세상에 없습니다. 우리가 이 세상에서 목적지를 찾으려고 하니 인생이 허무한 것입니다. 우리의 목적지는 이 세상이 아닙니다. 우리의 분명한 목적지는 하나님 나라입니다. 우리는 이 세상 안에서 그 나라를 살아갈 뿐입니다. 그리고 마침내 궁극적인 하나님의 나라에 도달할 것입니다.

십자가는 우리에게 말해 줍니다.

"예수님의 길을 가라. 예수님이 길이다. 길은 언제나 종착점이 있다. 예수님의 종착점은 하나님 나라다. 갈 때 짐은 하나도 필요 없다. 너에게 주어진 십자가를 지고 가면 된다."

사람은 누구나 길을 가고 있습니다. 인생은 길을 가다가 죽는 것입니다. 인생을 걸어가다가 죽는 그곳이 바로 종착점입니다. 인간의 종착점은 오직 두 가지입니다. 하나님 나라이든 지옥이든 둘 중의 하나입니다.

아브라함을 부르신 하나님께서 우리도 부르셨습니다. 부르심에는 반드시 뜻이 있습니다. 전달 사항도 있습니다. 하나님은 말씀하십니다. "너를 움직이는 모든 장소와 관계를 떠나 나의 장소, 나와의 관계에 들어가자."

인생이 힘들고 위험한 것은 혼자 가기 때문입니다. 그래서 인생은 외롭고 고독합니다. 아무리 많은 것을 가졌어도 고독하고 외로운 것은 혼자이기 때문입니다. 그러나 내가 예수님을 믿는 순간 나는 더는 혼자가 아닙니다. 인생을 홀로 걷지 않습니다. 인생의 길을 만드시고 하나님 나라의 길을 만드신 분과 동행합니다.

인생과 신앙은 명확한 목적지가 있어야 합니다. 그리고 그 목적지를 향해서 가야 합니다. 우리의 최종 목적지는 하나님 나라입니다. 인간의 불행은 정확한 목적지를 찾지 못하고 있다는 것입니다. 지금 내가 가는 길이 맞는지 살펴야 합니다. 생명의 길이신 주님을 모시고 가야 합니다.

지금 우리는 주님과 함께 하나님 나라의 목적지를 향해 가는 중입니다. 나를 아시고 나를 사랑하시는 분과 천국의 길을 같이 갈 때 인생은 행복해집니다. 그래서 예수님을 믿으면 행복해지는 것입니다. 이 행복을 다시 찾아야 합니다.

삶이 너무
힘들 때

> 아브람은 아내 사래와 조카 롯과
> 모든 재산과 하란에서 얻은 사람들을 데리고
> 가나안 땅을 향해 길을 떠나
> 마침내 그 땅에 무사히 도착했다(창 12:5).

아브라함은 하나님의 말씀에 순종해서 집안 식구들을 이끌고 가나안 땅을 향해 갔습니다.

우리가 알아야 할 것은 하나님의 말씀에 순종했다고 해서 모든 과정이 평탄 대로는 아니라는 것입니다. 순종과 평탄한 길은 다르고 다른 말입니다.

사도 바울이 하나님의 명령에 따라 세계 곳곳을 다니면서 이방인을 전도했습니다. 그렇다고 해서 사도 바울의 모든 일이 다 술술 풀린 것은 아닙니다. 그는 자신의 동족에게서 살해의 위협을 받고 매일 공포 속에서 살아야 했습니다. 그것만이 아닙니다. 어려움이 정말 많았습니다.

> 유대인들에게 사십에서 하나 감한 매를 다섯 번 맞았으며 세 번 태장으로 맞고 한 번 돌로 맞고 세 번 파선하고 일 주야를 깊은 바다에서 지냈으며 여러 번 여행하면서 강의 위험과 강도의 위험과 동족의 위험과 이방인의 위험과 시내의 위험과 광야의 위험과 바다의 위험과 거짓 형제 중의 위험을 당하고 또 수고하며 애쓰고 여러 번 자지 못하고 주리며 목마르고 여러 번 굶고 춥고 헐벗었노라(고후 11:24-27).

그러나 바울은 마침내 모든 사명을 다 이루었습니다. '마침내'라는 단어에는 많은 어려움과 고난을 뚫고 이루거나 도달했다는 뜻이 함축되어 있습니다.

아브라함이 하나님의 명령을 받아 하란에서 가나안 땅까지 이주해 가는 일은 결코 쉬운 일이 아니었습니다. 무엇보다 길이 험하고, 도적 떼의 위험이 있으며, 거리가 너무 멀었습니다. 그러나 인생의 길이 아무리 힘들다 해도 비전과 꿈이 있으면 무엇이든 가능한 법입니다. 하나님께서는 아브라함이 긴 여정을 떠나기 전에 그에게 먼저 그 땅까지 도달할 수 있는 희망의 힘을 실어 주셨습니다.

> 내가 너로 큰 민족을 이루고 네게 복을 주어 네 이름을 창대하게 하리니 너는 복이 될지라(창 12:2).

한마디로 하나님은 아브라함에게 순종에 대한 동기 부여를 해 주셨습니다. 우리가 상을 받기 위해 순종하는 것은 아니지만, 순종에는 언제나 상이 놓여 있습니다. 아무리 가는 길이 힘들고 고통스러워도 하나님이 주신 비전이 있으면 그 길은 언제나 갈 만한 길입니다.

예전에는 먹고살기가 힘든 시대였습니다. 하루 세 끼만 다 먹어도 부유한 편에 속했습니다. 그 시대를 살았던 어떤 사람의 가정에 쌀이 다 떨어졌습니다. 그 사람이 가족 걱정에 힘을 잃고 있는데, 친척에게서 연락이 왔습니다.

"어서 와서 쌀을 가지고 가세요."

이 사람이 힘이 나서 달려갔더니, 그 친척이 쌀 한 가마니를 주었습니다. 이 사람이 그 쌀 한 가마니를 어깨에 메고 오는데 그 쌀이 그렇게 가벼웠다고 합니다. 몇 가마니라도 메고 올 수 있을 것 같았다고 합니다.

쌀 한 가마니면 약 80킬로그램인데 왜 그렇게 가볍게 느꼈을까요? 그 쌀이 그에게는 생명이고, 꿈이며, 소망이었기 때문입니다.

생명과 소망은 인생의 모든 무거운 짐을 가볍게 만들어 줍니다. 하나님 말씀도 그렇습니다. 그 말씀이 내게 생명이 되고 축복이 되고 천국이 된다고 믿어지면, 그 말씀에 대한 순종이 가벼운 무게로 다가옵니다. 순종이 무겁고 힘들게 느껴지는 이유는, 그 말씀이 우리를 살리는 유일한 길이라는 것을 우리가 깨닫지 못했기 때문입니다.

아브라함은 순종할 때 마음이 무겁지 않았습니다. 하나님께서 주신 약속과 꿈을 믿고 걸어간다면 가야 할 곳이 설사 수만 킬로미터가 떨어져 있다 할지라도 먼 거리로 여겨지지 않는 법입니다.
　마침내 아브라함의 가족은 가나안에 무사히 도착합니다. 오는 길 중에 많은 에피소드가 있었을 것입니다. 분명 위험한 순간이 있었을 것입니다. 그래서 '마침내'입니다.
　우리도 마찬가지입니다. 하나님께서 아브라함을 찾아오신 것처럼 우리에게도 찾아오셨습니다. 아브라함에게 고향 본토 친척 아비 집을 떠나 하나님이 지시한 땅으로 가라고 하신 하나님께서 우리에게도 같은 말씀을 하십니다.
　"네 자아와 세상과 죄악을 떠나 내가 지시한 하나님 나라로 가라."
　그리고 우리에게도 동기 부여를 해 주셨습니다. 아브라함에게 주셨던 것처럼 큰 비전과 약속을 주셨습니다.

내가 너를 내 자녀로 삼고
내가 너에게 복을 주고
내가 너에게 내 자녀라는 신분을 주고
내가 네 모든 죄를 용서하여 주고
내가 너를 의롭게 하고
내가 너를 평생 영원히 지켜 주고
내가 너에게 내 나라를 상속하고
내가 너를 내 신부 삼고
내가 너에게 상급을 주리라.

하나님께서는 이루 말할 수 없는 복을 주시며 하나님 나라에 가라고 하십니다. 그러니 인생이 힘들 때 이 축복을 생각해야 합니다.

그런데 예수님을 믿기가 절대 쉽지 않습니다. 그 길은 예수님의 길이며 십자가의 길입니다. 좁은 문, 좁은 길을 통과하여야만 하는 길입니다. 나를 버리고 예수님을 주인 삼아야 하는 길입니다. 세상을 과감히 떠나야 하는 길입니다. 때로는 핍박과 어려움이 있는 길입니다.

그러나 '마침내' 우리는 하나님의 나라에 도착할 것입니다. 그것이 우리 삶의 꿈이요 동기요 추진력이요 힘이고 진리요 생명입니다. 인생이 힘들 때 '마침내'를 기억하십시오. 마침내 하나님의 선명한 은혜가 당신에게 도달할 것입니다.

빈곤과 풍요를 누릴 때

> 그때 그 땅에 기근이 들었다.
> 기근이 극심했기 때문에
> 아브람은 이집트로 내려가 살았다(창 12:10).

아브라함은 수많은 어려움 끝에 마침내 가나안에 도착했습니다. 떠나올 때 그는 많은 기대를 했습니다.

'하나님이 가라고 하신 땅은 어떤 곳이며 얼마나 좋을까?'

가슴이 설렜을 것입니다.

우리도 여행할 때 목적지에 가면서 많은 기대를 합니다. 사람이 "거기 좋으니 한번 꼭 가 봐라"라고 말해도 기대가 되는데, 하나님이 지시하신 땅 그리고 주신다고 하는 땅은 얼마나 좋은 곳일지 기대가 되지 않았겠습니까. 아직 보지 않아도 완벽한 땅이라고 생각할 만했습니다.

이런 것이 틀린 마음과 기대는 분명 아닙니다. 그러나 하나님께서 가라고 지시하시는 땅은 궁극적으로 이 세상이 아닙니다. 하나님의 나라입니다. 이곳은 그림자에 불과합니다. 이 땅에서 우리가 경험하는 모든 것은 하나님 나라의 이해를 돕는 교육 자료일 뿐입니다.

따라서 아브라함이나 우리에게 가나안 땅은 육적으로 풍요의 땅이 아닙니다. 그 땅은 우리가 신앙 훈련을 하기 좋고 사명을 완수하는 땅입니다. 그러므로 영적으로 풍요한 땅입니다.

아브라함 일행이 가나안에 도착하자 하나님은 다시 그에게 가나안 땅을 자손에게 주겠다고 말씀하셨습니다. 이에 아브라함은 하나님께 감사하며 제단을 쌓고 감사의 기도를 드렸습니다.

그런데 하필이면 그때 그 땅에 기근이 심하게 들었습니다. 우리는 의문을 가질 수 있습니다.

"하나님이 주신 약속의 땅에도 기근이 오는가?"

전지하신 하나님께서 그 땅에 기근이 들지 모르고 거기로 가라고 하신 것은 분명 아니실 것입니다. 그렇다면 우리는 방향을 바꾸어서 생각해 보아야 합니다. 왜 하필 아브라함이 도착한 그때 기근이 심하게 들었는지가 아니라, 왜 하나님께서 그 가뭄의 시간을 경험하도록 하셨는지에 물음을 던져야 합니다.

"하나님께서 우리에게 주고자 하시는 것은 무엇일까?
그리고 우리가 받고자 하는 것은 무엇인가?"

여기서 우리는 하나님께서 주고자 하시는 것과 우리가 받고자 하는 것 사이에서 큰 격차를 발견하게 됩니다. 이때 우리는 신앙의 회의를 느낍니다. 고대 사람들이 복으로 여겼던 것은 땅, 무병장수, 자손이었습니다. 아브라함도 마찬가지였을 것입니다.

자신이 받고자 하는 것과 주님이 주고자 하시는 것에 일치가 생기지 않고 차이가 생겼을 때 우리는 어떻게 해야 할까요?

이때 필요한 것이 믿음입니다. 우리의 소망과 그렇지 못한 현실 사이의 거리에 다리를 놓아 주는 것이 믿음입니다.

예수님 당시의 유대인들도 이 격차를 느꼈습니다. 그들은 억압된 현실 속에서 메시아에 대한 하나님의 약속 이행을 기다리고 있었습니다. 그런데 문제는 그들이 기대하는 메시아와 하나님께서 보내 주신 메시아가 너무나 달랐다는 것입니다. 예수님이 자기 백성의 땅에 오셨는데 거절당한 이유는, 예수님이 그들이 기대하는 메시아가 아니었기 때문입니다.

하나님은 우리에게 필요한 것이 땅이 아니고 풍요도 아니라는 것을 분명히 말씀하십니다. 그것은 수단에 불과합니다. 하나님의 목적은 하나님의 백성을 하나님의 백성답게 만드시는 것이었습니다. 그리고 그 백성에게 하나님 나라의 기업을 주시는 것이었습니다.

믿음은 상황에 대한 순종이요 받아들임입니다. 수용이 없는 믿음은 성립되지 않습니다. 하나님께서 주신 약속의 땅에 기근이 든 이유는, 아브라함이 그 기근을 직면하도록 하시기 위해서입니다. 우리의 상황과 문제를 피해 가지 않고 직면할 때 우리 신앙의 실력이 길러집니다.

하나님의 뜻과 축복을 좋은 환경과 좋은 조건에서만 찾으려는 태도는 믿음이 아닙니다. 기근을 허락하신 하나님의 뜻을 그 기근에서 찾아야 합니다.

예수님은 그 높고 높은 보좌를 떠나서 이 낮고 낮은 땅에 오셨습니다. 예수님이 찾아오신 유대 땅과 그 백성의 마음밭은 아브라함이 기근을 겪은 곳보다 훨씬 더 열악한 곳입니다. 이 열악한 환경에서 주님은 모든 것에 직면하셨습니다. 십자가의 죽음에 직면하셨습니다. 예수님은 섬김을 받으려고 오신 분이 아닙니다. 오히려 인간을 섬기려고 오셨습니다.

아브라함은 가나안의 기근에 직면해야 했습니다. 하나님의 섭리와 인도하심에 순종해야 했습니다. 그러나 그는 그 기근을 피해 애굽으로 내려갔습니다. 우리도 마찬가지입니다. 하나님께서 인도하신 곳이 우리가 원하지 않는 기근의 자리일 수 있습니다. 그때 우리는 어려운 자리를 떠나 쉬운 곳으로 갑니다.

우리는 기근에 마음을 빼앗기지 말아야 합니다. 하나님의 말씀에 마음을 빼앗겨야 합니다. 현실의 기근을 이겨 내는 방법은 내 마음의 풍요와 믿음의 풍요를 가지는 것입니다.

약속의 땅에도 기근은 옵니다. 우리나라에는 수많은 교회가 있습니다. 대형 교회도 있지만, 개척교회도 있습니다. 저는 개척교회의 목사님들에게 말씀드리고 싶습니다. 약속의 땅에도 기근은 있다고 말입니다.

개척교회를 시작하여 개척교회로 마치려고 개척한 분은 없을 것입니다. 문제는 끝없는 기근입니다. 언제까지 버틸 수 있을지 생존의 문제까지 위협당하기도 합니다. 이때 목회를 그만두어야 할지 말아야 할지 고민에 빠집니다. 제가 답을 가지고 있는 것은 아닙니다. 그러나 분명한 사실 한 가지는 말할 수 있습니다. 하나님께는 대형 교회도, 중형 교회도, 작은 교회도, 개척교회도, 도시 교회도, 농촌 교회도, 섬 교회도 다 필요하시다는 사실입니다.

목회자의 사명은 내게 붙여 주신 그 한 영혼을 예수님처럼 섬기고 사랑하는 일입니다. 이 한 영혼에 대한 거룩한 집착과 사랑으로 목회한다면 훌륭한 목회자요 살아 있는 교회라고 말하고 싶습니다.

사랑의교회 초대 담임목사였던 옥한흠 목사님은 살아생전에 언제나 자신의 교회가 너무 큰 것과 자신이 유명해진 것에 대한 두려움을 가지셨다고 합니다. 왜냐하면, 교회가 커지다 보면 아무래도 성도 개개인을 돌보기가 어려워지기 때문입니다.

하나님께서는 자신의 십자가로 낳은 그 한 영혼을 사랑과 희생으로 돌볼 사람들을 찾고 계십니다. 주님이 맡겨 주셨고, 그 일이 주님을 위하고 주님을 사랑하는 일이라면 가장 가치 있는 일이라 여기며 오늘도 올곧게 살아가는 사람이 필요합니다.

구약에는 '남은 자' 사상이 있습니다. 이 시대의 남은 자는 분명히 있습니다. 엘리야의 절망 앞에 하나님은 바알과 아세라 우상에게 절하지 않은 7천 인의 남은 자가 있다고 하셨습니다. 우리의 성공은 좋은 환경과 좋은 조건을 얻는 것이 아닙니다. 하나님 앞에 남은 자가 되는 것입니다. 누가 남은 자인지, 어떤 교회가 남은 교회인지 하나님만이 아십니다.

그리고 우리의 최종 목적지는 하나님의 나라입니다. 여기가 끝이 아닙니다. 진정한 승부는 하나님 앞에서 판결 나는 것입니다. 하나님의 나라는 이 땅의 기근과 풍요를 뚫고 지나온 자들의 것입니다.

풍요하다고 자랑할 것도 없고 빈곤하다고 실망할 필요도 없습니다. 왜냐하면, 하나님께서 많이 받은 자에게는 그 책임을 많이 물을 것이고 적게 받은 자에게는 적게 물을 것이라 하셨기 때문입니다.

> 무릇 많이 받은 자에게는 많이 요구할 것이요 많이 맡은 자에게는 많이 달라 할 것이니라(눅 12:48).

풍요는 나눔에 대한 시험이고, 빈곤은 인내에 대한 시험일 뿐입니다. 풍요와 빈곤을 맞으며 사는 우리에게 그 의미가 새롭게 해석되었으면 좋겠습니다.

07

하나님의 환대가
그리울 때

> "당신이 내 누이라고 말해 주시오.
> 당신 덕에 내가 그들의 환대를 받고
> 목숨도 부지할 수 있을 거요"(창 12:13).

세상에는 너무 현실적인 사람이 있고 너무 이상주의적인 사람이 있습니다. 현실적이거나 이상주의적인 것, 둘 다 장점이 있는 좋은 것입니다. 그러나 좋은 것이라도 과하면 없는 것만 못합니다.

아브라함이 하란을 처음 떠나올 때만 해도 그는 굉장한 믿음의 소유자처럼 보였습니다. 그러나 가나안의 기근과 애굽의 풍요 앞에서 그는 신앙의 바닥을 보입니다. 아브라함은 위기 앞에서 너무 현실적인 인간으로 그 모습을 드러냅니다.

풍요와 빈곤은 축복도 저주도 아닙니다. 풍요는 사명이고 빈곤은 인내를 보일 수 있는 시험일 뿐입니다.

아브라함은 기근 앞에 자신을 믿음의 사람으로 세우지 못합니다. 마찬가지로 이집트의 풍요 앞에 자신을 한없이 작은 자로, 못난 자로 보여 줄 뿐입니다.

아브라함은 가나안의 기근을 피해 풍요로운 애굽으로 이주하기 전에 생각하고 선택해야 했습니다. 기근이 심한 가나안 땅에 남을 것인지 아니면 풍요로운 애굽으로 내려갈 것인지를 결단해야 했습니다. 아브라함에게는 둘 다 어려운 선택이었습니다.

가나안에 남아 있자니 집안 식구들과 자기 재산인 가축이 살아가기가 힘들어 보였습니다. 그런데 그 땅은 하나님이 지시하신 땅이기에 쉽게 떠날 수도 없었습니다.

선택 2안은 애굽으로 내려가 당분간 사는 것이었습니다. 이 일도 만만치 않았습니다. 아브라함 일행은 애굽을 잘 몰랐습니다. 새로운 사람들이 있는 새로운 사회와 문화에 들어가는 것이 겁이 났을 듯합니다.

아브라함의 깊은 고민에 또 고민을 더한 문제가 있었습니다. 바로 그의 아내였습니다. 그의 아내 사라는 매우 아름다운 여자였습니다. 아내의 아름다움은 좋은 것이었지만 위험하기도 하였습니다. 당시 힘이 있는 자가 힘없는 자의 재산을 빼앗거나 남편을 죽이고 아내를 빼앗아 가는 일이 비일비재했기 때문입니다.

그래도 아브라함은 가만히 앉아서 기근으로 고통받느니 차라리 애굽에 가서 모험하는 쪽을 선택하였습니다. 아브라함은 결단하고 애굽으로 떠났습니다. 그리고 그 나름대로 전략을 짜 두었습니다. 아내를 매개로 애굽에서 위협보다는 환대를 받겠다는 생각이었습니다.

그는 애굽으로 가는 도상에서 아내 사라에게 다시 한번 단단히 일러둡니다. 이제부터는 자신을 남편으로 대하지 말고 오빠로 대하라는 말이었습니다. 물론, 그 이유에 대해서도 자세히 설명했습니다. 사라도 당시의 풍속과 위험을 잘 알고 있었기에 남편 아브라함의 말에 동의했습니다. 아브라함이 동생 역할을 제안했을 때 사라가 받아들인 것을 보면 이미 사전에 서로 이야기가 된 것이 분명합니다.

아브라함은 두 가지를 계산했습니다.

첫째, 아내 사라를 여동생이라고 하면 사람들이 아브라함을 환대하며 아내 사라에게 관심을 보일 것이다.
둘째, 사라를 차지하는 사람은 오빠인 아브라함을 선대할 것이다.

다행인지 불행인지 아브라함의 예상대로 들어맞았습니다. 자신의 계획과 생각이 현실에 먹힌다고 좋아할 일은 아닙니다. 외지에서 들어온 아브라함 일행은 애굽 사람들의 관심을 한 몸에 받았습니다. 특히, 아브라함이라는 사람의 여동생이 대단한 미인이라는 소문이 도성에 쫙 퍼졌습니다.

이 소식은 애굽 왕(바로)에게까지 들렸습니다. 바로는 급히 아브라함 일행을 왕궁에 초청했습니다. 그는 사라를 보고 단번에 매혹되었습니다. 바로는 곧바로 사라를 아내로 취했고 오빠라는 아브라함을 후대했습니다. 그리고 아브라함에게 많은 금은과 가축을 선물로 주었습니다. 말이 선물이지 이것은 사라와 결혼하는 바로의 신부 대금이었습니다. 그런데도 아브라함은 그 결혼이 그대로 진행되도록 하였습니다.

이제 급한 것은 하나님이셨습니다. 하나님이 이 결혼 사건에 개입하시어 아브라함의 아내 사라를 지켜 주시고 그에게 은혜를 베푸셨습니다.

우리는 여기서 이런 생각을 할 수 있습니다.

'왜 아브라함은 자기 생각을 하나님께 말씀드리지 않았을까?'

이것은 장차 믿음의 조상이 될 아브라함이 불신에서 확실한 신앙으로 얼마나 진보해 나갔는지를 말해 줍니다.

아브라함은 애굽의 풍요와 하나님의 책임지심 사이에서 애굽의 풍요를 선택했습니다. 또 하나 생각할 것은 아브라함이 기근의 자리에는 하나님의 섭리가 없다고 인식했다는 것입니다. 우리 또한 항상 좋은 자리와 환경에서만 하나님의 섭리와 응답을 찾는 우를 범하며 살아갑니다.

신앙은 맡김입니다. 우리 자신과 인생을 맡기는 것입니다. 맡길 때는 믿음이 필요합니다. 못 믿는데 맡기는 사람은 없습니다. 아브라함 역시 믿음생활의 처음에는 초라한 성적표를 손에 쥐어야 했다는 것을 알면, 우리도 힘을 얻고 믿음의 길을 다시 걸어갈 수 있습니다.

아브라함이 애굽에 내려가 아내를 내주어 얻은 이익은 작지 않았습니다. 세 가지였습니다.

첫째, 목숨

둘째, 환대

셋째, 물질

우리도 이 세 가지를 선호합니다.

여기서 아브라함의 빈곤한 생각과 빈곤한 믿음을 발견합니다. 우리의 생명을 지켜 주는 분은 하나님이시지 사람이나 환경이 아닙니다. 아무리 철통 보안이 있는 곳에 머물러도 하나님이 지켜 주지 않으시면 그곳은 가장 위험한 곳입니다. 반면에 아무리 위험한 지역에 있다 하더라도 하나님이 함께하시면 그곳은 가장 안전한 곳입니다.

하나님은 예수님을 보내시어 죄의 땅에서 잃어버린 생명을 찾아 주셨습니다. 예수 그리스도 그분의 십자가는 우리에게 생명을 가져다주었습니다. 그 생명은 영원한 생명입니다. 누구도 줄 수 없고 누구도 빼앗을 수 없는 참된 생명입니다.

환대도 마찬가지입니다. 인간의 환대는 조건적입니다. 조건을 충족시키지 못하면 환대는 회수됩니다.

젊었을 때 저는 하나님의 환대를 오해하며 목회했습니다. 목회의 축복에 대해서도 오해했습니다. 저 자신의 가치와 존재의 의미를 교회 성장에서만 찾으려고 했습니다. 그 증거가 보이지 않으면 혼자 절망하고 아파했습니다. 하나님께 인정받지 못하는 것처럼 생각했습니다.

그런데 이제 생각해 보니 정말 다행입니다.

제가 원하는 만큼 교회가 큰 부흥을 이루었다면 제가 얼마나 교만했을까요?

은근히 얼마나 우월감에 사로잡혔을까요?

저와 함께해 준 성도들에게 지금처럼 감사할 수 있었을까요?

작은 것도 기적이라고 생각하며 감사할 수 있었을까요?

이런 생각을 하면 제가 원하는 만큼 눈에 보이는 성장을 얻지 못한 것이 다행이고, 오히려 목회의 축복이며, 하나님의 환대였다는 것을 깨닫게 됩니다.

그러나 젊은 날에는 하나님의 환대를 제가 원하는 방식의 응답과 축복에서 찾으려는 우를 범했던 것입니다.

우리가 가지지 못한 한 가지에 너무 좌절하는 것은 아닌가 생각해 봅니다. 하나님이 우리를 환대하신다는 것이 우리가 원하는 방식대로 해 주셔야만 한다는 것은 아닙니다. 하나님의 환대는 주님이 나를 사랑하사 나를 위하여 돌아가셨다는 진리와 나에게 사명을 주셨다는 사실에서 찾을 수 있습니다.

그러니 하나님의 환대를 내가 원하는 방식에서만 찾지 않았으면 합니다. 주님의 십자가는 우리를 환대하시는 하나님의 사랑의 표시입니다. 하나님은 나 같은 죄인을 하나님의 자녀로 환대하셨습니다. 의인이라는 단어와는 너무 멀고 전혀 어울리지도 않는 우리를 의인으로 환대해 주셨습니다. 생각해 보십시오. 하나님이 우리를 얼마나 환대해 주셨고 자신의 생명을 어떻게 우리에게 주셨는지 말입니다.

우리는 지금 하나님의 무한한 관심을 받고 사는 자들입니다. 다만 그 사실에 대한 믿음이 부족할 뿐입니다. 사라 덕에 우리가 생명을 얻고 환대를 받는 것이 아닙니다. 예수님 덕에 우리가 하나님께 생명을 받고 환대와 관심을 받는 것입니다. 아직도 사람 덕을 보겠다고 기대한다면 그 생각을 내려놓아야 합니다.

우리의 영원한 구원자는 우리의 아버지 하나님이십니다. 우리는 하나님의 덕을 보고 사는 사람들입니다. 이 고백을 가슴에 품고 삶으로 증명하며 살아가는 사람이 하나님의 자녀입니다.

인생의 기근 시절을 보내고 있다면 약속의 땅에도 기근은 있다고 인정하는 것이 중요합니다. 그리고 그 자리에서 믿음을 풍요롭게 만드는 일이 무엇보다 시급합니다. 삶에 지쳐 작동하지 않는 믿음의 엔진을 하나님께서 다시 돌려 주시길 기대합니다. 그래서 우리가 언제나 하나님의 환대 속에 살아간다는 사실이 믿겼으면 합니다.

신앙과 은혜는 느낌이 아닙니다. 나에 대한 하나님의 환대도 느낌이나 환경에서 찾아지는 것이 아닙니다. 하나님이 나에게 무한한 환대를 쏟고 계신다는 증거는 말씀과 십자가의 은혜입니다. 그리고 그 사실을 믿음으로 받아들이는 것입니다.

평안하게 살고
싶을 때

> 아브람과 롯의 목자들 사이에
> 다툼이 일어나기도 했다(창 13:7).

'다툼'은 일상 용어이지만 친근하지 않은 단어입니다. 관계가 안 좋으면 다툼이 일어나고, 다툼이 일어나면 관계가 안 좋아집니다. 성경에서는 이렇게 일러 줍니다.

> 채소를 먹으며 서로 사랑하는 것이 살진 소를 먹으며 서로 미워하는 것보다 나으니라(잠 15:17).

인생을 살아가면서 다툼 없이 살아가는 사람은 없습니다. 어쩌면 다툼이 일상인 사람도 있을 것입니다. 그렇지만 다툼이 좋아서 다투고 살아가는 사람은 없습니다.

다툼은 서로 따지며 싸우는 '일'이지만 '감정'과 관련이 깊습니다. 다투면 분노의 감정이 생깁니다. 반대로 감정이 좋지 않으면 다투게 됩니다. 그런데 다툼이나 감정은 선택하는 것입니다. 참는 것보다 다투는 것을 선택하고 안 좋은 감정을 선택하기에 다툼이 일어납니다. 다툼은 시험이고, 사람 사이의 평화를 깨트립니다.

다툼이 일어나는 요소는 다양합니다. 재산 때문에, 태도 때문에, 말 때문에, 거짓말 때문에, 무시해서, 기분 나빠서 등등 수없이 많습니다.

하나님의 은혜로 아브라함은 큰 부자가 되었습니다. 물론, 그의 조카 롯도 같이 부자가 되었습니다. 여기서 우리는 아브라함의 좋은 인격을 보게 됩니다. 신앙은 능력적인 것이 아니고 성품적인 것입니다. 하나님은 우리를 능력 많은 자나 전능한 자로 성장시키지 않으십니다. 하나님은 우리를 예수님의 성품을 닮은 자로 키우십니다.

아브라함은 라반과는 전혀 결이 다른 사람이었습니다. 야곱의 외삼촌 라반은 야곱에게 일만 죽어라 시키고 임금은 주지 않은 탐욕적인 사람입니다. 자신의 사위인데도 야곱이 부유해지는 것을 싫어했습니다. 야곱이 부유해지면 그만큼 자신의 재산이 축난다고 생각했기 때문입니다.

그러나 아브라함의 생각은 달랐습니다. 아브라함은 하나님의 축복대로 복의 통로가 된 사람이고 그것을 기뻐한 사람입니다. 어쩌면 하나님께서 그를 믿음의 조상으로 선택하신 이유도 아브라함에게서 그런 가능성을 보셨기 때문인지도 모릅니다.

롯은 아브라함의 조카입니다. 그의 아버지가 일찍 죽었기에 아브라함이 조카를 거두어 자식처럼 키웠습니다. 하란을 떠나올 때도 아브라함은 조카 롯의 의중을 물어보고 함께 가나안에 왔을 것입니다. 롯은 아브라함에게서 따뜻한 사랑을 느꼈습니다. 그러기에 아브라함을 따라나서는 데 주저함 없이 동행했습니다.

롯이 단기간에, 그것도 이방 땅에 와서 큰 부자가 된 것은 물론 하나님의 은혜입니다. 그렇지만 하나님은 아브라함을 통해 롯에게 부요함을 주셨습니다.

문제는 둘 다 부자가 되었을 때 일어났습니다. 아브라함의 목자와 롯의 목자 사이에서 목초지를 놓고 번번이 다툼이 일어났던 것입니다.

다툼에는 배후가 있습니다. 다툼의 이유가 많겠지만, 대체로 욕심과 교만이 중심 자리를 차지합니다. 사탄은 인간의 탐욕과 교만을 한껏 이용하고 부추깁니다. 사탄이 아담 부부를 유혹할 때도 인간이 가진 욕망을 매개로 사용했습니다. 다툼은 인간관계가 결국 파국을 맞게 만듭니다.

하나님의 사람들은 다툼보다 평화를 선택해야 합니다. 평화를 만들려면 비용이 듭니다. 국방비는 다른 말로 하면 평화 유지비입니다. 인간 사이의 평화에도 비용이 많이 들어갑니다. 인내, 관용, 용서, 사랑, 관대, 이해, 아픔, 속상함 등 말입니다. 이 비용을 안 들이겠다고 사람이 다투는 것입니다.

아브라함은 고민이 컸습니다. 더는 다툼이 일어나서는 안 된다고 생각했습니다. 재산 운용 때문에 조카와 갈등 관계에 들어가는 것을 원치 않았습니다. 아브라함은 조카 롯과 터놓고 이야기하기로 마음 먹었습니다.

조카 롯을 만난 아브라함은 서로 많은 이야기를 나누었습니다. 그리고 이 갈등을 더 지속하면 둘 사이의 관계를 복구하기가 힘들겠다는 것을 둘 다 인식했습니다.

여기서 참조 사항이 있습니다. 둘의 목자들 사이에서 다툼이 있는 것을 가나안 사람과 브리스 사람이 주시하고 있었다는 것입니다. 그들은 여호와 하나님을 아브라함을 통해 보았습니다. 그리고 아브라함 가족이 신앙심이 두텁고 그들의 복이 하나님께로부터 왔다는 것을 인정했습니다. 여기에 아브라함의 고민이 있었습니다.

아브라함은 하나님을 믿는 사람들이 믿지 않는 사람들 앞에서 다투는 일이 더는 없어야겠다고 생각했습니다. 그래서 그는 다툼의 종식 비용과 평화 비용을 자신이 부담하기로 했습니다.

평안한 삶을 살고 싶다면 평화의 비용을 지불해야 합니다. 우리에게 평안이 없는 것은 평화 비용을 지불하지 않으려는 인색한 마음 때문입니다.

그래서 아브라함은 롯을 불러 "네가 좌하면 나는 우하고, 네가 우하면 나는 좌하겠다"라고 말했습니다. 롯에게 우선권과 선택권을 부여했습니다. 아브라함의 인격을 볼 수 있는 대목입니다. 이 다툼은 주변 이방 사람들이 주시하는 가운데 아름답게 매듭이 지어졌습니다.

오늘날 우리는 교회 안에서 분쟁을 보게 됩니다. 이것은 믿는 가정에서도 흔히 볼 수 있는 광경입니다. 그러나 우리가 알아야 할 것은 우리의 분쟁이나 다툼을 세상이 주시하고 있다는 사실입니다. 우리는 화평케 하는 자로 부름을 받았다는 것을 인식해야 합니다. 모든 분쟁은 중지해야 합니다. 신앙이란 옳고 그름의 문제가 아닙니다. 관용과 용서의 문제입니다.

우리 주 예수님은 이 세상에 평화를 주러 오신 분입니다. 평화를 주러 오셨다는 것은 이 세상에는 평화가 없다는 것을 전제합니다. 우리는 분열과 다툼이 만연한 시대에 살고 있습니다. 그러나 교회는 분쟁하는 곳이 아닙니다. 옳고 그름을 따지는 데가 아닙니다. 죄인들이 모인 곳입니다. 그래서 서로 용서하는 곳입니다.

분쟁을 해결하고 평안을 누릴 수 있는 방법은 아브라함의 태도로 결단하는 것입니다. 상대에게 우선권을 주는 것입니다. 아브라함처럼 이렇게 말하는 것입니다.

> 네 앞에 온 땅이 있지 아니하냐 나를 떠나가라 네가 좌하면 나는 우하고 네가 우하면 나는 좌하리라(창 13:9).

평화 비용을 기꺼이 지불하는 것입니다. 평화 비용을 지불하면 평안이 옵니다. 평안을 누리지 못하는 이유는 평화 대금을 지불하지 않았기 때문입니다. 평안과 평화를 누리고 싶다면 그 비용을 지불하면 됩니다.

주님, 저를 당신의 도구로 써 주소서.

미움이 있는 곳에 사랑을,
다툼이 있는 곳에 용서를,
분열이 있는 곳에 일치를,
의혹이 있는 곳에 신앙을,
그릇됨이 있는 곳에 진리를,
절망이 있는 곳에 희망을,
어두움에 빛을,
슬픔이 있는 곳에 기쁨을
가져오는 자 되게 하소서.

위로받기보다는 위로하고,
이해받기보다는 이해하며,
사랑받기보다는
사랑하게 하여 주소서.

우리는 줌으로써 받고,
용서함으로써 용서받으며,
자기를 버리고 죽음으로써
영생을 얻기 때문입니다.
– 성 프란시스코, 〈평화의 기도〉

09

비전이
희미할 때

> 롯이 바라보니
> 요단 온 들판이 소알에 이르기까지
> 물이 넉넉하여 하나님의 동산 같고
> 이집트 땅과 같았다(창 13:10).

사람은 누구나 바라는 것이 있습니다. 그리고 자기가 바라는 것을 바라봅니다. 또한, 바라보는 것에 이끌립니다.

바라봄은 믿음을 만들어 냅니다. 열두 정탐꾼도 같은 땅을 어떻게 바라보고 왔느냐에 따라 보고가 달랐고 운명이 달라졌습니다. 보는 것이 다르면 운명도 달라집니다.

부정적인 바라봄은 부정적인 결과를 만들어 냅니다. 긍정적인 바라봄은 긍정적인 결과를 만들어 냅니다. 신앙의 실력이 있어야 바라봄을 잘할 수 있습니다.

사람은 자신이 바라는 것을 바라보고 그 바라봄은 인간의 운명에 관여합니다. 이것이 바라봄의 법칙입니다.

재산이 많아져 목초지를 놓고 갈등하던 아브라함과 롯은 웃으면서 헤어지게 되었습니다. 다 아브라함의 양보 덕분입니다. 이제 문제는 롯이 어떤 선택을 하느냐였습니다. 선택은 그 사람의 내면을 보여 주고 그 사람의 가치관을 보여 줍니다. 그래서 선택을 잘하려면 내면의 실력을 잘 쌓아야 합니다. 남들이 보지 못하는 것을 볼 수 있어야 합니다.

롯은 굉장히 기분이 좋았습니다. 재산을 많이 얻고, 이제 삼촌에게서 독립하게 되었습니다. 거기다 자신이 살 곳과 아브라함이 살 곳이 겹치지 않아서 좋았습니다. 롯은 아브라함에게서 완전한 독립을 이루게 된 것입니다. 롯은 은연중 독립하여 자기 뜻대로 살고 싶은 마음이 있었습니다.

롯은 며칠간 행복감에 젖어 선택지를 고민했습니다. 그리고 마침내 결정했습니다. 롯이 바라보니 눈에 들어오는 곳이 있었습니다. 한눈에도 명당으로 보였습니다. 입지 조건이 너무 좋았습니다.

사람은 이렇게 자신이 마음에 드는 것을 바라보게 되어 있습니다. 롯이 선택한 땅이 얼마나 좋아 보였는지 모릅니다. 그곳은 물이 넉넉할 뿐만 아니라 에덴동산 같고 애굽과 같은 풍요가 넘쳐흐르는 땅이었습니다.

여러 군데를 거쳐 마침내 롯은 소돔에 정착했습니다. 성경은 우리에게 살짝 가르쳐 줍니다.

소돔 사람은 여호와 앞에 악하며 큰 죄인이었더라(창 13:13).

그러나 롯은 자신이 선택한 곳이 풍요롭기는 하지만 얼마 지나지 않아 멸망당할 만큼 악한 도시라는 것을 알지 못했습니다.

아브라함의 선택은 풍요로운 땅 대신 광야였습니다. 그런 곳은 사람들에게 환영받거나 매력적인 곳이 아닙니다.

그러면 왜 이 둘 사이의 선택이 이렇게 극명히 달랐을까요?

이것은 가치의 문제였습니다. 롯은 인생의 중심 가치를 재산과 부유한 곳에 사는 것에 두었습니다. 반면에 아브라함은 재산과 편안한 삶보다 어떻게 하면 하나님을 더 잘 섬기고 그분과 동행할 수 있는가에 더 가치를 두었습니다.

롯의 세속적 가치관은 자석처럼 소돔으로 끌려갔습니다. 저는 어릴 적에 자석을 가지고 많이 놀았습니다. 자석이 참 신기했습니다. 자석을 땅에 굴리면 흙은 붙지 않고 쇳가루만 끌어당깁니다. 우리가 원래 흙의 존재처럼 살아가면 세상의 자석에 끌리지 않습니다. 그러나 우리가 자신의 위치를 망각하면 세상이라는 자석은 인간의 탐욕과 욕망을 마음껏 끌어 붙입니다.

인간은 무엇을 바라보고 사느냐에 따라 운명이 갈립니다. 사람은 누구나 욕망에 충실합니다. 욕망은 인간을 잘 떠나지 않습니다. 이 욕망은 새로운 가치가 들어올 때 비로소 떠납니다.

제가 일산에 교회를 개척하고 목회를 한 지 25년이 넘었습니다. 50대 초반까지 솔직히 큰 교회를 이루고 싶었습니다. 참고로 저의 나이는 지금 막 60이 넘었습니다. 저 나름대로는 열심히 기도하고 열정을 가지고 목회했습니다. 그런데 제가 생각하고 열망한 것처럼 안 되었습니다. 조금 부흥한다 싶으면 문제에 부딪히기를 몇 번이나 반복했습니다. 그러다 보니 언제부터인가 저 자신의 한계와 무능력에 많이 좌절했습니다. 저 자신의 현실이 참 초라해 보였습니다.

그런데 50대 중반부터 제 목회의 의미가 새롭게 다가왔습니다.

'내가 사람을 보고 목회했구나. 내가 바라본 것이 하나님이 아니라 목회 성공이었구나.'

그래서 저 자신을 솔직히 인정했습니다. 스스로를 열 달란트 받기 원했지만 한 달란트 받은 자라고 인정하고 하나님을 바라보았습니다. 그랬더니 행복해졌습니다. 장로님도, 성도들도 저를 정말 사랑해 주신다는 사실에 감사했습니다. 저와 함께 오랜 시간 교회를 지켜 준 분들이 너무 고마웠습니다. 이제야 저는 감사하게도 진정한 목회의 가치를 바로 찾았습니다. 마더 테레사의 말이 생각납니다.

> 하나님은 우리의 성공을 원하시는 것이 아니라 우리의 노력을 원하신다.

사명을 가지고 목회하는 일에 조금 철이 든 것 같아 주님께 감사합니다. 저는 이 새로운 가치를 '거룩한 욕망'이라고 부르고 싶습니다.

롯에게는 자아의 욕망이 작동했고 아브라함에게는 거룩한 욕망이 작동했습니다. 우리도 롯처럼 내가 좋아하는 것을 바라봅니다. 내 자아와 본능의 선택지를 바라봅니다. 욕망을 채워 줄 곳을 선택합니다. 선택은 결과를 낳습니다. 롯은 하나님의 심판을 염두에 두지 못하고 살았습니다. 반면에 아브라함은 하나님의 심판을 늘 의식하며 살았습니다.

사랑은 심판입니다. 심판은 사랑입니다. 주님이 이 땅에 오신 것은 인간에 대한 사랑인 동시에 심판입니다.

구원과 심판은 동시에 이루어집니다. 구원이 있으면 심판이 없는 것이고, 심판이 있으면 구원이 없는 것입니다.

에덴동산 같고 애굽 같은 그런 허상을 바라보는 것을 중지해야 합니다. 대신 나를 사랑하사 나를 위해서 십자가를 지신 예수님을 바라보아야 합니다.

예수님은 말씀하셨습니다.

> 모세가 광야에서 뱀을 든 것같이 인자도 들려야 하리니 이는 그를 믿는 자마다 영생을 얻게 하려 하심이니라(요 3:14-15).

인자(예수님)는 왜 들려야 하나요?

모든 사람이 바라보고 구원을 받게 하기 위해서입니다.

광야에 들어선 이스라엘 백성은 한낮의 더위와 한밤중의 추위 그리고 마실 물과 식량 부족에 대해서 원망을 터뜨렸습니다. 더 나아가 그들은 애굽에 있는 것이 차라리 더 나을 뻔했다고 불평을 쏟아 냈습니다.

이에 하나님은 불 뱀을 보내셔서 이스라엘 백성을 심판하셨습니다. 이 일로 많은 사람이 죽어 갔습니다. 그래서 이스라엘 백성은 모세를 찾아가 하나님께 용서를 빌어 달라고 하소연했습니다. 모세는 하나님께 중보기도를 했습니다. 그러자 하나님께서 장대에 놋 뱀을 달고 세워서 모든 사람이 보게 했습니다. 그리고 그 놋 뱀을 바라본 자는 살았습니다.

예수님도 죄의 독에 물린 인간을 살리시기 위해 십자가에 들리셔야 했습니다. 누구든지 예수님을 믿고 십자가를 바라보면 살길이 생겼습니다.

그러나 모세 때도 지금도 많은 사람이 주님을 바라보지 않습니다. 오직 세상만을 바라봅니다. 그 결과 죄에 물린 인간은 서서히 죽어 가고 있습니다. 바라봄은 선택입니다.

비전은 바라봄입니다. 우리의 비전이 희미한 것은 바라봄에 실패했기 때문입니다. 사람은 자기에게 가치 있는 것을 바라보게 되어 있습니다. 그러기에 의미 있고 영원한 것에 가치를 두는 것이 무엇보다 필요합니다. 비전이 희미한 것은 진정한 가치를 찾지 못하고 있다는 증거입니다.

무엇에 참된 가치를 두고 사십니까?
물 댄 동산 같은 소돔입니까?
아니면 생명이신 예수 그리스도입니까?

마음 둘 곳이
없을 때

> 롯이 아브람을 떠나간 뒤에
> 하나님께서 아브람에게
> 말씀하셨다(창 13:14).

정들었던 조카 롯이 떠났습니다. 혈연을 지향했던 사회이기에 아브라함의 마음은 울적했습니다. 어떤 이유에서 조카와 갈라졌든지 간에, 함께해 온 세월을 털어 낼 수가 없었습니다. 아브라함은 섭섭한 마음을 갖지 않으려고 애를 썼지만, 이별의 여파인지 외롭고 쓸쓸하고 허전했습니다. 아브라함은 마음 둘 곳이 없었습니다.

그런데 이때 하나님께서 아브라함을 찾아오셨습니다. 아브라함의 마음과 상실감을 아셨기 때문입니다. 하나님께서 아브라함에게 위로 심방이 필요하다고 느끼셨던 것입니다. 하나님은 아브라함의 상실된 마음 공백에 다시 희망의 힘을 불어넣어 주셨습니다.

아브라함의 상실감은 크게 두 가지 때문이었습니다.

첫째, 땅 때문이었습니다. 롯이 선택한 곳은 정말 보기 좋고 목초지가 넉넉한 풍요한 땅이었습니다. 반면에 아브라함이 선택한 땅은 마른 광야였습니다.

둘째, 후손 때문이었습니다. 아브라함은 자식이 없으므로 조카 롯을 자식과 후계자처럼 키웠습니다. 그런데 생각지도 않은 일이 벌어진 것입니다. 롯과 목초지 문제로 이렇게 헤어질지는 몰랐습니다.

하나님은 아브라함을 위로하는 선물을 가지고 찾아오셨습니다. 하나님은 땅에 대해 다시 한번 언약하시고 현장 실습 교육을 해 주셨습니다.

"이 가나안 땅을 다 너와 네 자손에게 주겠다. 네 땅이라 생각하고 동서남북으로 힘껏 걸어 봐라. 네가 밟는 모든 땅은 너와 네 후손의 것이다."

하나님은 자손과 후계 문제로 고민하는 아브라함에게 땅의 티끌을 셀 수 없는 것처럼 그의 자손도 셀 수 없을 만큼 번성하게 해 주겠다고 말씀하셨습니다.

아브라함에게 얼마나 큰 힘과 위로가 되었겠습니까!

인생을 살다 보면 믿었던 사람에게 배신을 당하고 실망을 가질 수 있습니다. 미래에 대한 아무 소망이 없어 보일 때가 있습니다. 아브라함이 그랬습니다.

하나님을 믿고 하란에서 여기 가나안까지 왔는데 아직 후사도 없습니다. 더욱이 아들과 같은 조카 롯이 자신의 것만 챙기듯 떠나 버렸습니다. 이때 하나님이 찾아오십니다.

인간은 믿음의 대상이 아닙니다. 사랑의 대상입니다. 사랑과 신뢰의 대상은 오직 하나님뿐입니다. 인간은 떠나도 하나님은 안 떠나십니다. 하나님과 한번 맺은 관계는 영원합니다. 언제나 하나님은 신실하십니다. 그분은 우리의 상한 마음을 만지시고 치료하십니다.

우리의 인생의 의미와 힘과 소망은 하나님이십니다. 너무 보기 좋은 소돔과 같은 이 땅이 아닙니다. 이 땅은 잠깐 머무르는 간이역에 불과합니다. 이 세상 것에 목매지 않았으면 합니다.

하나님께서 아브라함에게 땅과 자손의 복을 주신 것은 다른 이유가 있습니다. 여기에는 물질적인 차원의 복을 넘어 영적인 복이 담겨 있습니다. 사람들은 땅과 자손을 이 땅의 가치로서 생각합니다. 그러나 그런 것이 아닙니다. 이 땅의 것이 아무리 좋은 것이라고 하더라도 하나님 나라와 잇대어 있지 않으면 아무 의미가 없습니다.

하나님께서 아브라함에게 주신 땅의 의미는 하나님 나라의 땅을 염두에 두고 살아가라는 뜻입니다. 자손도 마찬가지입니다. 후손을 단지 계보를 잇고 유산을 상속하는 자로 주신 것이 아닙니다. 믿음의 후손을 많이 만들어 내라는 의미입니다.

생각해 보십시오. 내 자식이 의사가 되거나 재벌이 되거나 권력을 가지거나 유명한 자가 되었다 할지라도 하나님을 모르면 아무런 의미가 없는 것입니다.

이 세상의 땅을 아무리 많이 가지고 있어도 하나님 나라의 땅을 한 평도 상속받지 못하면 이 세상의 땅이 의미가 없는 것입니다.

인간에게 마음을 두지 마십시오. 이 땅에 마음을 두지 마십시오. 인간에게 실망하지 마십시오. 우리가 신뢰하고 마음 둘 곳은 하나님 뿐입니다. 그러면 주님이 우리를 찾아와 주십니다. 주님만이 우리의 깨어진 마음을 만지고 고치며 소망을 주는 분이십니다.

인간에게 배신을 당하고 아픔을 당했다면 눈을 들어 나를 사랑하사 나를 위하여 죽으신 예수님을 바라보십시오.

이 땅의 축복은 하나님 나라와 반드시 연결되어 있어야 합니다. 하늘의 가치에 연결되어 있을 때 모든 것의 의미와 가치가 더욱 살아나게 되는 것입니다.

우리의 고민은 바로 이 지점에 있어야 합니다. 이 땅은 잠깐 머무르다 가는 간이역일 뿐입니다. 내가 마음 둘 곳은 오직 하나님 나라입니다. 하나님의 나라에서 우리는 비로소 하나님의 영광을 볼 것이기 때문입니다.

11

물질에
애착하게 될 때

> 왕의 것은 실 오라기 하나,
> 신발 끈 하나도 가지지 않겠습니다.
> 그것은 왕이 "내가 아브람을 부자로 만들어 주었다"라고
> 말하지 못하게 하려는 것입니다(창 14:23).

아브라함이 살던 지역 주변에는 소국이 많았습니다. 그 나라들은 서로 연맹하며 각기 권력을 지키고 유지하고 있었습니다.

국가가 많다 보면 그중에 강한 나라가 있기 마련입니다. 강한 나라는 약한 나라를 침범하지 않는 대신에 일정한 조공을 받으며 서로 공생 관계를 유지했습니다.

아브라함 시대의 맹주는 엘람 왕 그돌라오멜이었습니다. 그돌라오멜은 근동 지역의 맹주를 자처하며 주변의 나라들에서 조공을 거두어들였습니다.

그러나 받는 자와 바치는 자는 엄연히 기분이 다른 것입니다. 결국, 12년 동안 조공을 바치던 나라들이 동맹하여 그돌라오멜에게 반기를 들었습니다. 이렇게 해서 인류 최초의 중동 전쟁이 일어나게 되었습니다.

그런데 이 전쟁을 성경 기자가 이야기하는 이유가 있습니다. 이 전쟁에 아브라함이 참전하였기 때문입니다.

위태위태하던 근동 지역의 나라들이 이해관계를 따라 두 패로 나뉘어 전쟁을 시작하였습니다. 이 전쟁에는 소돔도 참전하였으나 결국 그돌라오멜의 동맹군에게 패하였습니다. 소돔 왕과 백성이 포로로 끌려가고 소유물을 다 빼앗기게 되었습니다. 이 포로 중에는 소돔에 거주하던 롯도 있었습니다.

이 소식이 누군가를 통해 아브라함의 귀에 들어갔습니다. 아브라함은 조카 롯을 구하기 위해 집안 가솔 318명을 데리고 이 전쟁에 참전했습니다. 그는 하나님의 은혜로 적군을 격파하고 롯과 많은 사람을 구했습니다.

이 전쟁으로 인해 아브라함은 자신의 존재감을 크게 드러냈습니다. 그를 뜨내기와 같이 취급했던 여러 나라 왕들이 감탄하고 아브라함을 존귀한 자로 환대했습니다. 이 전쟁으로 아브라함의 입지가 견고해진 것입니다. 이제 그는 누구라도 무시하거나 함부로 할 수 없는 존재가 된 것입니다.

아브라함은 롯은 물론 전쟁에 패하여 사로잡혔던 많은 사람을 구하고 그들의 재산을 다시 찾아 주었습니다.

이에 감격한 소돔 왕이 제안했습니다.

"사람들만 돌려주고 모든 노획물은 아브라함 당신이 차지하시오."

소돔 왕 나름대로 예의를 갖추고 고마움을 표시한 것입니다. 소돔 왕 입장에서는 자신과 자신의 나라를 구해 준 아브라함이 얼마나 고마웠겠습니까. 그래서 그 답례로 모든 금은과 큰 재산인 염소, 양, 소 등 가축을 다 가지라는 것이었습니다.

당신이라면 어떻게 하겠습니까?

당연한 일이라고 차지하는 사람도 있을 것입니다. 마음을 거절할 수 없고 미안하니 반만 가지겠다고 할 사람도 있을 것입니다. 또는 하나님의 축복과 은혜라고 하면서 다 받을 수도 있습니다.

어떤 선택을 하든 나쁜 것은 없습니다. 전쟁의 승리자가 모든 것을 차지하는 것은 마땅한 일이었기 때문입니다.

그러나 아브라함은 달랐습니다. 그는 물질에 사로잡힌 자가 아니었습니다. 그는 하나님께 사로잡힌 자였습니다.

아브라함은 소돔 왕의 제안을 정중히 거절합니다. 그리고 거절 이유도 분명히 밝힙니다. 자신의 능력, 자신이 받은 복, 자신의 모든 것은 하나님께서 주신 것이며 하나님의 은총과 섭리라고 공개적으로 말했습니다.

"혹시 내가 노획물을 가져 단번에 거부가 된다면 소돔 왕이나 그 밖의 족장들이 아브라함의 복은 소돔 왕에게서 왔다고 말할 것입니다. 나는 그런 이야기가 조금도 나오길 원치 않습니다."

오늘 우리는 어떻습니까?

입술로는 자신의 복이 하나님의 은혜라고 말합니다. 그러나 내면 깊숙이 들어가 헤쳐 보면 자신의 능력이라는 생각이 숨어 있습니다.

아브라함의 말은 한마디로 이런 것입니다.

"나에 대한 하나님의 은혜가 가려진다면 어떤 금은보화도 취하지 않겠습니다!"

〈주 예수보다 더 귀한 것은 없네〉라는 찬송이 삶으로 나타나야 합니다. 찬양은 입으로 불리지만 그 찬양이 살아나기 위해서는 삶이 수반되어야 합니다.

오늘 우리는 수단과 방법을 가리지 않고 자신의 욕망과 욕심을 하나님의 이름으로 채웁니다. 실 한 오라기, 신발 끈 하나에도 민감한 아브라함을 보십시오.

> 네(소돔 왕) 말이 내가 아브람으로 치부하게 하였다 할까 하여 네게 속한 것은 실 한 오라기나 들메끈 한 가닥도 내가 가지지 아니하리라(창 14:23).

아브라함은 하나님의 은혜와 그분의 이름을 조금도 흠집 내지 않습니다. 물질에 사로잡히지 않습니다.

오늘 우리는 교회가 분열되고 찢어져도 나 자신만 하나님의 뜻을 행하는 자라고 싸웁니다. 교회 재산을 서로 갖겠다고 분쟁하는 모습을 보십시오. 하나님의 이름으로 행하는 일들이 얼마나 비상식적이고 욕망이 가득한지 모릅니다.

우리는 믿음의 조상인 아브라함의 믿음을 본받아야 합니다. 하나님의 이름에 조금이라도 누를 끼치거나 오해가 생길 수 있다면 금은 보화라도 다 내려놓는 마음이 필요합니다. 나를 집요하게 붙들고 또 내가 집요하게 붙드는 물질을 내려놓는 법을 알아야 합니다.

돈과 하나님은 라이벌이 될 수 없습니다. 오직 하나님만이 우리의 최고의 가치입니다. 하나님 나라는 하나님을 최고로 여기는 사람의 것입니다.

물욕을 내려놓고, 잃었던 관용과 양보를 다시 찾아 사용하십시오. 그 일은 우리 주님보다 더 귀한 것이 없는 삶을 살 때 가능합니다. 왜냐하면, 가장 귀한 보물인 예수님을 가진 사람은 다 내려놓는 삶을 살 수 있기 때문입니다.

이것은 거듭난 사람만이 가능합니다. 하나님보다 물질에 더 애착한다면 거듭난 사람이 아닐지도 모릅니다. 니고데모가 그랬듯이 말입니다.

하나님의 격려가
필요할 때

> 이 모든 일이 있은 뒤에
> 하나님의 말씀이 환상 가운데
> 아브람에게 임했다.
> "아브람아, 두려워하지 마라.
> 나는 네 방패다.
> 네가 받을 상이 매우 크다"(창 15:1).

하나님은 전지하시고 신실하십니다. 그리고 섬세하십니다. 우주보다 더 크신 분이 냉수 한 그릇의 선행도 기억하시고 상을 생각해 놓으십니다.

성경을 보면 "이 모든 일이 있은 뒤에" 하나님께서 아브라함에게 다시 환상 가운데 나타나셨다고 합니다. 하나님이 모든 일을 보셨다는 뜻입니다.

이 모든 일은 바로 아브라함이 전쟁에 참전하여 조카 롯을 전쟁 포로 신분에서 구해 준 일입니다. 하나님은 이것을 크게 보셨습니다. 자신의 욕심을 따라 삼촌을 저버리고 떠난 롯이 곤경에 처하자 아브라함은 곧바로 롯을 구하러 갔습니다.

아브라함이 복의 근원이 된다는 말은 이런 것을 두고 하신 말씀입니다. 아브라함 덕에 목숨을 구하고 잃은 재산을 다 찾았기에 롯은 복을 받은 사람입니다. 아브라함을 통해서 말입니다.

하나님은 아브라함이 롯을 구했다는 사실만 아신 것이 아닙니다. 그가 소돔 왕이 주는 전리품을 단 하나도 가지지 않겠다고 선언한 것과 그 이유가 하나님의 이름을 위해서였다는 것도 알고 계셨습니다.

아브라함은 자기 몫의 물질과 이익은 챙기지 않았지만, 자신과 함께 고생한 사람들의 몫은 확실히 챙겨 주었습니다. 사실 그 전쟁에 참전해서 큰 승리를 거둔 것은 아브라함 단독으로 한 일이 아니었습니다. 평상시에 아브라함과 좋은 관계를 유지하던 족장들이 있었습니다. 그들이 함께 참전했기에 아브라함은 그들에게 고마움의 표시로 몫을 챙겨 주었습니다. 그들의 이름은 아넬과 에스골과 마므레입니다.

자신의 몫은 챙기지 않으면서도 자신을 도운 고마운 사람들의 몫은 확실히 챙겨 주는 것에서 아브라함의 선한 리더십을 보게 됩니다. 오늘날 우리의 모습과는 대비되는 모습입니다. 우리는 대개 우리의 몫에만 관심이 있지 우리를 도왔던 사람에게는 냉정합니다.

이러한 모든 것을 보시고 하나님께서 아브라함에게 상을 주러 오셨던 것입니다.

우리가 예수님을 믿느냐 안 믿느냐에 따라서 우리의 영원한 거처가 결정됩니다. 바로 천국에서 영원한 시간을 보낼 것이냐, 지옥에서 영원한 시간을 보낼 것이냐 말입니다. 여기에 더하여 우리가 예수님을 어떻게 믿는가의 문제가 천국에서의 상급을 결정합니다.

어떻게 보면 인간 세상에서 일어나는 일은 하나님 보시기에 아주 작은 일에 불과합니다. 그런데 하나님은 그 일에 세심한 관심을 가지고 계십니다. 관심은 사랑입니다. 그리고 사랑은 관심입니다. 하나님이 우리의 세세한 일에 관심을 두시는 이유는 하나님이 우리를 사랑하시기 때문입니다. 또한, 우리가 하나님의 자녀이며 하나님이 우리의 아버지이시기 때문입니다.

그러나 하나님이 이 모든 일이 있은 후에 아브라함을 찾아오신 데는 다른 중요한 이유도 있었습니다.

아브라함이 그 전쟁을 이기고 승리한 것은 정말 기쁜 일이었습니다. 그러나 모든 것이 정리된 뒤에 아브라함의 마음은 불안하고 초조했습니다. 왜냐하면, 그 전쟁이 그돌라오멜과 그의 동맹군이 아브라함을 적대시하는 계기가 되었기 때문입니다. 그들로서는 아브라함만 아니었으면 큰 승리와 함께 많은 전리품을 얻을 수 있었기 때문입니다. 그들에게 아브라함은 원수와 같은 존재가 된 것입니다. 그들은 아브라함을 칠 기회를 엿보고 있었습니다.

이 모든 사실을 아는 아브라함은 불안할 수밖에 없었습니다. 그들이 아브라함을 치러 오면 이번에도 승리한다는 보장이 없었기에 불안하기만 했습니다. 이 불안과 염려는 아브라함의 근심거리가 되었습니다.

잠시 저의 이야기를 하고자 합니다. 저는 사실 책을 쓸 생각은 하지 못했습니다. 그러나 책을 읽는 것은 평생 하고 살아왔습니다. 인생의 매우 큰 행복 중의 하나가 좋은 글을 읽는 것이었습니다. 좋은 글을 읽을 때면 희열과 행복감을 느꼈습니다. 좋은 책을 만나면 보물을 캐는 것처럼 기뻤습니다.

나이가 드니 어느 때부터인가 책을 쓰고 싶은 소망이 생겼습니다. 그런데 자신이 없었습니다. 처음 글을 쓰고는 제 글이 어느 정도인지 분간이 안 되고 두려웠습니다. 그래서 같은 지방에 있는 김 목사님을 찾아갔습니다. 김 목사님은 지력과 영성과 인격을 겸비한 아주 훌륭한 후배 목사님입니다. 제가 배우는 것이 많습니다.

그래서 글을 쓰면 감수를 부탁했습니다. 그런데 김 목사님은 격려가요 칭찬가입니다. 제 글을 읽고 평가해 줄 때마다 좋은 점만 뽑아서 이야기해 주십니다. 아마 김 목사님의 진실한 격려가 없었더라면 저는 책을 쓰지 못했을 것입니다. 그만큼 자신이 없었기 때문입니다. 그런데 김 목사님의 격려를 받으니 책을 쓸 용기가 생겼습니다.

저는 김 목사님을 통해 인간에게 칭찬과 격려가 얼마나 요긴한 정신적 보약이 되는지 더욱 실감하게 되었습니다. 그리고 저는 김 목사님의 격려를 하나님의 격려로 받아들였습니다. 왜냐하면, 하나님은 사람을 통해 역사하시기 때문입니다.

사람이 큰 근심거리가 생기면 기쁨을 잃는 법입니다. 이때 하나님께서 아브라함을 찾아오십니다. 그리고 아브라함의 마음에서 염려를 몰아내시고 격려하십니다. 하나님은 불안한 아브라함에게 말씀하십니다.

"두려워 마라."

이 말씀은 아브라함이 지금 두려워하고 있다는 말씀입니다.

하나님은 그가 두려워 말아야 할 이유를 말씀하십니다.

"나는 네 방패다."

너를 지켜 주시겠다는 말씀입니다.

하나님이 방패이신데 누가 그 방패를 뚫을 수 있겠습니까?

그리고 하나님의 이름으로 물질을 거부한 것을 아신 하나님께서 보상해 주십니다.

"네가 받을 상이 매우 크다."

얼마나 멋지고 정확하신 하나님입니까!

우리는 하나님의 이름을 위해 살았던 삶의 모든 결과를 두려워하지 말아야 합니다. 하나님을 위해 헌신하다가 빈털터리가 된다 해도 염려하지 말아야 합니다. 하나님이 주실 상급이 크기 때문입니다.

우리는 세상 속에 살아가지만, 하나님과 관계하며 살아가는 사람입니다. 우리가 두려워할 것은 하나님을 위해 살다가 어려운 처지가 된 것이 아닙니다. 하나님의 이름을 가리거나 하나님의 이름을 위해 살아가지 못한 것을 두려워해야 합니다.

만약 하나님을 위해 살다가 불안과 두려움에 빠져 있다면, 하나님께서 하신 이 격려의 말씀을 기억하고 이 말씀에서 격려를 받으시기 바랍니다.

두려워하지 말라 나는 네 방패요 너의 지극히 큰 상급이니라 (창 15:1).

내 마음이 염려로
가득할 때

> 그러자 하나님의 메시지가 임했다.
> "걱정하지 마라.
> 그는 네 상속자가 아니다.
> 네 몸에서 태어날 아들이
> 네 상속자가 될 것이다"(창 15:4).

하나님께서 아브라함에게 꿈과 비전과 상급을 주겠다고 하십니다. 그러나 아브라함은 하나도 기쁘지 않습니다. 하나님은 비전을 주시지만, 아브라함은 그것을 온전히 받아들이지 못합니다.

사실 성경을 읽을 때는 그 당시의 사람들의 삶의 자리를 생각해야 합니다. 왜 그렇게 아브라함을 비롯한 성경의 주요 인물들이 후손에 애착을 넘어 집착했는지를 알아야 합니다. 현재 우리 삶의 자리와 수천 년 전 사람들의 삶의 자리를 동일시하면 오해를 낳습니다.

지금이야 결혼도 선택, 자녀를 낳는 것도 선택 사항입니다. 그러나 구약 시대에는 자손을 낳는 것이 인간에게 가장 중요한 필수 사항이었습니다. 자손은 삶의 가장 큰 복이고 자랑이었습니다. 자녀는 삶의 이유였고 존재의 모든 가치였습니다.

어찌 성경에서만 그랬겠습니까?

고대에는 모든 사람이 다산을 가장 큰 복으로 여겼습니다.

아브라함은 많은 복을 받았습니다. 그렇지만 자신이 가장 받고 싶은 자녀의 복은 아직 받지 못했습니다. 아무리 생각해도 자신에게 자손이 생길 것 같지 않았습니다. 우리 인생도 마찬가지입니다. 이것 저것 다 받았는데 한 가지 부족한 것이 있기 마련입니다.

하나님은 아브라함의 기다림의 시간이 믿음과 희망이길 바랐습니다. 그러나 아브라함에게는 기다림의 시간이 절망이었습니다.

시간 속에서 하나님은 아브라함에게 기다림의 축복을 주고 싶으셨습니다. 아브라함에게 뼛속까지 하나님에 대한 신뢰를 새기고 싶으셨습니다. 아브라함의 고민은 그 자신의 문제만이 아니었기 때문입니다. 하나님은 아브라함에게 기적을 만들고 싶으셨습니다. 그러나 아브라함은 하나님의 원대한 구원 계획과 축복을 알지 못했습니다. 아니, 이해하지 못했습니다.

시간이 갈수록 아브라함은 그만큼 후손을 얻을 가능성이 사라집니다. 그러나 인간의 가능성이 사라지면 사라질수록 하나님의 기적과 은혜는 더욱 크게 나타납니다. 이 지점에서 하나님과 아브라함 사이의 숨겨진 갈등이 보입니다.

아브라함은 이제 자손을 기대하는 것은 어리석은 일이라 생각했습니다. 그러나 하나님 편에서는 자신의 전능성을 믿지 못하는 아브라함이 안타까웠습니다.

아브라함은 자신의 불만을 하나님께 터트렸습니다.

"하나님, 제게 어떤 것을 주신들 그것이 무슨 의미가 있겠습니까? 결국, 저의 모든 것은 제 종 엘리에셀이 물려받을 것입니다."

이 토로를 듣고 하나님은 말씀하십니다.

"염려하지 말아라. 네 종이 아니라 네 몸에서 나는 아들이 네 상속자가 될 것이다."

그리고 그를 이끌고 텐트 밖으로 나가셨습니다.

하나님은 확실히 약속을 못 박으십니다.

"아브라함아, 저 하늘을 좀 봐라. 별들을 봐라.

저 별들 셀 수 있니?

셀 수 없을 거야. 네 자손이 저 별들처럼 번성할 거야."

하나님의 말씀은 우리의 죽은 믿음을 다시 살려 냅니다.

이렇게 하나님은 아브라함의 죽은 믿음을 다시 소생시키십니다.

"하나님, 믿습니다!"

그제야 아브라함은 하나님과 바른 관계를 맺습니다. 그리고 순식간에 염려와 절망이 사라졌습니다.

가정교회의 거두인 휴스턴 서울교회 최영기 목사님의 책을 읽은 적이 있습니다. 그중에 공감이 가는 한 부분이 다가왔습니다. 최 목사님은 자신의 가정교회 목회를 하면서 많은 염려를 했다고 합니다.

그래서 마음의 평안과 행복이 없었다 합니다. 그런데 어느 날 문득 성령님이 주신 마음으로 자신의 목회 활동을 생각해 보았다 합니다.

자신을 살펴보니 교회와 성도를 염려하는 것이 목회고 목회를 잘하는 것이라고 여기고 왔다는 사실을 발견하게 되었습니다. 하나님은 걱정하지 말라고 하시는데, 자신은 교회와 성도를 걱정하며 살면 목회를 열심히 하는 거라는 자기 생각에 지배당해 있었다고 합니다.

그 깨달음을 얻은 이후 최 목사님은 교회와 성도에 대해 일절 염려하지 않고 하나님께 맡기고 목회를 하셨답니다. 그랬더니 마음에 평안이 오고 행복했다고 합니다.

저는 이 말씀에 무릎을 탁 쳤습니다. 제가 그랬습니다. 교회를 염려하고 성도를 염려하면 할수록 사랑의 목회를 하고 있다고 착각한 것입니다. 최 목사님의 깨달음이 저의 깨달음이 되었습니다.

염려는 백해무익한 것입니다. 내가 내 인생을 염려한다고 내 인생을 더 소중히 여기고 더 진지하게 사는 것은 아닙니다. 우리가 해야 하는 일은 아무것도 염려하지 않고 모든 일에 기도하는 것입니다. 염려의 자리에 기도를 대치해 놓는 것입니다.

우리 안에 염려가 드는 것은 믿음의 부재요, 믿음의 실종 때문입니다. 하나님에 대한 우리의 믿음이 바닥나거나 상실될 때 염려와 절망이 곧바로 찾아옵니다.

믿음과 염려는 같이 동거할 수 없습니다. 믿음의 사람이 되느냐, 염려의 사람이 되느냐 하는 것은 하나님을 믿느냐 믿지 못하느냐로 결정이 납니다.

꿈과 비전은 상황과 환경 속에서 찾아지는 것이 아닙니다. 오직 하나님에게서만 참된 꿈과 소망이 나오는 법입니다.

하나님은 아브라함이 깊은 내면에 걱정거리를 늘 달고 산다는 것을 아셨습니다. 그 한 가지 걱정이 '자녀'의 출산입니다. 모든 것을 가졌어도 한 가지의 걱정이 모든 기쁨을 몰아내는 법입니다. 천하의 아브라함도 후손이 생기지 않는 걱정거리 때문에 근심을 달고 살았습니다. 이것은 하나님의 약속에 대한 믿음의 결여요 하나님에 대한 불신입니다.

그러나 아브라함은 신앙의 많은 시행착오 속에서 하나님의 전지성과 전능성을 확실히 깨달으며 믿음의 조상이 되어 갑니다.

마음에 염려가 가득할 때의 비책은 아브라함 속에서 찾은 답입니다. 바로 하나님을 향한 신뢰입니다. 무엇보다 하나님의 전지하심과 전능하심을 믿는 것입니다. 내가 어떤 극한 상황에 처해 있더라도 전지하신 하나님이 나의 형편을 다 아신다는 사실을 믿는 것입니다. 또한, 전능하신 하나님이 내가 처한 최악의 상황을 최선의 상황으로 바꾸신다는 사실을 믿는 것입니다.

우리가 아브라함에게서 찾은 답은, 하나님의 전지성과 전능성을 알고 믿으므로 모든 상황을 수용하고 직면하면서 하나님에 대한 신뢰 가운데 꿈과 비전을 가지는 것입니다. 또 하나는 하나님께 염려를 맡기는 것을 넘어 '드리는' 것입니다. 제사(예배)를 드릴 때는 나의 가장 좋은 부위인 감사를 주님께 드리지만, 기도를 드릴 때는 나의 염려를 주님께 드립니다.

구원은 위대한 사랑의 교환입니다. 구원은 십자가 앞에 나아가 나의 모든 죄를 드리고 죄 사함과 생명을 받는 일입니다.

맡기는 것과 드리는 것은 차이가 있습니다. 맡기면 찾아오고 싶고, 드리면 못 찾아오는 것입니다. 하나님께 드린 염려를 다시는 찾아오지 않아야 합니다. 그리고 하나님이 나를 사랑하고 계시다는 것을 믿어야 합니다.

아브라함의 마음은 염려로 가득했습니다. 그래도 하나님은 아브라함을 사랑하셨습니다.

주님은 오늘 당신에게 말씀하십니다.

> 너 근심 걱정 말아라. 주 너를 지키리.
> 주 날개 밑에 거하라. 주 너를 지키리.
> 주 너를 지키리. 아무 때나 어디서나
> 주 너를 지키리. 늘 지켜 주시리.
>
> 어려워 낙심될 때에 주 너를 지키리.
> 위험한 일을 당할 때 주 너를 지키리.
> 주 너를 지키리. 아무 때나 어디서나
> 주 너를 지키리. 늘 지켜 주시리.
>
> - 〈너 근심 걱정 말아라〉, 찬송가 382장

14

내 구원이
의심될 때

> 하나님께서 아브람에게 말씀하셨다.
> "이것을 알아 두어라.
> 네 후손이 다른 나라에서 나그네로 살다가,
> 사백 년 동안 종살이를 하고
> 매질을 당하게 될 것이다.
> 그 후에 내가 그들의 주인으로 군림하는 자들을
> 벌할 것이다"(창 15:13-14).

드디어 하나님과 아브라함 사이에 바른 관계가 이루어졌습니다. 그것은 아브라함이 하나님의 말씀과 약속을 믿었기 때문입니다. 이런 것을 보면 하나님과 바른 관계가 회복되는 길은 하나님의 말씀을 믿는 것 외에 다른 길이 없다는 것을 알게 됩니다.

아브라함이 하나님의 말씀을 믿자 하나님이 그것을 '의'로 여기셨다고 합니다. 이 말은 하나님과 바른 관계가 이루어졌다는 말입니다. 우리를 '의'로 여기신다는 것의 다른 말은 '바른 관계'에 들어섰다는 것입니다.

아브라함이 하나님과 바른 관계에 들어서자 하나님은 아브라함에게 말씀하시는 것이 편안해지셨습니다. 그래서 아브라함의 자손에게 미래에 있을 일에 대해 말씀하셨습니다. 하나님의 구원 계획을 말씀하셨던 것입니다.

하나님께서 그 중요한 말씀을 아브라함에게 하시고 장차 성경으로 기록되게 하신 이유는, 창세기의 일차 독자가 출애굽한 이스라엘 백성이기 때문입니다. 이스라엘 백성은 그들이 왜 4백 년 동안 종살이를 해야 하는지 몰랐습니다. 하나님의 선택된 백성이라면 고난을 받지 않아야 하는 건 아닌가 의문을 가졌습니다.

그러나 우리가 알아야 할 것이 있습니다. 그것은 하나님의 백성이라도 이 땅의 고난을 면제받는 것이 아니라는 사실입니다. 하나님 백성의 존재 의미는 많은 것을 가지는 것도, 세상에 군림하는 힘을 가지는 것도 아닙니다. 마땅히 하나님의 백성이 하나님의 백성답게 되는 것입니다.

이것은 우리의 최종 목적이 하나님의 영광이기 때문입니다. 그리고 하나님의 영광은 하나님 나라에서 직접 볼 것입니다. 쉽게 말하면, 이 땅은 과정이고 하나님 나라가 최종이라는 것입니다. 하나님 나라는 이 땅에서 과정 이수를 하고 들어가는 곳입니다.

이러한 관점에서 하나님의 백성은 이방 땅에서 4백 년 동안 종살이하는 과정 이수가 필요했던 것입니다. 그것은 우리가 하나님의 백성이 되고 하나님의 나라가 되는 원인이 우리에게 하나도 없다는 말입니다. 우리는 자랑할 것이 하나도 없습니다.

이스라엘이라는 작은 나라, 종살이하던 히브리 민족이 하나님의 나라요 하나님의 거룩한 백성이 되는 일은 가장 위대하고 존귀한 일입니다. 이것을 깨닫기까지 많은 과정과 훈련이 필요했던 것입니다.

만약 이들이 종살이하지 않았다면 하나님의 백성이 되는 것과 그들의 나라가 하나님의 제사장 나라가 된다는 것이 무엇을 의미하는지 전혀 몰랐을 것입니다. 그들은 이 4백 년의 종살이가 하나님 나라의 백성으로서의 정체성을 찾아 나가는 일에 자양분이 되었다는 사실을 인지해야 했습니다.

애굽에서 종살이했던 그들이 애굽의 신전과 범접할 수 없는 제사장과 바로(애굽 왕)를 경험했기에 하나님의 섭리 이해가 가능했던 것입니다. 제사장 나라가 된다는 의미가 얼마나 존귀한 의미인지 그들은 알게 됩니다. 더욱이 "제사장을 두라"가 아니고 "제사장 나라가 된다"라는 것입니다.

하나님은 때에 대한 문제도 설명하셨습니다. 가나안 땅을 이스라엘 자손에게 주는 것은 많은 시간이 필요했습니다. 무엇보다 지금 당장 아브라함에게 그 많은 땅을 준들 어떻게 관리하고 어떻게 감당하겠습니까.

그 땅을 아브라함이 차지하려면 그 땅을 일구고 지킬 만한 많은 후손이 필요한데 당장은 자손이 없었습니다. 그래서 하나님은 이스라엘 백성이 4백 년 동안 애굽에서 지낼 때 한편으로는 생육하고 번창하는 복을 그들에게 주신 것입니다.

 따지고 보면 그들이 어려움에 처한 것도 자손의 축복 때문이었습니다. 애굽 왕과 그 백성은 이스라엘 족속이 너무 번성하는 데 두려움을 느끼고 그 번성을 중지시키고자 했던 것입니다.

 하나님께서 이스라엘에게 약속하신 가나안 땅은 가나안 족속들에게 임시로 세를 준 것입니다. 하나님은 정의로운 분이시기에 그들의 죄가 가득 차서 심판에 이르기까지 참아 주셨다고 창세기를 통해 설명해 주십니다. 이런 관점에서 보면 우리가 경험한 모든 것을 하나님은 선하게 사용하십니다.

 아브라함은 약속이 이루어질 때까지(이삭을 낳을 때까지) 25년을 기다려야 했습니다. 요셉은 13년을 기다려야 했습니다. 모세는 40년을 기다려야 했습니다. 다윗도 15년을 기다려야 했습니다. 기다린다는 것은 가만히 앉아 있는 것이 아닙니다. 저마다의 교과 과정을 이수하기 위해 훈련이 필요하다는 말입니다.

 이스라엘도 4백 년 동안 훈련과 준비가 필요했던 것입니다. 이 모든 것을 모세는 창세기에서 설명하고 있는 것입니다.

 하나님의 존귀한 백성이 되기 위한 시간인데 4백 년이 긴 세월이겠습니까?

 영원한 시간에 비하면 찰나이지요. 우리도 마찬가지입니다. 우리에게도 다 준비의 기간이 있는 것입니다. 종살이의 경험이 있고 광야의 훈련이 있고 인내하며 기다리는 시간이 있습니다.

우리에게는 의식 전환이 필요합니다. 가치의 전환이 필요합니다.

요셉처럼 새로운 인식이 필요합니다. 그는 형들에 의해 애굽에 팔렸지만, 팔렸다는 의식으로 살아가지 않았습니다. 하나님이 자신을 보냈다는 의식 속에 살았습니다. 팔렸다고 생각하고 살면 진짜 노예가 되는 것입니다. 그러나 하나님께 보내심을 받았다는 의식으로 살면 소명자로 살 수 있습니다. 요셉은 하나님과의 관계 속에서 자신을 찾았습니다.

하나님의 계획은 4백 년 동안 노예 생활을 통해, 잃었던 하나님의 백성이라는 정체성을 찾아 주는 것이었습니다. 4백 년 동안 종살이 했다고 이스라엘이 진짜 노예는 아니었습니다. 그것은 그들의 생각이었습니다. 하나님은 한 번도 그들이 애굽의 노예라고 여기신 적이 없었습니다. 하나님의 마음과 눈에 언제나 그들은 하나님의 백성이었습니다.

많은 고생을 했다고 하나님의 백성이라는 사실을 잊어서는 안 됩니다. 지금 이 순간 내게 필요한 것이 많을 수 있습니다. 그러나 지금 내게 당장 필요한 것은 내가 언제나 하나님의 백성이요 하나님의 자녀라는 나의 본질을 찾는 것입니다. 그러니 구원에 확신을 두십시오. 내가 아직 죄인이었을 때 하나님이 나를 그렇게 사랑하셔서 구원하셨다면, 이제 하나님의 자녀가 된 내가 죄에 넘어졌다고 하나님이 버리시는 일은 없을 것입니다.

사탄은 우리의 구원을 빼앗아 갈 수 없습니다. 그러나 구원의 기쁨은 빼앗아 갈 수 있습니다.

내 마음에 구원의 기쁨이 없다고 내가 구원받지 못한 것은 아닙니다. 내가 비록 하나님의 자녀로서 어제와 오늘은 죄에 넘어졌더라도 내일은 이기리라는 믿음이 중요합니다.

우리가 거듭났다면 구원받은 것입니다. 우리가 고민하는 것은 구원의 문제가 아닙니다. 성화의 문제가 되어야 합니다. 당신 자신의 성화를 고민하고 있다면 지금 당신은 정상적인 구원의 길을 걷고 있는 것입니다.

인생광야를
걸을 때

> 하나님의 천사가 말했다.
> "네 여주인에게 돌아가거라.
> 그녀의 학대를 참아 내거라."
> 천사가 계속해서 말했다.
> "내가 네게 큰 민족, 셀 수 없을 만큼
> 많은 자손을 주겠다"(창 16:9-10).

사막과 광야는 비슷한 점도 있고 분명한 차이도 있습니다. 특히, 광야는 신앙과 밀접한 관계가 있습니다. 모세가 40년을 보낸 곳이 광야이고, 이스라엘 백성이 40년을 보낸 곳도 광야입니다. 더욱이 다윗도 십수 년을 광야에서 보냈습니다. 예수님도 공생애 시작 전에 광야에 들어가 40일을 보내셨습니다.

이들의 공통점은 하나님께서 광야로 보내셨고 그 광야를 통해 하나님의 사람으로 만들어 가셨다는 것입니다. 사막이 아니라 광야에 서입니다.

그러면 사막과 광야의 차이를 아십니까?

사막은 비가 와도 물이 고이지 않아 생명이 살 수 없는 곳이지만, 광야는 수분만 있으면 생존 가능한 곳입니다. 사막이 되느냐 광야가 되느냐의 분기점은 5-10퍼센트의 수분이 있느냐 없느냐로 결정됩니다. 그래서 광야에 내리는 이슬이 중요합니다. 동물 대부분이 새벽에 내린 이슬을 핥아 먹고 생존을 유지합니다. 광야의 잡초와 다른 식물도 이 이슬 덕분에 생존하고 자랍니다.

몸의 70퍼센트 이상이 수분으로 되어 있는 인간이 5-10퍼센트의 수분만 함유하는 광야에서 사는 것은 커다란 모험입니다. 게다가 광야는 한낮 기온이 40도까지 올라갔다가 밤에는 영하 10도로 떨어지는 극한 지역입니다. 이런 지역에 들어가 산다는 것은 정말 생존이 힘든 일입니다.

그런데 하나님께서 이스라엘 백성을 이런 광야로 몰아넣으셨습니다. 그것은 오직 하늘의 은혜만 바라보며 살아가는 훈련을 위한 것이었습니다. 하나님의 은혜 없이 살 수 없는 곳, 정말 하나님의 은혜로 살았다고 고백할 수밖에 없는 곳이 광야입니다. 이런 극한 상황에서 버티며 사는 방법은 하나님의 약속과 그분에 대한 신뢰뿐입니다.

이러한 광야로 하갈이라는 여인이 도망쳤습니다. 하갈은 사라의 몸종이었습니다. 그런데 사라가 자녀를 못 낳을 줄 알고 자기 남편 아브라함에게 주어 자녀를 낳게 한 여인입니다. 문제는 하갈이 자신이 주인의 아이를 밴 것을 알고 여주인인 양 교만해진 데서 발생했습니다. 이런 하갈을 사라는 핍박했습니다. 그러자 하갈은 살고자 아브라함의 집을 뛰쳐나와 도망했습니다. 그런데 살자고 도망친 곳이 알고 보면 죽으려고 찾아간 곳이나 마찬가지입니다.

하나님의 약속에 대한 사라의 성급한 판단이 그 가정과 인류에게 불행의 씨앗을 심은 격이 되었습니다. 씨받이로 써먹을 때는 언제고 이제 와서 내쫓는다니, 하갈의 입장에서는 참 억울했을 것입니다. 사라의 입장에서도 할 말은 있을 것입니다. 몸종이 임신했다고 갑자기 기고만장하는 모습을 견디기 어려웠을 것입니다.

어찌 되었든 하갈은 주인 사라의 학대에 못 이겨 살자고 도망쳐 나왔습니다. 사라도 하갈과 관계를 끊겠다는 것이고, 하갈도 사라와의 관계에 연연하지 않겠다는 것입니다.

홀몸이 아닌 임신한 여인이 갈 곳이라고는 광야밖에 없었습니다. 하갈은 자신의 운명을 한탄하며 죽을 날만 기다리고 있었을지도 모릅니다. 그런데 여기서 반전이 일어납니다. 자신이 섬겼던 주인의 하나님의 천사가 하나님의 전갈을 가지고 찾아온 것입니다.

하나님의 약속의 골자는 이것입니다.

> 내가 네 씨를 크게 번성하여 그 수가 많아 셀 수 없게 하리라 … 네가 임신하였은즉 아들을 낳으리니 그 이름을 이스마엘이라 하라 이는 여호와께서 네 고통을 들으셨음이니라(창 16:10-11).

참 놀라운 하나님이 아닐 수 없습니다. 사라에게 사람 취급도 받지 못해 쫓겨나 광야에서 죽을 인생에게 하나님은 천사로 찾아오셨습니다. 그리고 그녀에게 꿈과 소망과 생존의 이유를 주신 것입니다.

하나님은 하갈을 설득하시고 말씀하십니다.

"네 여주인에게 다시 돌아가라."

죽을 만큼 싫고 무서운 여주인에게 다시 돌아가라고 하신 것은 진짜 인생의 광야에 들어가라는 뜻입니다. 그리고 직면하라는 것입니다. 하나님은 사라의 학대를 참아 내라고 하십니다. 하나님이 직면을 중요시하시는 이유는, 그 직면을 통해 인간이 다듬어지고 새롭게 빚어질 수 있기 때문입니다. 하나님의 섭리는 모든 직면에 작용하고 있기 때문입니다.

살다 보면 얼굴도 보기 싫은 사람이 있고, 말도 섞기 싫은 사람도 있을 수 있습니다. 이때 가장 쉬운 방법이 관계를 끊어 버리는 것입니다. 그리고 마음에 미움과 분노를 안고 살아갑니다. 그러나 그러지 말라고 하나님은 말씀하십니다. 하나님의 백성은 관계로 다듬어지고 관계로 하나님의 나라를 확장할 수 있기 때문입니다.

사람이 싫으면 거리를 둡니다. 그 사람이 싫은 이유는 관계를 통해 상처의 파편들을 맞았기 때문입니다. 이때부터 관계는 갈라져 틈이 생기기 시작합니다.

그러나 하나님이 권면하시는 관계는, 거리를 두는 것이 아니라 거리를 주는 것입니다. 거리를 두는 것과 거리를 주는 것은 확연히 다릅니다. 거리를 두는 것은 한계를 정하는 일이지만, 주는 것은 자유의 범위를 넓혀 주는 것입니다. 하나님은 우리에게 거리를 두시는 분이 아니십니다. 우리에게 거리를 주시는 분이십니다.

사실 이스라엘의 신앙의 전성기였던 곳은 애굽도, 가나안도 아닌 광야였습니다. 앞에서 언급했듯이 사막과 광야의 차이는 5-10퍼센트의 수분으로 결정됩니다. 사막은 이슬로 살아갈 수 없는 곳이고 광야는 이슬만 내려도 살아갈 수 있는 곳입니다.

하나님은 우리를 훈련하실 때 사막으로 몰아넣으시는 분이 아닙니다. 죽이시는 분이 아니라 살리시는 분이라는 뜻입니다. 광야로 몰아넣으시고 구름기둥과 불기둥으로 인도하십니다. 만나와 메추라기와 반석의 물로 우리를 인도하십니다.

혹시 100퍼센트의 하나님의 은혜와 응답이 없다고 서운해하거나 불평하지 않습니까?

우리 인생에서 5-10퍼센트의 하나님의 은혜만 있어도 광야 같은 이 세상을 감사로 살아 낼 수 있습니다.

사람에게는 누구나 광야가 있습니다. 하갈의 광야는 여주인 사라입니다. 사라도 마찬가지일 것입니다. 하갈이 밉고 질투 나고 싫을 것입니다. 같이 사는 것은 서로가 불편한 동거입니다. 불편한 사람과 관계하며 살아가는 것이 힘듭니다.

그러나 하나님이 그렇게 하라고 하셨다면 우리는 그 속에서 직면의 실력, 신앙의 실력을 쌓아야 합니다.

누구든 인생의 광야는 있습니다. 하갈을 사라의 광야에 들어가게 하신 하나님께서, 사라도 하갈이라는 광야에 들어가게 하십니다.

우리 모두에게는 죽은 관계인 사막도 있고, 가나안 같은 달달한 관계도 있습니다. 신앙의 실력은 교회에서 제자훈련 받는다고 좋아지는 것이 아닙니다. 관계 속으로 들어가야 합니다.

누구에게나 나의 하갈도 있고, 나의 사라도 있습니다. 하나님은 직면 속에서 사라도 키우시고, 하갈도 키우시고, 이것을 지켜보아야만 하는 아브라함도 키우십니다.

당신의 광야는 누구이며 무엇입니까?

그 자리가 너무 힘들어 하갈처럼 도망가지는 않습니까?

하나님은 하갈에게 다시 돌아가 관계에 직면하라고 말씀하십니다. 지금 광야를 걷고 있다면 진지하게 생각해 볼 필요가 있습니다. 하나님이 하갈에게 말씀하신 바를 귀담아들어야 합니다.

"그녀의 학대를 참아 내거라."

인생에는 학대하는 사라처럼 나를 힘들게 하는 것이 있기 마련입니다. 그래도 그 광야를 피하면 안 됩니다. 인생의 지름길은 없습니다. 만약 지름길이 있다면 직면하는 것입니다.

직면하는 것이 힘들지만 돌아가지 않고 직통으로 가는 길입니다. 나를 힘들게 하는 광야, 그 광야를 걸어서 가는 길이 믿음이고 인생입니다. 인생의 광야를 걸을 때 승리하는 길은 내 앞의 사라, 내 앞의 하갈에 직면하는 것입니다.

16

그리스도인의 모습으로
살고 싶을 때

> 이제 네 이름은 더 이상
> 아브람이 아니라 아브라함이다.
> '내가 너를 수많은 민족의
> 아버지로 만들 것'이기 때문이다(창 17:5).

하나님은 아브라함의 이름을 왜 개명시키셨을까요?
이름에 큰 능력과 축복이 있는 것일까요?
아니면 새로운 출발의 의미일까요?

하나님께서 아브라함의 이름을 바꾸어 주신 데는 분명 깊은 뜻이 있을 것입니다.
저는 이 문제를 '때'와 '말'과 '반복'에서 찾고자 합니다.

1. 때

이름은 그 사람의 정체성을 알게 해 줍니다. 이름은 대개 부모나 조부모, 또는 작명가가 지어 줍니다.

예로부터 어떤 나라든 이름을 중요시했습니다. 그것은 이름이 그 사람에게 끼치는 영향이 크기 때문입니다. 이름에는 그 부모나 당사자(본인이 개명하는 경우)의 소원과 바람이 들어 있습니다. 그래서 좋은 이름을 짓기 위해 유명한 작명가를 찾아 이름을 짓기도 합니다. 이름은 그 사람의 삶을 평생 따라다니며 그 사람이 누구인지를 말해 줍니다.

'아브람'(존귀함이라는 뜻)이라는 첫 이름은 부모가 지어 준 이름입니다. 그리고 '아브라함'(열국의 아버지라는 뜻)이라는 이름은 하나님이 다시 지어 주신 이름입니다. 사람은 태어나기 전에 이름을 받기도 하고 태어나서 받기도 합니다. 그리고 어떤 사연으로 인생을 살면서 개명을 하기도 합니다.

하나님은 왜 아브라함을 부르셨을 때 바로 이름을 바꾸어 주지 않으시고 오랜 시간이 흐른 다음에 개명시키셨을까요?

아브라함은 하나님의 꿈이었습니다. 한 사람 아브라함을 통해 하나님은 그분의 백성을 계획하고 계셨습니다. 하나님의 백성을 만들고, 멀리는 메시아를 보내 인간 세상을 구원하고 싶으셨습니다.

모든 것에는 때가 있습니다. 하나님은 때를 중요하게 생각하십니다. 때는 계획과 연관됩니다. 모든 계획은 때를 따라 실행됩니다.

이제 드디어 하나님이 계획하신 때가 된 것입니다. 이것은 아브라함의 기다림과도 일치됩니다. 눈 빠지게 후손을 기다리는 아브라함과 거기에 합당한 믿음을 기다리시는 하나님의 때가 서로 만나게 된 것입니다.

하나님은 아브라함이 하나님의 모든 능력을 믿을 때 비로소 그의 이름을 바꾸어 주십니다. 하나님의 약속을 아브라함의 이름 속에 새겨 넣으신 것입니다. 아브라함은 당장 자식도 없고 인간적으로는 이제 자녀를 얻는 것이 불가능하지만 하나님은 모든 것이 가능하시다는 말씀입니다. 이 의미를 아브라함의 이름 속에 넣어 놓으셨습니다.

사람은 누구나 때가 있습니다. 나의 때는 내가 바라는 시각이 아닙니다. 나의 때는 하나님이 나를 향하신 때입니다. 내 때가 하나님의 때가 아니고, 하나님의 때가 내 때입니다.

2. 말

말은 중요합니다. 하나님은 말씀으로 세상을 창조하셨습니다. 말에는 에너지가 있고 힘이 있습니다. 말로 사람이 죽기도 하고 살기도 합니다.

누군가 내 이름을 부르면, 부를 때마다 내 이름의 의미가 들려옵니다. 누군가가 아브라함의 이름을 부를 때 아브라함은 그 이름 속의 뜻을 계속 듣습니다.

그때마다 그 이름답게 살라고 하는 소리도 같이 들려오는 법입니다. 하나님은 아브라함이 모든 민족의 아버지로 살길 원하셨습니다. 하나님이 그렇게 원하시고 말씀해 주시는데 어찌 그 이름이 하나님의 뜻에 빗나가도록 살 수 있겠습니까.

말의 위력은 이미 과학적으로도 검증된 것입니다. 병 속에 든 물을 향해 긍정적인 말을 하거나 부정적인 말을 하면 그 말에 따라 입자가 바뀐다는 이야기를 많이 들어 보셨을 것입니다.

그렇다고 좋은 이름을 가졌다고 모두 성공적인 인생을 사는 것은 아닙니다. 이름은 멋지고 복스러운데 그와 정반대의 인생을 산 사람도 많이 있습니다. 따라서 이름이란 그 단어에 힘이 있는 것이 아닙니다. 그 이름의 주인과 그 이름을 듣고 사는 자의 믿음에 따라 달라지는 것입니다. 이름답게 사는 것이 중요합니다.

하나님께서 아브라함을 개명시키신 것은 그 이름에 걸맞게 믿음의 조상으로 살라는 뜻입니다. 이름값 하며 살라는 것입니다.

3. 반복

반복은 힘입니다. 인생은 반복입니다. 반복은 우리에게 실력을 가져다줍니다.

언젠가 신문 사설에서 한 의사가 쓴 칼럼을 보았습니다. 내용은 대략 이렇습니다.

어느 의사에게 VIP 환자가 찾아왔습니다. 상담 끝에 혈액 검사를 하기로 했습니다. 그런데 그 환자는 간호사가 아니라 담당 의사가 채혈해 달라고 요구했습니다. 간호사보다 의사가 더 믿음이 가고 안전할 것 같다고 했습니다.

의사에게만 채혈을 받겠다고 고집하는 VIP의 말을 들어줄 수밖에 없었습니다. 그래서 의사가 이 환자의 피를 뽑으려 했는데 정맥이 잘 잡히지 않았습니다. 주사기를 찔렀으나 여기저기 멍만 들 뿐이었습니다.

결국, 의사는 채혈을 포기하고 간호사에게 맡겼습니다. 그런데 간호사는 단 한 번에 피를 잘 뽑았습니다. 의사가 말했습니다.

"젊은 레지던트 시절에는 주사기만 던져도 혈관에 꽂혔는데."

왜 레지던트 시절에는 주사기를 던지기만 해도 혈관에 꽂혔는데 지금은 혈관 자리 하나 제대로 못 찾을까요?

반복 훈련을 쉬었기 때문입니다. 누구든 반복 훈련을 쉬면 실력이 퇴화합니다. 그러나 누구든 반복하면 실력이 강화됩니다. 믿음도 반복입니다. 믿음이란 하나님의 은혜에 반복 감사하며 사는 것입니다.

하나님이 아브라함에게 새 이름을 주신 것은 이제 새 삶을 살라는 뜻입니다. 아브람에 머물지 말고 이제는 아브라함으로 비전을 갖고 살라는 말씀입니다. 그 이름 속에 새겨진 하나님의 축복과 은혜로 살라는 것입니다. 아브라함이라는 이름으로 살 때 그리고 그 이름이 사람들에게 반복적으로 불릴 때 하나님의 은혜를 잊지 말라는 뜻입니다.

예수님은 우리에게 새 이름을 주기 위해서 오셨습니다. 우리의 또 하나의 이름은 아무개에서 그리스도인으로 되었습니다. 누군가 우리에게 "당신은 그리스도인입니다"라고 말하거나, 우리가 다른 사람에게 자신을 그리스도인이라고 소개하면, 그 이름의 무게에서 오는 거룩한 부담을 가지게 됩니다.

우리의 또 다른 이름이 예수님의 십자가에서 부여되었습니다. 죄인에서 의인으로, 세상의 자녀에서 하나님의 자녀로, 세상 사람에서 그리스도인으로 이렇게 우리는 개명된 것입니다.

개명된 이름답게 사는 사람이 참된 그리스도인입니다. 내가 그리스도인이라는 사실, 내가 하나님의 자녀라는 사실, 하나님이 나의 아버지라는 사실을 다시 찾고 누리며 그 이름대로 살아야 합니다.

제 3부

사랑을 찾아서

하나님의 뜻이
납득되지 않을 때

> 아브라함이 정신을 차리고
> 하나님께 아뢰었다.
> "이스마엘이나 하나님 앞에서
> 잘 살았으면 좋겠습니다"(창 17:18).

하나님은 설득하시는 하나님이십니다. 그분 자신은 모든 것의 창조주요 으뜸인 분이시지만 사람에게 절대 강요하지 않으십니다. 하나님의 설득은 계속됩니다.

하나님은 자신의 계획과 아브라함의 복에 대해 계속 아브라함을 설득하십니다.

하나님은 인간을 향해 계속 설득하십니다. 설득하시는 하나님이 계시고 그 설득에 넘어가지 않으려는 인간이 대면하고 있습니다.

신앙은 설득입니다. 하나님께 설득당하는 것입니다. 또한, 하나님의 말씀으로 나를 설득하는 것입니다. 그러나 우리 자아는 결코 설득당하려 하지 않습니다.

하나님은 인간의 주인이시기에 인간의 인격을 무시하고 강제로 뜻을 집행하실 수 있습니다. 법적으로나 능력적으로 다 가능한 분이십니다. 그러나 하나님은 우리를 강제하지 않으십니다. 언제나 설득하십니다.

이스라엘의 역사는 하나님의 이스라엘에 대한 설득의 역사입니다. 동시에 설득당하지 않으려는 이스라엘의 반항 역사입니다.

설득은 인격적이고 강제는 비인격적입니다. 하나님이 인격적인 하나님이시니 감사합니다.

하나님은 계속 아브라함을 설득하셨습니다.

"자녀를 줄 것이다. 너는 모든 민족의 아버지가 될 것이다. 그리고 땅도 줄 것이다."

그러나 아브라함은 이 말씀으로 설득되지 않습니다. 그저 하나님이 주시는 '희망 고문'으로 여길 뿐입니다. 급기야 아브라함이 하나님께 자신의 불신앙을 드러냅니다. 한마디로 하나님의 뜻이 납득이 안 간다는 말입니다. 자신과 아내가 점점 늙어 가는데 하나님은 계속 비전을 말만 하시니 마음만 답답할 뿐입니다. 그래서 납득되지 않는 자신의 마음을 토로합니다.

> 아브라함이 이에 하나님께 아뢰되 이스마엘이나 하나님 앞에 살기를 원하나이다(창 17:18).

지금 하나님은 이삭을 말씀하시는데 아브라함은 이스마엘을 말합니다. 하나님은 비전을 말씀하시는데 아브라함은 현실을 이야기합니다. 하나님은 가능을 말씀하시는데 아브라함은 불가능을 이야기합니다. 하나님은 진심으로 설득하시는데 아브라함은 결코 설득당하지 않으려 합니다.

모든 싸움은 사랑이 이기고 인내가 이기는 것입니다. 사랑은 오래 참고 모든 것을 견디는 힘입니다.

지금 하나님이 그 사랑으로 대하십니다. 하나님께서 끈질기게 아브라함을 설득하십니다. 설득될 때까지 설득하십니다. 이것이 사랑이고 자비입니다.

우리에게도 그렇습니다. 하나님은 우리를 끊임없이 설득하십니다. 그러나 우리는 아브라함과 별로 다르지 않습니다. 현실을 크게 보고 하나님의 능력을 작게 봅니다.

신앙은 말이 증명하는 것이 아니라 삶과 반응에서 증명되는 것입니다. 우리는 인내가 바닥나면서 신앙을 다 까먹습니다. 우리는 기다리면서, 인내하면서, 믿으면서 우리의 신앙의 실력을 키워야 합니다. 그런데 타성과 기대 없는 무감각만 키울 뿐입니다. 그리고 마침내 아브라함처럼 말합니다.

"됐습니다. 하나님, 이스마엘이나 잘되기 바랍니다."

지금 하나님은 아브라함이나 우리에게 이스마엘을 말씀하시는 것이 아닙니다. 이삭을 말씀하시는 것입니다. 이스마엘은 인간의 노력과 능력을, 이삭은 하나님의 능력을 말합니다.

하나님의 능력 대신 우리의 노력과 능력으로 살겠다고 하는 자세나 마음이 불신앙입니다. 우리는 기다릴 만큼 기다렸고 믿을 만큼 믿었다고 항변합니다.

그런데 하나님만큼 우리를 참으시고 기다린 분이 있으실까요?

하나님의 최종 설득 조건은 예수님과 그분의 십자가입니다. 하나님은 설득당하지 않고자 하는 인간의 교만과 불신앙을 설득하고자 아들을 보내셨습니다. 그리고 자기 아들을 십자가에 내어 주시고 우리에 대한 하나님의 사랑을 보여 주셨습니다.

세상은 악하게도 하나님의 이 사랑을 무참히 거절합니다. 인간은 하나님이 주시는 구원으로 살아가고자 하지 않습니다. 문제는 자신의 능력과 노력으로 살아가고자 하는 인간의 교만입니다.

하나님은 아브라함에게 말씀하시며 설득하십니다.

"이스마엘이 아니다. 이삭이다. 네 능력으로 살지 못한다. 네 능력으로 구원받지 못한다. 네 노력으로 의롭게 되지 못한다. 오직 내 능력 이삭이다. 내 능력과 사랑을 믿어라. 그러면 구원을 받고 의롭게 될 것이다. 내 자녀가 될 것이다. 천국을 상속받을 것이다."

이렇게 계속해서 설득하십니다. 하나님께 설득당하지 않는 것이 실력이나 능력이 아닙니다. 하나님께 설득당하는 것이 실력이고 능력입니다.

신앙이란 무엇일까요?

하나님께 끊임없이 설득당하는 것입니다.

류영모 목사의 『꿈대로 되는 교회』라는 책에서 읽은 내용입니다. 우리나라 교회사 초기에는 목회자도 귀했고 성경도 무척 귀했습니다. 선교사들이 발길이 닿는 곳에 교회를 세우고, 한 교회만을 돌볼 수 없기에 그 마을에서 예수를 믿기로 작정한 사람들 가운데 성경을 읽을 줄 아는 사람을 '조사'로 임명해 놓고 다음 마을로 갔다고 합니다. 그리고 몇 달에 한 번씩 교회를 방문하곤 했습니다.

그 당시 전깃불이 있을 리가 없지요. 주일 저녁예배 시간에 조사들이 성경을 읽었습니다. 가물거리는 호롱불 밑에서 두꺼운 돋보기를 끼고 성경을 보니, 띄엄띄엄 겨우겨우 읽는 경우가 많았습니다.

한번은 어느 산골 교회에서 조사가 성경을 읽고 있었습니다.

> 여호와는 나의 목자이시니 내가 부족함이 없으리로다(시 23:1).

그런데 호롱불이 가물가물해서 글씨가 잘못 보였던 모양입니다.

"여호와는 내 목 짜르시니 내게는 부족함이 없도다."

성경을 읽고 난 다음에 조사가 비장한 얼굴로 설교하기 시작했습니다.

"여호와께서 내 목을 짜르셔도 저는 부족함이 없습니다. 죽어도 좋습니다."

그러자 온 교인이 저마다 손을 들고 "나도요! 나도요! 여호와가 내 목을 짜르셔도 주님을 따르겠습니다" 하며 열정에 찬 고백을 하더랍니다.

여호와는 내 목을 자르셔도 그 말씀에 내가 설득당해야 진짜 신앙입니다.

아직도 이스마엘입니까?

이제 이삭입니까?

이스마엘은 내 뜻으로 살아가는 것입니다.

반면에 이삭은 하나님의 능력으로 살아가는 것입니다.

말씀을 읽고 묵상하고 기도하는 것은 내 뜻을 관철하기 위해서가 아닙니다. 하나님을 설득해서 내 꿈을 이루기 위해서도 더더욱 아닙니다. 신앙의 모든 행위는 나를 하나님께 더욱 설득당하는 존재로 만들어 가는 과정입니다. 하나님께 언제나 설득되는 존재로서의 나를 찾아가는 것이 신앙입니다.

하나님의 뜻이 이해되지 않고 납득되지 않을 때 우리는 하나님의 말씀으로 우리를 설득해야 합니다. 그리고 그 말씀에 설득당해야 합니다. 그러면 머지않아 하나님의 뜻을 이해하게 될 것입니다.

순종이
잘 안 될 때

> 그날 아브라함은 자기 아들 이스마엘과
> 집에서 태어난 종과
> 돈을 주고 사 온 모든 종,
> 곧 자기 집안의 모든 남자를 데려다가
> 하나님께서 말씀하신 대로
> 그들의 포피를 잘라 내어 할례를 행했다(창 17:23).

하나님은 어떤 사람을 좋아하실까요?

하나님이 좋아하시는 태도에는 많은 것이 있겠지만, 그중의 제일은 '순종'이 아닐까 싶습니다. 하나님은 순종하는 자를 원하시고 찾으십니다. 하나님과 우리의 관계는 순종이라는 끈으로 묶여 있습니다.

그러면 순종은 어떻게 해야 효과를 극대화시킬 수 있을까요?

답은 '즉시'입니다. 순종은 미루는 것이 아닙니다. 즉시 해야 합니다.

왜 즉시 해야 할까요?

시간이 지나면 은혜가 떨어지고 이런저런 일이 생겨 그 순종을 미루기 쉽기 때문입니다. 순종의 유통 기한은 생각보다 짧습니다. 시간이 지나면 금방 변질되는 것이 순종입니다.

그리고 말씀하신 분에 대한 존경으로 순종은 즉시 해야 합니다. 순종은 심부름과 같습니다. 누군가에게 지금 다녀오라고 심부름을 시켰는데 그가 "예"라고만 하고 차일피일 미룬다면 좋을 리가 없습니다. 부탁도 마찬가지입니다. 누군가 내게 부탁을 했는데 차일피일 미룬다면 상대에 대한 인격적 태도가 아닙니다.

에덴에서 아담 부부의 불순종으로 하나님은 마음에 상처를 입으셨습니다. 아브라함에 대한 하나님의 계획과 바람은 그가 순종의 사람이 되는 것입니다.

믿음과 순종은 동전의 양면과 같습니다. 믿음이 있으면 순종합니다. 우리가 순종을 잘하지 못하는 것은 믿음이 온전하지 못하기 때문입니다. 믿음은 반드시 순종을 낳습니다. 또한, 순종은 믿음을 키워 줍니다. 우리가 믿음이 약한 것은 순종에 민감하지 못하기 때문입니다.

아브라함이 순종을 통해서 믿음의 조상이 된 것은 당연한 일입니다. 순종은 믿음의 근육을 단련해 주고 우리의 신앙을 단단하게 받쳐 줍니다.

아브라함의 장점은 순종이고 그 순종을 즉시 실행하는 것이었습니다. 하나님께서 아브라함에게 비전을 주시고 그 언약으로 할례를 명령하셨습니다. 아브라함은 그 말씀에 곧바로 순종했습니다. 그날, 말씀하신 그날에 순종해서 할례를 했습니다. 또한, 순종을 철저히 했습니다. 자신과 이스마엘과 모든 종이 다 할례를 받게 했습니다.

우리는 하나님 앞에서 신실해야 합니다. 왜냐하면, 하나님께서 우리에게 신실하시기 때문입니다. 순종은 즉시 그리고 철저히 하는 것입니다. 우리가 설교나 기도 시간에 은혜를 받았거나, 말씀을 읽다가 성령의 감동을 받았다면 즉시 말씀대로 행해야 합니다.

이스라엘이 실패한 것은 불순종 때문입니다. 하나님의 백성이 신앙생활에서 실패하는 것은 불순종 때문입니다.

순종이란 취사선택하는 것이 아닙니다. 하나님에 대한 신뢰를 바탕으로 그분의 말씀에 순순히 따르는 것입니다. 기분과 감정이 우리를 이끌어서는 안 됩니다. 말씀이 우리를 이끌어야 합니다. 말씀이 우리를 이끌면 우리의 인생이 달라집니다.

아브라함은 결점이 많은 사람이었습니다. 인간적 결함을 많이 가지고 있었습니다. 그러나 그에게 강점이 하나 있었습니다. 계속해서 순종하며, 순종을 업그레이드하는 삶을 살았다는 것입니다.

그는 말씀에 즉시 순종했습니다. 75세에 부르심을 받았을 때 즉시 순종했습니다. 이삭을 바치라는 말씀을 들었을 때에도 즉시 순종했습니다. 하나님과 우리의 관계는 '즉시'에서 판가름 납니다. 또한, '온전히'에서 갈라집니다.

하나님께서 아브라함에게 할례를 말씀하실 때 오늘 곧바로 하라고 말씀하신 것은 아니었습니다. 그냥 하라고만 하셨습니다. 그런데 아브라함은 즉시 했습니다.

세상에서 비슷한 경우를 생각해 봅니다. 대수롭지 않은 사람이 말하면 실행은커녕 무시하기 일쑤입니다. 그러나 말하는 사람이 중요하거나 높은 사람일수록 즉시 실행합니다. 우리가 하나님의 말씀에 즉시 순종하는 것은 그분을 가장 존귀한 분으로 믿는다는 표시이며 고백입니다.

하나님께 명령받은 것이 있을 것입니다. 우리가 거듭난 자라면 성령님이 우리에게 계속 말씀하신다는 것을 알게 됩니다. 즉시 순종하지 않으면 시간이 지나면 이성으로 판단합니다. 이성이 좋은 것이기는 하지만 이성으로 하나님과 교제하는 것이 아닙니다. 영으로 교제하는 것입니다. 하나님은 영이시기 때문입니다.

코비드 전에 제가 사역하는 교회에 매주 노숙자들이 찾아왔습니다. 그중에는 정말 어려운 분이 많았습니다. 하루는 어떤 새로운 분이 찾아오셨습니다. 그때 제 마음이 그분에게 한없이 열리면서 얼마라도 도와드리고 싶었습니다. 주님이 제 마음을 감동시키신 것이었습니다. 그런데 지갑을 열어 보니 카드만 있고 현금이 없었습니다. 저는 그분에게 말했습니다.

"지금 현금이 없으니 다른 때 한 번 더 들르세요."

그런데 시간이 지나니 그 은혜의 마음이 사라지고 이성이 작동했습니다.

'그 노숙자에게 돈을 주면 반드시 술을 사 먹고 돈을 허비할 텐데 주는 것이 무슨 의미가 있을까?'

이 생각이 저를 지배했습니다.

이것이 우리가 주의해야 할 점입니다. 우리는 말씀을 읽거나 설교를 듣거나 기도할 때 즉시 순종하지 않으면 안 됩니다. 왜냐하면, 이성이 계산과 형편으로 우리의 순종을 방해하기 때문입니다. 이 사실을 알아야 합니다. 우리의 이성이 좋은 것이기는 하지만 하나님과 교제하는 도구는 아닙니다. 우리는 영이신 하나님과 영으로 교제합니다.

또한, 우리가 순종하지 못하는 이유는 영적 게으름 때문입니다. 그래서 순종은 미루지 않고 바로 즉시 해야 합니다. 즉시 하면 순종이 가능해집니다. 이제 곧바로 순종해야 합니다. 그것이 하나님을 존귀하게 여기는 일입니다.

주님은 우리에게 말씀하십니다.

"용서해라!
네가 맡아라!
네가 하여라!
네가 가라!
네가 주어라!
네가 헌신해라!
네가 참아라!"

그러면 "예, 주님" 하고 즉시 하는 것이 순종입니다. 이성에 사로잡히면 순종은 고민거리가 됩니다. 순종은 우리가 이성으로 이해될 때만 하는 것이 아닙니다. 이해되어서 순종하는 것이 아니라 먼저 순종하니 나중에 이해가 되는 것입니다. 반대로 이성은 이해가 되어야만 움직이는 것입니다. 그러나 순종은 이성을 무시하지 않지만, 이성에 묶이지도 않습니다.

영적 게으름에서 일어나는 것, 이것이 순종의 길입니다. 이성에 묶이지 않고 영적 게으름에 빠지지 않는 것이 순종의 지름길입니다. 하나님은 이런 사람을 찾으십니다.

당신이 지금 즉시 순종하지 못하고 있는 것이 있다면 무엇인지 찾아서 바로 순종할 수 있기를 바랍니다.

참신앙으로
살고 싶을 때

> 아브라함과 이스마엘이
> 같은 날에 할례를 받았고
> 그의 집 안에 있는 모든 종도
> 그날에 할례를 받았다 (창 17:23).

　형식보다 중요한 것이 내용입니다. 그리고 그 내용보다 중요한 것이 그 의미입니다.
　하나님과 아브라함이 언약(말로 한 약속)을 하였습니다. 언약의 의미는 지키는 데 있습니다. 지키지 않는 언약은 휴지 조각에 불과합니다. 하나님은 아브라함에게 자손과 땅의 축복을 약속하셨습니다. 그리고 아브라함은 하나님의 이 말씀을 믿고 그분을 따르기로 약속했습니다. 이 약속의 의미는 하나님은 이스라엘 백성의 하나님이 되시고 이스라엘은 하나님의 백성이 된다는 것입니다.

아브라함은 그 자손에 대한 대표성이 있습니다. 아브라함은 모든 믿는 자의 조상입니다.

우리는 계약을 하면 도장을 찍거나 사인하거나 공증을 합니다. 하나님과 아브라함 사이에 공증한 것이 할례입니다. 그러나 할례는 그 사람의 포피를 자르는 데 의미가 있지 않습니다. 포피를 자르는 것보다 그 할례 속에 들어 있는 의미가 중요합니다. 할례는 하나님의 언약을 그 사람의 몸에 새기는 것입니다. 이것은 더 나아가 마음에 새기는 것을 의미합니다.

할례는 이스라엘 백성의 정체성을 밝히는 중요한 표시였습니다. 하나님의 백성인 이스라엘 남성은 반드시 누구나 할례를 해야 했습니다. 세월이 흐르면서 이것은 이스라엘의 전통으로 자리 잡았습니다. 전통이 길어지면 변질되기 쉽습니다. 그리고 전통은 본질이 아닙니다. 마찬가지로 할례가 본질이 아니라 할례의 의미가 본질입니다. 사람이 본질을 놓치면 형식에 집착합니다. 어느 것이든 진리가 아닌 것에 집착하면 변질되고 잘못된 방향으로 흐르게 됩니다.

"선택과 집중"이라는 말이 있습니다. 사람이 성공하는 데 필요한 것을 가리키는 말로 쓰입니다. 즉, 많은 것 중에서 좋은 것을 선택하고 거기에 집중하면 목적을 달성할 수 있다는 말입니다. 그런데 이 선택과 집중이 진리는 아닙니다. 너무 과도하게 집착하면 부작용이 따릅니다.

유대인들은 많은 율법 가운데 할례를 선택하고 그 할례에 집중했습니다. 선택과 집중을 했습니다. 그런데 시간이 흐를수록 이것은 형식과 외식이 되었습니다. 하나님의 백성이 되는 데 필요한 것이 할례가 되었습니다. 그러나 할례는 몸에다 하는 것이지만 동시에 마음에다 하는 것입니다. 둘 중의 하나를 선택하라면 당연히 마음에 할례를 하는 것입니다.

초대 교회를 위협한 것이 이 할례의 문제였습니다. 유대인이면서 예수님을 믿게 된 사람들이 여전히 할례를 주장하고 가르쳤던 것입니다. 그들은 구원받으려면 예수님을 믿어야 하지만 할례도 반드시 받아야만 한다고 주장하고 가르쳤습니다.

구원은 전적인 하나님의 선물입니다. 우리의 행위나 노력으로 받는 것이 아닙니다. 할례의 주장이 위험했던 것은 구원의 조건 속에 할례가 들어가 있었기 때문입니다.

유대인들의 고착된 전통은 기독교의 구원론에 위협을 가했습니다. 그래서 바울은 심히 분노하며 할례는 마음에 하는 것이라 누누이 강조했습니다.

유대인들은 어떻게 사느냐의 내용과 의미에 관심을 두지 않았습니다. 할례를 행했느냐 안 했느냐가 중요할 뿐이었습니다. 하나님의 백성으로 사는 삶에는 그다지 관심이 없었습니다. 오직 율법과 할례에 집착할 뿐이었습니다. 율법과 할례는 그들에게 신앙 전부였습니다. 이러한 집착은 하나님 안에서 내실을 갖추는 것이 아니라 종교인으로 전락하게 하는 위험성을 가지고 있습니다.

신앙은 삶입니다. 신앙은 행위보다 믿음에 더 본질을 두고 있습니다. 행위가 중요치 않다는 말이 아닙니다. 행위로 구원받지 못한다는 말입니다. 우리에게 행위가 의미 있을 때는 구원 이후 성화를 이루어 갈 때입니다.

처음 아브라함과 그 가족이 할례를 받았을 때 그들은 마음의 할례도 같이 받았습니다. 그들의 육에 대한 할례는 곧 마음의 할례도 의미했습니다.

형식적 행위만 행해지고 그 할례의 의미를 상실하면 종교화가 됩니다. 오늘날 우리도 마찬가지입니다. 우리가 종교생활을 너무 열심히 하지 않는지 살펴보아야 합니다. 하나님 그분보다 하나님에 관한 것에 더 열심을 내면 종교인이 됩니다. 하나님과 하나님에 관한 것은 다른 것입니다. 하나님 자체가 본질이고 하나님에 관한 것이 현상입니다. 본질보다 현상을 추구하면 언제나 변질되고 타락합니다.

주님이 우리에게 원하시는 것은 육체의 할례가 아닙니다. 마음의 할례입니다. 마음이 실린 행동이 진실한 행동입니다.

마음 없이 움직이는 행동을 가리켜 우리는 '위선'이라고 말합니다. 유대인들의 자부심은 하나님과의 교제에 있지 않았습니다. 할례에 자부심을 두었습니다. 그들은 외적인 것에 너무 집착했고 남을 의식하는 것에 충실했습니다. 예수님은 이러한 유대인들의 죽은 신앙, 종교적 행위를 크게 꾸짖으셨습니다.

예수님의 옷자락을 붙들고 있는데 마음이 없으면 구만리 떨어져 있는 것입니다. 그러나 구만리 떨어져 있어도 주님을 마음속 깊이 모시고 있으면 주님의 옷자락을 붙들고 있는 것입니다. 이것이 참신앙으로 사는 비결입니다.

마음은 다른 데 관심이 있는데 입으로만 주님의 이름을 부른다고 신실한 크리스천이 되는 것이 아닙니다. 종교적 프로그램에 열심 있다고 좋은 신앙을 가지는 것이 아닙니다. 이런 것으로 자신을 평가하고 남을 평가하는 사람이 육체의 할례를 자랑하는 사람입니다.

참된 그리스도인으로 살고 싶다면 마음의 할례가 먼저입니다. 마음의 할례를 받는다는 것은 하나님에 관한 것으로 살지 않고 하나님 자체에 집중하고 산다는 의미입니다.

04

하나님의 방식으로
살고 싶을 때

> 그렇다. 내가 그를 택한 것은,
> 그가 자기 자녀와 후손을 가르쳐
> 하나님의 생활 방식에 따라
> 친절하고 너그럽고 바르게
> 살게 하려는 것이다 (창 18:19).

하나님은 왜 아브라함을 택하셨을까요?

아브라함을 택한 이유를 알면 우리를 택하신 이유를 알게 될 것입니다. 물론, 가장 간단하고 확실한 대답은 "하나님이 우리를 사랑하시니까"일 것입니다. 그러나 사랑에도 그 내용이 있습니다.

성경은 우리에게 하나님이 아브라함을 택하신 이유를 설명합니다. '친절'과 '너그러움'을 가지고 '바르게' 살게 자녀와 후손을 가르치도록 선택하셨다는 것입니다.

그 이유가 마음에 드십니까?
저는 정말 마음에 듭니다. 아브라함과 우리를 선택하신 이유가 너무 행복합니다. 왜냐하면, 하나님이 요구하신 것은 하나님의 속성을 말해 주기 때문입니다.

첫째, 친절
둘째, 너그러움
셋째, 바름

우선 하나님께서 우리에게 이 세 가지를 주신다고 생각해 보십시오. 하나님이 나에게 친절하시고, 나에게 너그러우시고, 나에게 바른 분이 되신다는 사실에 감격하게 됩니다.
하나님의 생활 방식이 우리의 생활 방식이 되어야 합니다. 하나님은 친절하고 너그럽고 바른 분으로 자신을 계시하셨습니다. 우리의 생활 방식이 하나님이 원하시고 기뻐하시는 생활 방식이어야 합니다.
여기서 우리는 하나님께서 우리에게 요구하는 생활 방식으로 철야기도, 금식기도, 제자훈련을 말씀하지 않으셨다는 사실을 알게 됩니다. 저는 이런 것이 신앙에서 중요하지 않다는 말을 하려는 것이 아닙니다. 우리의 기도와 금식과 모든 신앙적 행위가 타인에 대한 친절과 너그러움과 바름을 지향해야 한다는 뜻에서 말하는 것입니다.
저는 젊은 날의 목회와 인격의 미숙함을 생각하며 부끄러울 때가 많이 있습니다. 젊은 날의 저는 열심히 기도했고 금식도 곧잘 했습니다. 거기에다 정의와 저 나름대로의 옳은 소견만 가득 차 있었습니다. 그때는 그런 저 자신이 보이지 않았습니다.

한번은 교회에 성도들끼리 분쟁이 일어났습니다. 서로 패를 나누어 시기와 질투로 뒤에서 비판을 일삼았습니다. 그 사실을 안 저는 도저히 참을 수가 없었습니다. 서로에게 그런 마음을 품고 그런 행동을 한다는 것에 분노했습니다. 마침내 저는 양쪽 당사자들을 데려다 놓고 그들을 심하게 꾸짖었습니다. 저는 그것이 옳은 목회라 생각했던 것입니다.

그런데 세월이 지날수록 그때의 제 모습이 부끄럽기만 했습니다. 나이가 들어 보니 예전에는 이해되지 않던 것들이 이해가 되었습니다. 저는 공의만 있었지 사랑과 친절함과 너그러움이 없었던 것입니다.

하나님의 생활 방식과 우리의 생활 방식을 살펴보면 너무나 간격이 크다고 생각합니다. 우선 나는 친절한가를 생각해 보십시오. 친절은 관계를 시작하는 문입니다. 상대에게 불친절하다면 누가 친구가 되어 주겠습니까. 친절은 그리스도인의 본원적 자세입니다. 하나님은 사랑이시고, 사랑은 언제나 친절하기 때문입니다. 하나님은 우리를 친절하게 대하십니다. 하나님의 친절하심은 우리를 그분에게 끌어당깁니다.

아브라함이 장막 입구에 앉아 있을 때 세 사람의 천사를 보았습니다. 그 천사들의 목적지는 소돔이었습니다. 그리고 소돔으로 가는 이유는 소돔을 멸하기 위해서였습니다. 아브라함은 이 세 천사를 강권

하여 자기 집으로 초청합니다. 괜찮다 하는데도 아브라함은 쉬어 가라고 그들을 붙잡습니다.

여기서 우리는 생각해 보아야 할 것이 있습니다. 이 세 천사가 성화에서처럼 날개를 달고 나타났는지 아니면 단박에 천사라고 알아볼 정도의 모습을 하고 나타났는지 우리는 잘 알지 못합니다. 그러나 성경대로만 생각해 보면 이들은 인간의 모습을 하고 나타난 것이 분명합니다. 그들이 소돔에 들어갔을 때도 소돔 사람들이 그들을 사람으로 인식했습니다.

우리는 친절이 몸에 밴 아브라함의 인격에 집중할 필요가 있습니다. 성경은 끊임없이 나그네에게 친절하라고 가르칩니다. 이스라엘 민족도 나그네였기 때문이라고 이유를 말합니다.

우리의 친절은 상대적이고 조건적입니다. 우리한테 잘하는 사람에게는 친절합니다. 또 힘 있는 사람에게는 친절합니다. 그러나 우리의 약점은 모두에게 친절하지는 못하다는 것입니다. 더욱이 약한 자, 힘 없는 자에게는 더욱 친절하지 못하다는 것입니다.

너그러움에 대한 것도 마찬가지입니다. 너그러움의 다른 말은 관용이고 포용이고 용서입니다. 하나님의 생활 방식은 이 모든 것을 다 포함합니다. 하나님이 나를 얼마나 너그럽게 봐주시는지 모릅니다. 얼마나 관용하시고 용서하시는지 모릅니다. 우리의 생활 방식이 바로 이런 방식이어야 합니다.

또한, 우리는 바르게 살아야 합니다. 사람이 바르게 사는 것은 평화를 위해서입니다. 사람과 사람이 평화하지 못하는 것은 바르게 살지 못하기 때문입니다. 탐욕과 욕망과 이기심은 바르게 살고자 하는 열망을 제거합니다.

복음은 예수 그리스도와 그분의 십자가입니다. 많은 사람이 복음을 말하고, 복음을 이야기하지만 사실 복음이 무엇인지 모릅니다.

예수님은 우리에게 친절하셨습니다. 그리고 너그럽게 대해 주셨습니다. 이 너그러움은 우리의 죄를 손수 짊어지시고 우리에게는 의인의 옷을 입혀 주셨다는 것입니다.

또한, 예수님은 바르게 사는 것을 십자가에서 보여 주셨습니다. 바르게 사는 것은 윤리적으로 사는 것만이 아닙니다. 예수님은 윤리를 실현하러 오신 분이 아닙니다. 예수님은 공의와 사랑을 실현하러 오셨습니다.

바르게 사는 것의 근본은 하나님을 경외하는 일입니다. 하나님을 경외하는 삶은 우리 힘만으로는 불가능합니다. 예수님이 도와주셔야 합니다. 하나님을 바로 알고 하나님을 사랑하고 그 말씀에 순종하며 사는 것이 바르게 사는 것입니다.

하나님의 생활 방식과 우리의 생활 방식이 일치할 때 복음의 능력이 나타납니다. 언제나 친절하고, 너그럽고, 바르게 사는 길에 우리의 마음을 두어야 합니다. 잃어버린 친절, 너그러움, 바름을 찾았으면 좋겠습니다. 그것이 바로 구원받은 자의 생활 방식이기 때문입니다. 바로 이러한 삶이 하나님의 생활 방식으로 사는 것입니다.

기도하기
지칠 때

> 아브라함이 멈추지 않고 아뢰었다.
> "주님, 이번이 마지막이니, 노하지 마십시오.
> 열 명밖에 찾지 못하시면 어떻게 하시겠습니까?"
> "그 열 명을 봐서라도,
> 내가 그 도시를 멸하지 않겠다"(창 18:32).

아브라함과 모세가 위대한 점이 있습니다. 그것은 그들의 빛나는 믿음이나 지도력이 아닙니다. 바로 하나님을 사랑하고 사람을 사랑했다는 점입니다.

하나님은 우리를 설득하기만 하시는 분이 아닙니다. 그분은 자신을 설득할 사람을 찾고 계십니다.

남을 설득한다는 것은 절대 쉽지 않습니다. 남을 변호해 준다는 것도 쉽지 않은 일입니다. 설득해야 하는 사람이 화가 나 있으면 더욱 더 힙듭니다. 더욱이 서로 관계가 좋지 않을 때 화해시키는 일은 절대 쉽지 않습니다.

모세가 하나님의 법궤를 받기 위해 금식하며 40일간 시내산에 있었습니다. 그런데 모세가 더디 오니 이스라엘 백성이 우상을 만들어 숭배하는 반역을 일으켰습니다. 하나님은 너무 노하셔서 그들을 단번에 진멸하시고자 했습니다. 이때 하나님을 가로막은 사람이 있었습니다. 바로 모세입니다. 모세는 목숨을 걸고 하나님의 분노를 가로막았습니다. 인간적으로 생각하면 이스라엘 백성은 살릴 만한 가치가 없는 사람들입니다. 그러나 모세는 이스라엘 백성을 살려 달라고 하나님께 중보기도했습니다.

하나님은 인격적인 분이십니다. 좋아도 하시고, 싫어도 하시고, 기뻐도 하시며, 분노도 일으키십니다. 그리고 설득도 당하십니다. 사랑하면 그 사랑만큼 설득을 당합니다.

중요한 사실은 하나님께 중재자가 필요하다는 사실입니다. 사람이 화가 나면 누군가 풀어 주어야 합니다. 마찬가지로 하나님이 화가 나셨을 때 하나님의 진노를 풀어 줄 사람이 필요합니다. 바로 그 사람이 제사장입니다. 제사장은 하나님과 인간 사이의 중보자입니다. 하나님 앞에서는 백성을 변호하고 백성들 앞에서는 하나님을 나타내는 사람입니다.

성경에 우리를 가리켜 왕 같은 제사장이라는 엄청난 칭호와 지위를 주셨습니다. 바로 우리가 하나님의 진노를 가로막을 수 있는 존재라는 것입니다.

모세의 중보로 하나님은 화를 푸시고 이스라엘 백성을 살려 주셨습니다.

아브라함도 마찬가지입니다. 천사들을 통해 소돔이 멸망하리라는 소식을 들었을 때 그는 곧바로 중보자가 됩니다. 하나님께 멈추지 않고 탄원합니다.

아브라함은 하나님이 의인과 악인을 똑같이 대하시지 않는다는 사실을 알았습니다. 그래서 할 수 있는 대로 하나님을 설득하였습니다. 제발 의인을 봐주셔서 소돔성을 멸망시키지 말아 달라고 호소했습니다. 아브라함은 소돔성에 적어도 의인 열 명은 있을 것으로 생각했습니다. 하나님은 소돔성에 의인 열 명이 있으면 용서하시겠다고 아브라함과 타협해 주셨습니다.

하나님도 인간과 타협하시고 설득당해 주신다는 것을 우리는 알아야 합니다. 우리에게는 유연성이 필요합니다. 강하면 부러집니다. 그러나 유연성이 있으면 절대 부러지지 않습니다. 타협은 나쁜 것이 아닙니다. 인간은 서로 타협하며 살아야 합니다.

타협은 기본적으로 양쪽이 다 만족해야 이루어지지만, 한쪽이 손해를 보고 타협할 수도 있습니다. 절대 타협도 않고 유연성도 없는 것이 좋은 신앙이라고 생각해서는 안 됩니다.

우리가 자녀를 키울 때 씨름을 해도 적당히 넘어져 주고, 일부러 져 주는 일이 있습니다. 자녀의 속셈을 알고도 속아 주는 경우가 있습니다. 다 사랑하기 때문입니다. 인간관계는 옳고 그름의 문제가 아닙니다. 관용과 용서와 사랑의 문제입니다. 하나님은 언제나 우리를 자녀처럼 대하십니다. 왜냐하면, 우리가 실제로 하나님의 자녀이기 때문입니다.

가슴 아프게도 소돔성에는 의인 열 명이 존재하지 않았습니다. 하나님은 우리의 죄를 용서하시고 눈감아 주시려고 모든 용서의 조건을 찾으시지만, 인간에게는 의가 전혀 없습니다.

하나님이 우리 민족에게서 의인 열 명을 찾지 못하신다면 우리는 소망이 없습니다. 그래서 하나님은 우리에게 의인 열 명을 찾지 않으십니다. 인간은 결코 스스로 의인이 될 수 없기 때문입니다. 대신 하나님은 의인을 찾지 아니하시고 예수님을 믿는 사람을 찾으십니다. 예수님을 믿는 사람이 곧 의인이기 때문입니다. 우리가 의인이 되게 하는 것은 우리의 힘이나 능이 아닙니다. 예수님의 십자가의 공로입니다.

어떤 일에 칭찬받는 사람이 이렇게 말하는 경우가 있습니다.

"저는 한 일이 없습니다. 다 차려 놓은 밥상에 숟가락을 얹었을 뿐입니다."

우리가 이런 사람입니다. 용서와 구원의 모든 수고는 예수님이 하셨고, 우리는 구원의 밥상에 숟가락만 얹은 사람입니다.

우리는 나라와 민족 그리고 교회와 가족과 자녀를 위해 간절히 기도하는 것을 멈추지 말아야 합니다. 우리는 하나님이 노하셨을 때 하나님의 노를 풀 수 있도록 중보자가 되어야 합니다.

복음이란 마땅히 하나님의 진노로 죽어야 할 존재를 위해 예수님이 중보자가 되셨다는 사실입니다. 복음이 우리에게 필요한 것은 인간의 현재 위치가 하나님의 진노가 임하는 자리이기 때문입니다. 우리는 빨리 하나님의 진노를 피해 예수 그리스도의 십자가 밑에 나가야 합니다. 예수님 안에 들어가야 합니다. 하나님의 진노가 임하지 않는 곳은 오직 예수님과 그분의 십자가뿐입니다.

저희 교회에 20년 동안 새벽기도를 멈추지 않는 안 교수님이라는 분이 계십니다. 얼마 전까지 모 대학 회계학과 교수님이셨습니다. 이제 정년이 되어 교직에서 은퇴하셨습니다. 그런데 은퇴 전이나 은퇴 후나 달라진 것이 없으십니다. 교수님으로 재직하던 시절이나 은퇴한 지금이나 한결같으십니다. 매일 새벽기도 시간에 나와 끊임없이 기도하십니다. 그리고 언제나 이렇게 말씀하십니다.

"목사님, 피곤하시면 언제라도 부담 갖지 말고 쉬십시오!"

저는 솔직히 이 말이 감사합니다. 새벽기도에 대한 부담감과 긴장감을 풀어 줍니다. 저는 못 나가는 경우가 있어도 안 교수님은 반드시 나오십니다.

저는 안 교수님에게서 배우는 것이 많습니다. 그중의 하나가 쉬지 않는 기도의 삶입니다. 하나님께서 그 기도를 받으시고 안 교수님의 가정을 늘 평안하게 지키십니다.

숨이 멈추면 죽는 것과 같이 기도를 쉬면 영적 호흡이 끊깁니다. 하나님 나라에 가기까지 멈추지 말아야 할 것이 있다면 기도입니다.

신앙생활에서 힘든 것 하나가 기도하는 일입니다. 육체적 노동은 아니지만 집중해서 매일 기도한다는 것은 쉬운 일이 아닙니다. 기도하기 지칠 때가 있습니다. 기도하기가 가장 지칠 때는 응답이 없을 때입니다. 이때 생각의 전환이 필요합니다. 기도자는 죽어도 기도는 끝까지 살아서 역사한다는 사실을 떠올려야 합니다.

예수님은 지금도 하나님 우편에서 우리를 위한 기도를 쉬지 않고 계십니다. 우리도 예수님처럼 중보자가 되어야 합니다. 멈추지 않고 하나님께 중보해야 합니다. 자전거 페달을 밟지 않으면 자전거가 쓰러지는 것처럼, 기도를 멈추면 모든 것이 쓰러집니다. 기도의 페달을 계속 돌려야 합니다.

기도하다가 지칠 때 내가 드린 기도가 나보다 더 오래 살아 역사한다는 믿음을 가져야 합니다. 그리고 기도는 사명이라는 것과 하나님과의 친밀한 관계 속에 들어가는 것이라는 사실을 기억하면 됩니다. 기도를 멈추지 않는 것, 이것이 우리의 사명입니다. 사명자는 낙심하지 않습니다.

소금 같은 존재로
살고 싶을 때

> 그러나 롯의 아내는
> 뒤를 돌아보다가 그만
> 소금 기둥이 되고 말았다(창 19:26).

하나님의 은혜와 아브라함의 중보 덕분에 롯은 멸망당할 위기에서 구사일생했습니다. 그러나 타락한 소돔성은 하나님의 진노를 피할 수 없었습니다.

앞에서 언급한 대로 하나님은 자신의 노를 풀어 줄 사람이 필요하셨습니다. 이 일을 아브라함이 자원했습니다. 아브라함은 하나님과 협상 끝에 의인 열 명이 있으면 소돔을 멸하시지 않겠다는 확답을 받았습니다.

그러나 소돔은 의인 열 명은커녕 의인 한 명도 없었습니다. 결국, 하나님은 소돔을 멸하기로 작정하셨습니다.

그런데 그 성에 롯이 살고 있었습니다. 롯은 하나님이 말씀하시는 의인이 아닙니다. 그도 심판의 명단에 들어 있었습니다. 그러나 그는 아브라함 덕분에 멸망의 명단에서 제외되었습니다.

하나님은 천사들을 급파하셔서 롯의 가족을 소돔성에서 구해 내기로 하셨습니다. 롯이 경험한 소돔은 인간이 할 수 있는 모든 타락의 중심에 있었습니다. 그래서 천사들이 소돔의 멸망을 예고했을 때 롯은 그 심판이 진짜 닥칠 것을 믿었습니다. 이것은 그가 아직 소돔의 타락에 물들지는 않았다는 증거입니다.

인간의 위기는 자신의 타락과 죄성을 깨닫지도 인정하지도 않는다는 데 있습니다. 롯은 두 딸이 있었고, 둘 다 약혼자가 있었습니다. 롯은 그들에게 급히 찾아가 소돔의 멸망을 이야기하고 어서 함께 빠져나가자고 설득했습니다. 그러나 이 두 사위는 롯의 진심을 농담으로 여겼습니다.

하나님의 심판을 말해도 믿지 않고 받아들이지 않는 인간의 태도가 문제이고 위기를 유발합니다. 하나님의 진노보다 그 진노에 대한 인간의 교만한 태도가 자기들을 죽음에 몰아넣는 것입니다.

결국, 롯은 두 딸과 아내를 데리고 급히 소돔성을 빠져나왔습니다. 빠져나가는 그들에게 반드시 지켜야 할 한 가지가 있었습니다. 절대 뒤돌아보지 않는 일입니다.

얼마나 쉬운 일이나요?

뒤돌아보지만 않고 도망치면 살 수 있었습니다. 그런데 문제는 롯의 아내였습니다.

그녀는 소돔에서 탈출하면서 그만 천사들의 당부를 무시하고 뒤를 돌아보았습니다. 그 순간 롯의 아내는 소금 기둥이 되어 버렸습니다. 뒤만 돌아보지 않으면 되는 그 쉬운 일이 롯의 아내에게는 어려운 일이었습니다. 주님은 말씀하셨습니다.

네 보물 있는 그곳에는 네 마음도 있느니라(마 6:21).

쉽게 말하면, 롯의 아내의 보물은 소돔성에 있었던 것입니다.
사람은 보물을 잘 분별하지 못합니다. 자신의 생명과 구원이 보물 중의 보물인데도 물질과 재산과 욕망에 그 마음을 두고 삽니다.
여기서 저는 두 가지만 생각하고자 합니다.

1. 왜 롯의 아내는 목숨을 걸고 뒤돌아보았는가?

먼저 그녀가 뒤를 돌아본 것은 소돔에 중독되었기 때문입니다.
왜 중독이 무섭습니까?
중독되면 자신의 의지와 결심대로 하기 어렵게 되기 때문입니다.
소돔은 그냥 도시의 이름이 아닙니다. 타락한 도시의 대명사입니다. 타락의 도시, 강포한 도시, 물질의 도시, 성적 타락의 도시, 도덕이 없는 도시, 오직 인간의 욕망에 충실한 도시의 집약체가 소돔입니다.

롯의 아내는 이 도시에 중독되어 있었습니다. 단지 자기 자신의 재산을 다 놓고 와서 재산에 미련이 남아 뒤돌아본 것 이상입니다. 그 도시를 떠나오는 것이 그녀에게는 고통이었을 것입니다. 만일 롯의 아내가 뒤를 돌아다보다가 소금 기둥이 되지 않았다면 롯의 손을 뿌리치고 소돔으로 다시 달려갔을지도 모릅니다. 롯의 아내는 이 소돔성에 중독되었기에 뒤돌아보지 않는 것이 그토록 어려웠던 것입니다.

오늘 우리는 한 가지 중독에 빠진 것이 아닙니다. 이 세상과 문화라는 거대한 죄의 세력에 빠졌습니다. 그런데도 이 세상을 탈출하려는 마음이 조금도 없습니다. 천년만년 이 욕망의 도시에서 살고 싶어 합니다. 그래서 돈이 필요하고 돈을 욕망합니다. 돈, 쾌락, 욕망, 성, 탐심, 교만에 중독된 세상입니다.

2. 왜 그녀는 소금이 아니라 소금 기둥이 되었는가?

롯의 아내가 그냥 쓰러져 죽었다면 더 이해하기 쉬운데, 왜 소금 기둥이 되었을까요?

하나님께서 하시는 모든 일에는 뜻과 의미가 있습니다. 분명 롯의 아내가 소금 기둥이 된 이유가 그리고 교훈이 있을 것입니다.

일단 뒤를 돌아보지 말라는 말씀은 롯의 가족에게만 해당되었습니다. 소돔성의 사람들에게 말한 것이 아니라는 데 주목할 필요가 있습니다. 그들은 어차피 소돔을 향해 뒤를 돌아보든지 돌아보지 않든지 아무 의미가 없습니다. 문제는 그리스도인입니다. 예수님과 하나님을 믿는다고 하는 사람들입니다.
주님은 이렇게 말씀하셨습니다.

> 손에 쟁기를 잡고 뒤를 돌아보는 자는 하나님의 나라에 합당하지 아니하니라 (눅 9:62).

믿는 자는 결코 이 세상에 미련을 두어서는 안 됩니다. 이 세상에 정을 두지도 않습니다. 세상 속에 살지만, 세상이 되지 않는 사람입니다. 그래서 주님이 "너희는 세상의 소금"(마 5:13)이라 말씀하셨습니다.
소금의 특성은 크게 세 가지입니다.

첫째, 맛을 내는 것
둘째, 부패를 방지하는 것
셋째, 녹아드는 것

소금이 맛을 내려면 적당한 양이 음식에 들어가야 합니다. 적량을 초과하면 그 맛을 내지 못하고 소태가 됩니다. 롯의 아내가 맛을 내는 소금이 아니라 소금 기둥이 되었다는 것은 그 맛을 잃어 아무 쓸데 없어 사람들에게 밟히는 것이나 마찬가지가 되었다는 것입니다.
소금의 방부제 역할도 그렇습니다. 소금 기둥으로는 방부제 역할을 할 수 없습니다. 썩지 않게 한다고 아예 아무것도 살지 못하는 사해를 만들어서는 안 된다는 이야기입니다.

소금의 존재 의미는 이름 그 자체에 있는 것이 아닙니다. 소금의 역할에 있습니다. 그리스도인도 마찬가지입니다. 이름만 소금이고 이름만 그리스도인인 사람은 존재의 의미가 없습니다. 소금으로서 그 역할을 해내야 합니다.

소금 기둥을 보면 소금을 생각하지만 소금 기둥 자체로는 아무것도 할 수 없습니다. 소금은 자신을 녹일 때 그 임무를 다하는 것입니다. 소금이 기둥으로 천년만년 서 있다면 그저 소금 기둥일 뿐입니다. 소금은 자신의 존재를 녹여 사라져 맛으로 재탄생해야 합니다.

우리가 소금처럼 살지 못하고 소금 기둥으로 사는 이유는, 녹으려 하지 않기 때문입니다. 나 자신의 형체를 녹여 맛으로 태어나는 과정을 생략하니 소금이 못 되는 것입니다.

세상의 소금으로 살고 싶다는 열망이 진실한 것이라면 내가 녹아야 합니다. 그렇지 않으면 무늬만 그리스도인일 뿐입니다. 나를 녹여 공동체를 살맛 나게 하는 소금이어야 합니다. 이것이 소금 같은 존재로 산다는 의미입니다.

07

하나님께 기억되는
사람으로 살고 싶을 때

> 하나님께서 평지의 도시들을 멸하실 때에
> 아브라함을 잊지 않으셨다.
> 그래서 그 도시들을 땅에서 쓸어 버리시기 전에
> 롯을 먼저 나오게 하신 것이다(창 19:29).

살다 보면 생각하고 싶지 않은 사람이 있고 늘 고마운 생각이 드는 사람이 있습니다. 생각하고 싶지 않은 사람은 잊고 싶고, 고마운 사람은 늘 기억하는 것이 인간입니다. 하나님도 그러신가 봅니다.

의인 열 명을 소돔에서 못 찾으신 하나님은 소돔을 멸하셨습니다. 그런데 그때 유일하게 살아남은 가족이 있습니다. 바로 롯의 가족입니다.

소돔성을 멸하려는 천사들이 떠나고 아브라함은 불안한 생각에 빠졌습니다. 소돔성에 자신의 조카 롯이 살았기 때문입니다. 사실 하나님께 의인 열 명을 이야기한 것도 롯을 염두에 둔 것입니다.

롯은 삼촌 아브라함의 덕을 톡톡히 본 사람입니다. 미약한 신앙이라도 아브라함의 모습 속에서 여호와 신앙을 가지게 된 것입니다. 그의 부유함도 아브라함의 도움이 컸습니다. 소돔이 전쟁에서 패하여 롯이 재산을 다 빼앗기고 포로로 잡혀갔을 때 롯의 생명과 재산을 찾아 준 사람도 아브라함입니다. 그러나 롯이 아브라함에게 해 준 것은 거의 없습니다.

만약 우리에게 아브라함의 삶을 살겠는지, 롯의 삶을 살겠는지 물으면 거의 다 아브라함의 삶을 택할 것입니다. 그런데 희망 사항이 그렇지 실제로는 롯의 삶을 지향합니다. 다른 사람을 돕거나 그에게 이익을 주는 사람이기보다 누군가의 덕을 보기를 더 원합니다.

전쟁과 달리 이번에는 아브라함이 롯을 위해 행동을 취할 것이 아무것도 없었습니다. 천사보다 빨리 달려가서 소돔의 운명을 알릴 수는 없었습니다. 그 이유는 하나님이 하시는 일을 우리가 방해할 수 없기 때문입니다. 그리고 설사 아브라함이 롯에게 소돔성의 멸망을 알린다고 해도 롯이 믿는다는 보장도 없었습니다.

여기서 우리는 아브라함의 최선을 보게 됩니다. 그는 하나님께 중보기도를 했습니다. 소돔성 쪽을 바라보며 롯을 위해 기도했습니다. 기도는 법칙입니다. 하나님의 법칙입니다. 기도는 하나님을 움직이고 천사를 움직이고 사람을 움직이게 하는 것입니다. 기도의 법칙을 만든 분은 하나님이십니다. 하나님은 기도 응답에 대한 책임을 스스로 지십니다.

한 사람이 중요합니다. 한 사람 아담으로 인해 인류는 파멸의 길을 맞이했습니다. 그러나 한 분 예수님을 통해 우리 인간은 살 수 있는 길이 생겼습니다.

하나님은 양으로 승부하시는 분이 아닙니다. 질로 승부하십니다. 만약 양으로 승부를 겨루신다면 사탄을 멸하시고자 천군 천사를 수만, 수억 명을 보내셨을 것입니다. 그러나 하나님은 우리를 구원하시기 위해 한 분 예수님을 보내셨습니다.

지금 한국 교회가 '수' 때문에 길을 잃었습니다. 큰 교회는 더 많은 성도 수를 원하고, 작은 교회는 적은 수에 절망하고 있습니다.

하나님은 나 하나밖에 없어서 어쩔 수 없이 사랑하게 된 것이 아닙니다. 우리를 사랑하시다 보니 나 하나밖에 없는 것처럼 사랑하시는 것입니다.

우리의 소원은 하나님이 기억하시는 사람이 되어야 합니다. 하나님이 잊지 않으시는 사람이 되어야 합니다. 그리고 더 나아가 하나님과 사람에게 좋은 이미지로 잊히지 않는 사람이 되어야 합니다.

물론, 좋지 않은 사람으로 오래도록 기억되는 사람도 있습니다.

저는 40년 전의 일을 잊지 못합니다. 가끔 떠오르는 사람이 있습니다. 군대 시절에 만난 권 상병이라는 사람입니다. 그는 불교 신자였습니다.

저는 군대에서 주일이면 열심히 교회에 나갔습니다. 군대 교회에 가기 위해 월요일부터 토요일까지 정말 성실하게 내무반 생활을 하였습니다. 선임자들이 제가 교회에 가지 못하도록 방해할 수 있는 구실을 주지 않기 위해서였습니다. 저는 선임자들의 인정을 받고 매주 교회에 나가 예배를 드리고 봉사도 했습니다.

그런데 권 상병이 저를 괴롭히기 시작했습니다. 그는 저의 신앙을 빈정거리고 모욕하기 일쑤였습니다. 급기야 저의 뺨을 때리며 말했습니다.

"이래도 네가 교회에 나갈 거야?"

그래도 저는 다 참았습니다. 교회에만 나갈 수 있다면 다 견딜 수 있었기 때문입니다.

드디어 저는 해방의 날을 맞이했습니다. 그 공포의 권 상병이 제대하게 되었기 때문입니다.

그런데 제대를 앞두고 그 권 상병이 저를 은밀하게 보자고 했습니다. 저는 그가 마지막 힘을 다하여 저를 더 핍박할까 염려스러웠습니다. 그런데 그가 뜻밖의 말을 했습니다. 저를 괴롭혔던 모든 일에 대해 미안하다고 사과했던 것입니다.

그는 저에게 모든 일을 다 잊으라고 말했습니다. 저는 그의 사과를 받고 기뻤고 그를 용서했습니다. 그렇지만 여전히 '군대'라는 단어를 들으면 그가 떠오릅니다. 그와의 일이 좋지 않은 기억으로 저의 머릿속에 남았습니다.

우리가 하나님이나 사람에게 좋은 기억으로 남는 사람이 되었으면 좋겠습니다. 소돔을 멸하실 때 하나님께서 아브라함을 잊지 않으시고 롯을 살려 주셨습니다. 하나님께 잊히지 않는 그런 선한 사람이 되는 거룩한 소원이 우리에게 있어야 합니다.

이것저것을 달라거나 축복과 응답을 구하는 기도를 드릴 수 있습니다. 그러나 이런 기도 제목이 으뜸이 되어서는 안 됩니다. 우리의 최고 소원은 하나님이 잊지 않으시는 사람이 되어야 합니다. 하나님이 언제나 기억하시는 사람이 되어야 합니다. 좋은 쪽으로 기억되는 사람이 되어야 합니다.

그렇다면 어떻게 하면 하나님이 기억하시는 사람이 될 수 있을까요?

첫째, 아브라함처럼 믿음의 삶을 살아야 합니다.
둘째, 우리 주님처럼 하나님과 내 형제를 사랑하며 살아야 합니다.

이런 사람을 하나님은 결코 잊지 않으십니다.

나 하나에 우리 가정의 운명이, 우리 자녀의 운명이, 우리 교회의 운명이, 우리 민족의 운명이 달려 있을 수 있습니다.

하나님이 잊지 않고 기억하시는 그런 사람이 하나님도 우리도 그립기만 합니다.

겸손하게
살고 싶을 때

> 이번에도 그는 취한 나머지
> 딸이 무슨 일을 하는지
> 전혀 알지 못했다(창 19:33).

   성경은 하나님의 말씀이면서 동시에 인간에 관한 이야기입니다. 성경은 솔직합니다. 세속적인 일을 피하지 않습니다. 그래서 성경을 진실로 믿을 수 있는 것입니다.

   성경을 읽다 보면 이해가 가는 내용도 있지만, 이해가 되지 않는 부분도 있습니다. 아브라함이 독자 이삭을 바친 이야기를 예로 들겠습니다. 이 이야기는 신앙이 어느 정도 있는 사람에게는 이해가 갑니다. 그러나 신앙에 막 입문한 사람이나 기독교를 알지 못하는 사람들에게는 걸림돌입니다. 이런 의문이 들기 때문입니다.

   '이삭을 제물로 요구하고 명령하신 하나님은 과연 선한 분이신가?'

'아무리 하나님에 대한 순종이라고 하지만 어떻게 자기 자식을 자기 손으로 죽여서 제물로 바치려고 했지?'

그러나 우리의 신앙이 자라고 하나님에 대한 이해가 쌓이면 수긍이 가는 믿음의 이야기가 됩니다.

그래도 아무리 생각해도 이해가 안 가는 부분도 있습니다.

유다와 그의 며느리 다말의 이야기입니다. 다말은 남편이 죽고 자손을 이어 갈 수 없는 처지에 놓였습니다. 쉽게 생각하면, 그냥 다시 재혼하면 되는 일이었습니다. 그러나 다말은 유다 가문에서 자손을 잇고 싶었습니다. 그 이유는 그녀가 시집와서 유다 집안에서 여호와 신앙과 축복을 보았기 때문입니다. 그래서 창녀의 모습으로 변장하여 홀아비인 시아버지를 유혹하여 유다의 자식을 낳았습니다.

그런데 성경은 이 여인에게 돌을 던지지 않습니다. 인간 윤리로 보면 목적이 선하다고 과정도 선하게 볼 수는 없습니다. 그러나 성경의 시각은 윤리의 척도를 넘어설 때가 있습니다. 신앙은 윤리도, 도덕도 아닙니다. 윤리나 도덕을 포함하지만 이것들에 묶이지는 않습니다.

세상은 외적인 현상을 보지만, 하나님은 인간의 본질과 동기를 보십니다. 세상은 아무리 상대를 미워해도 행동으로만 안 나타나면 무죄라고 합니다. 그러나 성경은 아무리 밖으로 나타난 것이 선해도 그 마음에 미움이 있으면 살인이라고 규정합니다.

> 그 형제를 미워하는 자마다 살인하는 자니 살인하는 자마다 영생이 그 속에 거하지 아니하는 것을 너희가 아는 바라(요일 3:15).

트라우마라는 단어가 있습니다. 트라우마는 과거에 겪은 고통이나 정신적인 충격으로 인해 유사한 상황이 나타났을 때 불안해지는 증상을 말합니다. 트라우마는 라틴어와 고대 그리스어에서 '상처'라는 뜻을 지닌 말입니다. 트라우마는 의학 용어로 '외상'을 뜻하지만, 심리학에서는 '정신적 외상'이나 '충격'을 뜻합니다. 롯과 그의 딸들이 이런 트라우마에 깊이 빠졌습니다.

우리는 단순히 롯과 근친상간한 롯의 딸들에게 무조건 돌을 던져서는 안 됩니다. 돌을 던질 때 던지더라도 그들을 좀 더 이해하는 자세가 필요합니다.

소돔의 멸망은 롯과 그의 딸들을 너무 무서운 충격에 빠트렸습니다. 그렇게 멀쩡했던, 그들이 살던 도시가 하늘에서 떨어지는 불과 유황에 불타 하루 만에 없어진 것입니다.

그것도 천재지변이 아니라 하나님의 무서운 심판 때문이었습니다. 그들은 하루아침에 재산과 삶의 모든 터전을 잃었습니다. 아내도, 엄마도, 약혼자도, 이웃들도 모두 잃었습니다.

롯과 그녀의 딸들은 도망치면서 뒤를 돌아보아 곧바로 소금 기둥이 되어 죽은 아내와 엄마를 보아야만 했습니다. 정신없이 빠져나와 생존했지만, 하루하루 살기에 정신적 고통이 너무 컸습니다.

오늘날이라면 롯과 딸들은 정신과 치료를 받아야 했습니다. 롯은 술이 아니면 자지 못하는 불면증과 우울증을 겪어야 했습니다. 우리는 어떤 사건보다 그 이면을 볼 수 있어야 합니다. 이들은 너무도 두려워서 이제는 소알성도 믿지 못했습니다. 그래서 그들은 동굴에서 고립된 생활을 했습니다. 롯은 거의 매일 술에서 헤어나지 못했습니다. 그 근거는 딸들이 근친상간을 하려 했을 때 아버지에게 술을 먹이자고 말하는 것에서 금방 찾을 수 있습니다.

롯의 두 딸은 자신의 후손이 끊기는 것에 불안감을 느꼈습니다. 그래서 그들은 아버지를 통해 후사를 잇자는 데 서로 의견을 모았습니다. 이러한 생각은 소돔성의 생활과 문화에 큰 영향을 받았기 때문입니다.

소돔은 무엇보다 성적 타락의 도시입니다. 동성애, 음란, 근친상간 등 성에 대한 모든 것이 허락된 도시입니다. 롯이 천사들을 보호하기 위해 천사들 대신 자신의 두 딸을 폭도들에게 내주려 했던 것도 성적 개방화의 한 단면을 우리에게 보여 줍니다.

소돔과 고모라의 멸망과 자신들의 어머니가 소금 기둥이 되어 죽은 사건 모두가 그들에게는 극복하기 어려운 트라우마였습니다. 그래서 그들은 불안했습니다. 더 나쁜 일이 오기 전에 자신들의 후손을 낳아야 했지만 세상으로 나가기가 두렵고 무서웠습니다.

그래서 롯의 두 딸은 성적 쾌락을 위해서가 아니라 자손을 잇기 위해서 자신의 아버지를 택했습니다. 평소에 아버지가 즐기던 술을 아버지에게 먹인 후 그가 인사불성이 되었을 때 관계를 맺었습니다. 그렇게 해서라도 자손을 만들어 내는 일이 자기들의 마지막 사명이라고 생각했을 것입니다. 그들은 계획대로 실행에 옮겨 바람대로 자녀들을 얻었습니다. 그 자녀들이 암몬과 모압의 조상이 되었습니다.

우리는 여기서 성경 기자가 이들의 근친상간을 직접적으로 비판하지 않는다는 사실에 주목해야 합니다. 성경은 현상이나 결과보다 그럴 수밖에 없었던 그들의 선택에 관용과 이해를 부여합니다. 그렇다고 성경이 근친상간에 너그럽다고 오해해서는 안 됩니다. 근친상간은 무서운 죄입니다.

 문제는 다행인지 불행인지 몰라도 이 사실을 롯이 전혀 몰랐다는 것입니다. 성경은 롯이 너무 취해서 딸들의 행위를 전혀 알지 못했다고 합니다.

 우리는 무능합니다. 무지합니다. 우리는 이 세상과 하나님의 일들을 전혀 모릅니다. 한 치도 알지 못합니다. 그런데 하나님은 이 인간의 무지와 무능함에 은혜를 베푸십니다. 그리고 모든 것을 합하여 선을 만드십니다.

 하나님은 인간을 할 수 있는 대로 깊이 이해하려 하십니다. 인간에 대한 사랑 때문입니다.

 이 모압 후손 가운데 하나가 바로 룻입니다. 룻은 예수님의 족보에 오른 인물입니다.

 인간은 실수하고 죄를 짓는 연약한 존재입니다. 그러나 하나님은 모든 것을 합력해서 선을 만드는 분이십니다. 그런데도 우리는 전혀 자신을 알지 못하기에 하나님을 오해하고 섭섭해하고 원망도 합니다.

 항상 기뻐하고 기도하고 감사하라고 하신 이유가 있습니다. 우리는 무슨 일이 일어나고 있는지 전혀 알지 못하지만, 하나님께서 우리에게 은혜를 베푸셔서 여기까지 왔고 앞으로도 인도해 가실 것이라는 사실을 믿는다면 항상 기뻐하고 기도하고 감사할 수 있기 때문입니다.

하나님께서 다말을 이해하시고 롯의 두 딸도 이해하셨다면 우리도 이해하실 것입니다. 이 말은 죄에 관대하라는 뜻이 결코 아닙니다. 회개할 때 속죄해 주시는 은혜를 믿으라는 것입니다. 이 은혜가 우리가 용기 내어 살아갈 이유가 됩니다.

예수님의 십자가는 예수님이 우리의 약함과 무지를 이해하시고 회개를 받아주신다는 약속입니다. 예수님의 십자가는 우리의 죄를 용서하시고 우리를 구원하시는 하나님의 능력이고 사랑입니다.

"전혀 알지 못했다."

우리는 죄를 저지르고 이런 말을 잘합니다. 우리가 얼마나 큰 죄인인지 알지 못하고 사는 것이 인간의 현주소입니다.

겸손하게 살려면 두 가지 사실을 인정해야 합니다.

첫째, 우리 자신의 죄성
둘째, 우리가 하나님 앞에 언제나 완벽히 무지하다는 것

이 사실을 인정하고 살면 겸손하지 않을 수 없습니다.
그리고 겸손의 자세는 언제나 우리를 하나님의 은총의 자리로 이끕니다.

하나님의 인정이
필요할 때

> 그는 예언자니,
> 그가 너와 네 목숨을 위해 기도해 줄 것이다.
> 그 여인을 돌려보내지 않으면,
> 너와 네 집안의 모든 사람이
> 반드시 죽을 것이다(창 20:7).

왜 아브라함은 부끄럽고 무책임한 행동을 반복적으로 할까요?

처음 애굽에 들어갔을 때 한 일을 보고 저는 한 번의 실수일 거라고 예상했습니다. 자신의 아내를 누이라고 하고 자기 생명을 지키려고 했던 일 말입니다.

그런데 아브라함은 그랄 왕 아비멜렉에게도 똑같은 행동을 했습니다. 이제는 실수라기보다는 의도로 보입니다. 번번이 자신의 목숨을 위해 자기 아내를 누이라고 말하고 있습니다.

그런데 사라가 남의 아내가 되려는 결정적인 순간마다 하나님이 개입하십니다. 애굽 왕에게도, 아비멜렉에게도 나타나셔서 그들을 압박하시고 아브라함의 잘못을 덮어 주십니다. 매번 하나님이 나타나셔서 아브라함와 그의 아내를 구해 주십니다.

아브라함이 왜 매번 그렇게 같은 잘못을 반복하는지 잘 모르겠습니다. 마땅한 이유를 찾아보자면 '살기 위해서'입니다. 그때마다 하나님은 아브라함 편에 서십니다. 하나님이 아브라함을 너무 편들어 주신다는 생각도 듭니다.

왜 아브라함은 잘못을 반복하고, 하나님은 그 반복을 이해하시고 아브라함을 구해 주셨을까요?

우선 아브라함의 반복된 행동을 돌아봅니다. 아브라함은 이방 땅에서 매번 두려워합니다. 그 땅은 치안도 불안하고 윤리도 없습니다. 이런 상황 가운데서 자신을 지키려면 국가의 공권력을 기대할 것이 아니라 스스로 지켜야 했습니다.

당시에는 아내가 예쁘면 그 남편을 죽이고 남의 아내를 빼앗아 가는 일이 비일비재했습니다. 아브라함은 사라와 부부 관계임을 철저히 속여야만 했습니다.

더욱이 아브라함은 외지에서 온 뜨내기입니다. 본토인들이 아브라함을 얕잡아 보았을 것입니다.

그래도 아브라함의 처신이 지나치기도 합니다. 일반인이라면 모르지만, 그는 하나님을 믿는 사람입니다. 하나님의 보호 가운데 있는 사람입니다. 그렇게까지 거짓말을 해야 하는 정도로 하나님의 관심밖에 있지 않습니다. 그런 거짓이 하나님을 믿는 사람으로서 합당한 태도는 아닐 것입니다. 정면 돌파해야 했을 것입니다.

그런데도 성경이 우리에게 아브라함의 약점과 그 약점에도 아브라함의 편에 서시는 하나님을 계속 보여 주는 이유가 있습니다.

첫째, 아브라함이 믿음의 조상이 된 것은 그의 실력이 아니라 하나님의 철저한 은혜였다고 말하고 싶은 것입니다.

둘째, 하나님은 약자의 편이시기 때문입니다. 아브라함은 재산이 많았다 해도 그 나라들의 왕들에 비하면 철저히 약자입니다. 만약 아브라함이 강자였다면 누구도 그 아내를 빼앗아 가지 못했을 것입니다. 지금까지 보았던 것처럼 아브라함은 아무 말도 못하고 아내를 빼앗길 수밖에 없는 처지였습니다. 하나님은 약자의 하나님이십니다.

셋째, 하나님은 아브라함을 성장시키십니다. 믿음의 조상으로 키우시고 선지자와 예언자로 키우십니다. 하나님의 사람은 태어나는 것이 아니라 만들어지는 것입니다.

아비멜렉에게 하나님은 분명히 말씀하십니다.

"아브라함은 내가 세운 예언자다. 너희가 죽지 않으려면 그가 너희를 위해 기도해야만 한다."

철저히 아브라함을 높이십니다. 하나님이 그냥 벌을 거두시면 됩니다. 그런데 굳이 아브라함이 아비멜렉과 그의 백성을 위해 기도해야 그들이 살 수 있다고 하셨습니다. 아브라함의 권위를 철저히 높여 주신 것입니다.

우리가 하나님의 자녀라고 하는 것은 이러한 권세가 있다는 뜻입니다. 하나님은 예수 그리스도를 통해서 우리의 모든 실수와 허물과 잘못된 행동을 용서해 주십니다. 철저히 우리 편이 되어 주십니다. 하나님만이 우리의 피난처가 되시고 구원자가 되십니다. 그리고 우리의 신앙을 성장시켜 주십니다.

우리가 거듭나서 새롭게 태어나면 그때부터 주님은 우리를 자녀처럼 돌봐 주시고 책임져 주십니다. 우리가 하나님의 자녀이고 우리를 사랑하시기 때문입니다.

무엇보다 우리의 기도를 하나님께서 들어주신다는 것이 자녀의 특권입니다. 하나님은 우리의 기도를 통해서 일하십니다. 그리고 기도를 통해 우리의 존재를 높여 주십니다.

하나님이 말씀하십니다.

"아브라함은 내 예언자다. 마찬가지로 예수 그리스도를 믿는 너희도 예언자다."

예언자란 철저히 하나님의 편에 서서 보고 말하는 자입니다. 예언자가 되려면 이 시대를 꿰뚫어 볼 줄 알아야 합니다. 하나님의 마음을 품고 하나님의 눈으로 이 세상을 볼 줄 알아야 합니다.

아비멜렉에게 하나님은 말씀하십니다.

그는 선지자라 그가 너를 위하여 기도하리니 네가 살려니와(창 20:7).

선지자는 보잘것없고 무능하고 힘이 없어 아내를 빼앗기고 만 아브라함에게 하나님이 주신 명칭입니다. 이렇게 아브라함은 하나님의 보호와 은혜 속에서 믿음의 조상으로 성장해 갑니다.

하나님께서는 우리 또한 키우십니다. 하나님의 거룩하고 복된 자녀로, 예언자로 키우십니다.

그리고 세상에 우리에 대해 말씀하십니다.

"그는 선지자다. 내 자녀가 너희를 위해 기도할 때 너희가 살 것이다."

나에게 중보기도의 능력을 주신 것은 하나님께서 나를 인정해 주신다는 증거입니다.

하나님은 우리 존재의 가치를 찾아 주시고 한껏 드러내 주십니다.

당신을 향한 하나님의 이 사랑을 다시 찾아야 합니다. 하나님께서 당신을 인정하신다는 사실을 깨닫길 바랍니다.

10

하나님을 경외하며
살고 싶을 때

> 아브라함이 말했다.
> "이곳에는 하나님을 두려워하는 마음이 없어서
> 사람들이 나를 죽이고 내 아내를 빼앗을 것이라고
> 생각했기 때문입니다"(창 20:11).

두려워하는 마음과 사랑하는 마음이 함께 공존할까요?

우리는 보통 두려움과 사랑이 정반대라고 생각합니다. 물론, 일리가 있는 말입니다.

그러나 하나님을 경외하는 것에는 두려움과 사랑이 함께 공존할 수 있습니다. 하나님을 경외하는 것은 무서운 공포를 의미하지 않습니다. 하나님을 경외하는 두려움은 하나님 앞에서 죄짓지 않는 자제력을 말합니다. 우리가 말하는 공포의 두려움이 아닙니다. 하나님 앞에서 죄를 두려워하고 자제하는 의지로서의 두려움을 말합니다.

또한, 하나님을 경외한다는 것은 하나님을 사랑한다는 말입니다. 이것은 하나님 안에 정의와 사랑이 함께 공존하는 것과 마찬가지입니다. 경외는 죄를 싫어하고 하나님 앞에서 죄를 두려워하는 마음입니다.

우리가 하나님을 사랑하거나 두려워하는 마음을 유지하지 못하면 범죄에 취약해집니다. 사탄은 인간에게 죄를 짓게 하는 배후 인물입니다. 사탄은 우리 인간에게 많은 타락을 가져다주고 하나님을 두려워하는 마음을 동시에 앗아 갑니다. 에덴동산에서 아담과 하와가 죄를 지은 것은 바로 하나님에 대한 경외심을 잃었기 때문입니다. 하나님을 사랑하는 마음과 두려운 마음이 사라졌기 때문입니다. 인류 최초의 살인 사건인 가인과 아벨의 살인 사건도 가인의 질투와 시기가 하나님에 대한 두려움을 넘어섰기 때문입니다.

하나님에 대한 사랑과 두려움이 사라지면 인간은 스스로 무정부 상태가 됩니다. 자신을 통제하는 힘이 없어집니다. 그리고 본능과 쾌락과 탐욕에 충실합니다.

아브라함은 그의 아내를 빼앗길 염려에 앞서 하나님을 두려워하지 않는 인간의 폭력과 탐심을 두려워했던 것입니다. 아브라함은 애굽에서와 같이 이번에도 그랄 왕 아비멜렉에게 자신의 아내를 누이라고 속입니다. 하나님께서 이번에도 아브라함의 편이 되어 주십니다. 그 이유는 아브라함의 고백이 진실이었기 때문입니다.

하나님이 이 일로 아비멜렉을 치시자 그는 깜짝 놀라 하나님께 항의합니다.

"저는 전혀 모르는 일입니다. 사라가 아브라함의 아내인 것을 모르고 취했습니다."

그러자 하나님께서 말씀하십니다.

"그 사정을 알기에 네가 억울한 죽임을 당하지 않게 하려고 내가 이렇게 나타난 것이다."

아비멜렉은 당장 아브라함을 불러서 그가 아내를 누이라고 속인 이유를 묻습니다. 이때 아브라함이 아비멜렉에게 답합니다.

"이곳 사람들에게는 '하나님을 두려워하는 마음이 없어서' 나를 죽이고 내 아내를 빼앗을 것으로 생각했기 때문입니다."

이 말을 하자 아비멜렉이 더는 아브라함에게 항의하지 못합니다. 왜냐하면, 아브라함의 말이 맞았기 때문입니다.

문제는 하나님을 두려워하지 않는 마음입니다. 아브라함은 자신의 아내를 빼앗기고 자기 자신이 죽을 수밖에 없는 이유가 그 땅의 사람들이 악하기 때문이라고 합니다. 인간이 하나님을 두려워하지 않을 때 나타나는 현상이 모든 패악입니다.

하나님을 두려워하는 것은 모든 인간 세상의 안전장치입니다. 그리고 하나님을 사랑하는 마음은 인류에게 평화를 가져다줍니다.

이 세상의 모든 사람은 자기 안의 두려움을 제거하려 합니다. 그 방식은 하나님을 두지 않는 것에서 시작합니다.

인간이 그 마음에 하나님 두기를 싫어함으로 하나님은 그대로 내버려두셨습니다. 하나님의 인간에 대한 최고의 심판은 내버려두심입니다. 하나님이 인간을 자기들이 하고자 하는 대로 내버려두시면 결국 심판에 이르게 되는 것입니다. 죄지으면 벼락 맞는 것이 심판이 아닙니다. 어떤 죄를 짓는다 해도 그대로 내버려두는 것이 가장 큰 심판입니다. 하나님의 진노는 내버려두다가 한꺼번에 임합니다. 우리는 소돔에서 그 교훈을 얻습니다.

우리 중에서 하나님을 사랑하는 사람은 반드시 하나님을 거룩하게 두려워합니다. 하나님을 거룩하게 두려워하는 사람은 하나님을 진정으로 사랑합니다.

우리는 하나님이 사랑이시라는 말씀을 오해해서 하나님을 모든 것을 다 눈감아 주는 쉬운 대상으로 여기지 말아야 합니다. 부모가 넘치게 사랑해 준다고 부모를 우습게 보면 안 됩니다. 자녀라면 마땅히 그 사랑 속에서 부모에 대한 존경을 가집니다.

하나님이 우리의 모든 죄를 다 용서하시고 사랑해 주신다고 해서 하나님을 쉽게 대하는 사람은 하나님의 사람이 아닙니다. 결코 거듭난 자가 될 수 없습니다. 우리 안에 하나님을 두려워하는 거룩한 경외심이 있나 살펴보아야 합니다.

또한, 하나님을 너무 무서운 분으로 공포의 대상으로 인식하는 것도 절대 옳지 않습니다. 하나님은 우리의 아버지이십니다. 이 사실을 기억한다면 하나님을 사랑하고 두려워합니다. 이것을 가리켜 하나님을 경외한다고 말하는 것입니다.

타락한 시대와 타락한 마음은 하나님을 경외하는 태도가 없는 시대와 마음을 가리킵니다.

정말 하나님을 경외하며 살고 싶으십니까?

그렇다면 무엇보다 하나님을 사랑하십시오. 그리고 하나님에 대한 거룩한 두려움을 가지십시오. 이것이 하나님을 경외하며 사는 길입니다. 내 안에 하나님을 사랑하고 두려워하는 마음, 곧 경외심이 언제나 자리 잡고 있는지 잘 살펴보아야 합니다.

우리가 지금 찾아야 할 단어는 하나님에 대한 '경외'입니다. 하나님을 경외하는 것은 하나님에 대한 거룩한 두려움과 하나님에 대한 사랑을 가지는 것입니다.

하나님의 말씀은 잃었던 하나님에 대한 경외심을 찾아 줍니다.

나의 존재 의미는 하나님을 타는 목마름으로 찾고 경외하는 것입니다.

11

하나님의 응답을
기다리기 지칠 때

> 하나님께서 정하신 바로 그때에
> 사라가 임신하여
> 노년의 아브라함에게
> 아들을 안겨 주었다(창 21:2).

'때'에는 두 가지가 있습니다. 하나는 크로노스이고 다른 하나는 카이로스입니다. 쉽게 말하면, 크로노스는 우리 모두가 경험하는 역사적인 시간입니다. 반면에 카이로스는 하나님이 역사하시는 하나님의 특별한 때를 말합니다. 우리는 크로노스에 살지만 동시에 하나님의 시간인 카이로스의 시간을 경험하고 삽니다.

하나님은 때를 따라 일하십니다. 우리 인간처럼 즉흥적으로 일하시지 않습니다. 하나님의 일에는 고정적인 뜻과 유동적인 뜻이 있습니다.

하나님의 고정적인 뜻은 우리가 기도한다고 바람대로 되는 일이 아닙니다. 예를 들어, 남녀가 관계하지 않았는데 스스로 인간을 잉태하는 법은 없습니다. 결혼하지도 않고 자식을 달라고 기도하는 것은 의미가 없습니다.

반면에 유동적인 뜻은 우리의 기도와 탄원과 중보에 따라 하나님이 바꾸실 수 있는 것입니다. 예를 들어, 하나님이 시내산 아래에서 우상을 만들어 광란에 빠진 이스라엘 백성을 다 없애기로 작정하셨지만, 모세의 기도로 노를 푸시고 계획을 바꾸시어 이스라엘 백성을 살려 주셨습니다.

예수님도 자신의 때를 기다리셨습니다. 가나의 혼인 잔치에서 자신의 때 때문에 기적을 미루셨습니다. 그러나 어머니 마리아가 요청하자 자신의 때를 바꾸어 물을 포도주로 만들어 주셨습니다.

우리에게 가장 부족한 태도가 하나님의 때를 기다리는 것입니다. 우리는 하나님의 때를 기다리지 못하고 하나님보다 앞서가곤 합니다.

하나님의 모든 때는 우리를 향한 하나님의 사랑에 기반을 두고 있습니다. 아브라함 부부도 아들을 주신다고 했지만, 하나님의 때를 기다려야 했습니다. 하나님은 사라에게 하나님이 정하신 바로 그때 나타나셔서 약속을 이루어 주셨습니다.

우리는 하나님의 때를 모릅니다. 그러나 분명한 사실은 우리가 하나님의 약속을 믿고 기다리면 분명히 때를 따라 응답하신다는 것입니다.

때를 기다리지 못하면 잘못 판단하여 실수하게 됩니다. 하나님의 약속이 있고 십 년이 지나도 아들이 없자 아브라함 부부는 더는 기다리지 못합니다. 결국, 그들이 선택한 것이 하갈을 통해 후손을 낳는 것이었습니다. 그러나 이때부터 아브라함의 가정은 풍비박산이 납니다. 하루도 편할 날이 없습니다. 사라와 하갈의 갈등 속에서 아브라함은 지옥에 삽니다. 결국, 우여곡절 끝에 세 사람이 같이 살지만 모두 평안하지 않습니다. 이것은 하나님의 약속을 기다리지 못한 사람들의 불행한 결과물입니다.

기다리지 못한다는 것은 믿지 못한다는 말입니다. 사람은 누구나 좋은 것이 이루어진다는 약속을 받고 그 약속의 대상을 믿으면 기대하고 기다립니다.

사실 아브라함 부부는 자신의 실력으로 믿음의 조상이 된 것이 아닙니다. 하나님의 은혜로 된 것입니다. 오늘날 유행하는 말로 이야기하면 "하나님 찬스(기회)"입니다. 맞습니다. 신앙이란 하나님의 찬스로 사는 것입니다. 내 힘과 능력과 환경을 바라보면 기다리지 못합니다.

기다림이 없다는 것은 기대가 없다는 것이고, 기대가 없다는 것은 믿음이 없다는 것입니다. 바꾸어서 말하면 같은 이치입니다. 믿음이 있으면 기대가 있고, 기대가 있으면 기다릴 수 있는 것입니다. 그래서 기다림, 믿음, 기대는 언제나 한 가족입니다. 이 셋은 같이 일합니다.

조급하면 집니다. 초조하면 실수합니다. 불안하면 힘을 잃습니다.

기도했는데 불안합니까?

더 기다리십시오.

말씀을 붙잡았는데 현실과 너무 거리가 있습니까?

하나님의 기도 응답이 지치고 힘듭니까?

기대하고 믿음으로 기다리십시오.

하나님을 기대하며 기다릴 수 있는 것이 신앙의 실력입니다.

아브라함과 사라에게 이삭이라는 응답을 가지고 오신 주님께서 우리에게도 오십니다. 단지 때가 서로 다를 뿐입니다. 하나님의 때와 내 때가 다르고, 내 때와 다른 사람의 때가 다를 뿐입니다.

모든 것이 내가 생각하는 순서대로 오는 것은 아닙니다. 꼭 순서대로 온다고 좋은 것이 아니고, 순서대로 안 온다고 안 좋은 것도 아닙니다. 하나님의 때에 반드시 내 때가 온다는 사실이 중요합니다. 하나님의 때와 내 때가 일치하는 그때가 반드시 옵니다.

하나님의 응답을 기다리기 힘들고 지칠 때 이 믿음을 찾고 회복해야 합니다.

12

하나님의 위로가
필요할 때

> 아브라함은 그 일로
> 큰 고통을 겪었다.
> 결국, 이스마엘도
> 자기 아들이었기 때문이다(창 21:11).

인간은 고통의 문제를 떠나 살 수 없습니다. 누구도 고통을 면제 받고 살 수 없습니다. 고통은 인간에게 많은 괴로움을 가져다주지만, 성장과 성숙의 길로 나가게도 해 줍니다. 결국, 고통의 문제는 그 고통 자체가 아니라 고통을 대하는 태도에서 모든 것이 달라집니다.

아브라함은 큰 고통을 겪었다고 합니다. 어디 한 번만 고통을 겪었겠습니까.

야곱도 바로 앞에서 고백합니다. 자신이 험난한 세월을 보냈다고 인생 고백을 합니다.

인간의 고통 중에 자식 문제만큼 부모를 고통 속에 몰아넣는 것도 없습니다. 자식은 언제나 부모에게 아킬레스건입니다. 없어도 힘들고 있어도 힘든 것이 자식입니다. "가지 많은 나무에 바람 잘 날이 없다"라는 우리말도 충분히 이해가 갑니다.

　하나님도 우리 같은 자식을 두었기에 그토록 힘들어하시는 것입니다. 힘들게 낳은 자식은 더욱 소중합니다. 하나님보다 자녀를 힘들게 나신 분도 없습니다. 맏아들을 죽이시고 우리 못난 자식들을 낳으셨습니다.

　그렇게 낳았으면 무엇합니까!

　늘 아버지 하나님 속만 썩이고 사는 것이 우리 인생들입니다.

　그래서 자식 때문에 고통받는 자의 마음을 하나님처럼 잘 아는 분이 없습니다.

　아브라함의 첫째 아들은 이스마엘입니다. 첫째 아들이지만 약속의 아들이 아닙니다. 인간의 뜻과 계획 아래서 낳았기 때문입니다. 그렇지만 그 아들도 아브라함에게는 귀합니다. 반면에 둘째 아들은 먼저 낳지는 않았지만, 약속의 자녀라는 면에서 귀합니다.

　그런데 아브라함에게 큰 고통이 생겼습니다. 오래전 악몽이 재현된 것입니다. 하갈이 아브라함의 아이를 가졌을 때 자신의 위치와 분수를 모르고 사라를 우습게 여기다가 쫓겨난 적이 있습니다. 자기 아들을 가진 하갈을 내쫓는다는 것이 아브라함에게는 결코 쉬운 일이 아니었습니다. 그러나 가정의 평화를 위해 아브라함은 사라의 뜻대로 해 주었습니다.

하갈은 도망 나간 광야에서 하나님을 만나 위로와 격려를 받고 다시 아브라함 집에 돌아왔습니다. 그리고 이스마엘을 낳았습니다. 그런데 문제가 또 터졌습니다. 하갈이 낳은 이스마엘이 어린 이삭을 놀리고 조롱했습니다. 이 사실을 목격한 사라는 분노하며 아브라함에게 찾아가 하갈 모자를 당장 내쫓으라고 말했습니다.

아브라함에게 또다시 시련의 계절이 찾아왔습니다. 이 일로 아브라함은 큰 고통을 겪습니다. 이 당시 헤어지면 그것으로 끝입니다. 볼 수도 없습니다. 지금이야 전화로 통화하고 화상 통화도 하고 문자 메시지도 보내지만, 이때는 아무것도 할 수 없는 시대입니다.

이별은 아픈 것입니다. 자식과의 이별은 더 특별히 아픈 것이기에 아브라함은 큰 고통에 빠집니다. 아브라함은 살 기력도 평안도 다 사라졌습니다. 그가 할 수 있는 것은 하나님께 묻고 기도하는 것뿐이었습니다.

마침내 고통 가운데 있는 아브라함에게 하나님이 응답하셨습니다. 하나님도 아브라함이 고통에 빠진 것이 안타까우셨습니다. 하나님의 말씀을 끝까지 믿고 기다렸다면 그런 일이 절대 일어나지 않았을 텐데 말입니다.

인간의 선택은 이렇게 어리석고 후회를 낳는 것이 대부분입니다. 그래서 우리는 선택을 잘해야 합니다. 인간이 무엇을 선택하든지 그 결과는 자신이 고스란히 져야 하기 때문입니다.

하나님은 아브라함에게 말씀하셨습니다.

"그 일 때문에 걱정하지 말라."

아주 오래전 상가 건물에 교회를 개척하고 목회할 때의 일이 생각납니다. 성도는 할아버지 한 분이 전부였습니다. 제가 하나님께 부흥을 달라고 얼마나 간절히 기도했는지 모릅니다. 마침내 하나님께서 한 분을 보내 주셨습니다. 그런데 6개월밖에 살지 못한다고 선고받은 백혈병을 앓는 권사님이셨습니다.

저는 1년을 이 한 분에게만 집중하고 기도했습니다. 기회라고 생각했습니다. 만약에 이분이 기도해서 낫는다면 우리 교회는 기적이 있는 교회라고 소문이 나서 엄청 부흥할 것 같았습니다. 물론, 이분의 생명을 아끼는 마음도 있었지만 솔직히 교회가 부흥하길 바랐던 마음도 컸습니다.

그러나 결국 이 권사님이 1년을 살고 소천하셨습니다. 저는 너무 실망하고 낙심했습니다. 그런데 하나님께서 저를 불쌍히 여기셨습니다. 권사님의 남은 가족이 저를 찾아와 아버지를 위해 기도해 주시고 잘 섬겨 주셔서 감사하다고 1억 원을 헌금하신 것입니다. 그 헌금이 기초가 되어 교회 예배당을 지을 수 있었습니다.

저는 하나님께서 아브라함에게 걱정하지 말라고 하시는 부분에서 하나님의 자비하심을 또다시 느낍니다. 하나님은 아브라함을 꾸짖거나 가르치지 아니하시고 위로하십니다.

하나님은 이렇게 말씀하실 수 있었습니다.

"그래서 내 말을 들으라고 했잖니. 다 너희 부부 탓이다. 내 약속을 믿지 못하고 네 여종에게서라도 자손을 얻으려고 했기 때문에 이런 결과가 생긴 거야. 자업자득이다."

그런데 전혀 그렇게 말씀하지 않으셨습니다.

우리는 하나님을 닮아야 합니다. 지나온 잘못을 지적하지 말아야 합니다. 지적한다고, 비난한다고, 잘못을 알게 한다고 사람이 변하는 것이 아닙니다. 사랑과 관용이 있을 때만 사람이 변하는 것입니다.

하나님은 아브라함의 고통을 따뜻하게 감싸안으십니다. 그리고 대안도 주십니다.

"내가 네 아들 이스마엘도 책임져 주고 돌보겠다."

이런 좋으신 하나님이 어디 있습니까!

우리 아버지가 되어 주신 하나님께 감사합니다.

지금 이스마엘 때문에 큰 고통을 겪고 있습니까?

하나님의 위로를 기다리십시오!

아브라함을 따스하게 찾아와 위로해 주신 하나님께서 우리에게도 따뜻한 위로를 가지고 찾아오실 것입니다.

그러니 믿음으로 조금만 더 기다리십시오!

미래가
막막할 때

> 그때 하나님께서
> 하갈의 눈을 열어 주셨다.
> 그녀가 둘러보니,
> 샘이 보였다(창 21:19).

하갈의 운명은 너무 가혹했습니다. 겉으로 보기에는 사라의 몸종에서 아브라함의 후처로 신분이 상승하였습니다. 그리고 아들을 낳아 명실상부한 아브라함의 후처로 입지를 구축했습니다. 그러나 막상 속을 들여다보면 하갈의 위치는 위태위태했습니다. 미래가 막막했습니다. 사라와 갈등 관계에 있었기 때문입니다.

이것은 단순히 사라의 질투나 경쟁심을 넘어서는 문제였습니다. 물론, 사라의 핍박이 심했지만, 하갈의 태도와 인격에도 문제가 있었습니다.

우리가 잘 아는 바와 같이 하갈은 교만했던 것이 사실인 것 같습니다. 자신이 임신했다는 것을 알고 난 후 아기를 낳지 못하는 여주인 사라를 멸시하고 업신여겼기 때문입니다. 자업자득이라는 말이 이 경우에 해당하는 것입니다. 결국, 하갈의 아들 이스마엘이 사라의 아들 이삭을 놀리는 것을 목격한 사라는 이들을 가차 없이 내쫓았습니다.

이 일이 아브라함에게는 매우 큰 고통이었습니다. 이삭이나 이스마엘이나 자신의 자식인 것은 매한가지였기 때문입니다.

신앙은 우리의 삶에 하나님을 끌어들이는 것입니다.

야곱의 아내 레아와 라헬은 자신의 남편에게서 사랑받기 위해 경쟁했습니다. 아니, 정확하게는 경쟁이 아니었습니다. 라헬은 야곱에게 일방적으로 사랑받고, 레아는 일방적으로 배척받은 아픔을 가지고 살아갔습니다.

레아와 라헬은 자신의 문제에 하나님을 끌어들였다는 공통의 신앙이 있습니다. 레아는 남편에게 사랑받지 못하는 아픔을 가지고 살아갔습니다. 반면에 라헬은 남편에게 사랑은 받지만, 임신하지 못하는 아픔을 가지고 살아갔습니다. 둘 다 자신의 문제에 하나님을 끌어들였습니다. 하나님은 이들의 아픔을 골고루 위로하셨습니다. 첫째 아내면서도 사랑받지 못하고 사는 레아를 자식을 잉태하고 출산하게 하셔서 위로하셨고, 라헬의 태도 열어 주셨습니다.

기도의 다른 말은 내 인생과 문제에 하나님을 끌어들이는 것입니다. 사람은 자신의 고통이 심할 때 갈 곳이 없습니다. 오직 하나님께만 나갈 수 있습니다. 하나님이 문제를 풀 수 있는 유일한 분이십니다.

하갈은 아들 이스마엘과 함께 아브라함의 집에서 내쫓겼습니다. 그들에게 주어진 것은 약간의 음식과 물 한 통이 전부였습니다. 오늘날로 이야기하면, 하갈은 아이 양육비도 제대로 못 받고 쫓겨난 것입니다. 그들은 갈 곳이 없었습니다.

그녀가 선택한 곳은 아주 오래전 자신이 이스마엘을 임신하여 내쫓겼을 때 하나님을 만난 광야였습니다. 하갈은 어쩌면 그때의 그 장소를 가고 싶었는지 모릅니다.

광야는 가혹한 곳입니다. 그러나 동시에 신비로운 곳입니다. 눈에 보이는 텅 비고 삭막한 광야와 인생의 광야는 비슷한 점이 많이 있습니다. 광야는 더 이상 갈 곳이 없는 자 앞에 놓인 마지막 선택지입니다.

다윗이 사울을 피해 도망간 곳도 광야였습니다. 그런데 그 광야에서 인생과 신앙과 하나님에 대해 새로운 눈을 떴습니다.

하갈이 살아난 곳도 광야였습니다. 하나님을 체험한 곳도 광야였습니다. 광야는 우리가 영적인 눈을 뜨게 해 주는 곳입니다.

광야에 들어간 하갈 모자는 점점 두렵고 무서웠습니다. 먹을 것은 떨어지고 물도 떨어져 꼼짝없이 죽게 되었습니다. 하갈은 두려웠습니다. 자신의 고통 때문에 두려운 것이 아니었습니다. 자기 아들 이스마엘이 목마름과 배고픔과 한낮 더위와 밤의 추위에 죽어 가는 모습을 지켜보는 것이 두려웠습니다.

울음과 눈물은 인간의 마지막 기도입니다. 그가 하나님을 믿든, 믿지 않든 인간의 모든 눈물에는 의미가 있습니다. 고통이 있고, 두려움이 있고, 후회가 있으며, 기도가 있습니다. 눈물은 대부분 진실입니다. 흐느낌과 절규 속에 인간의 간절한 호소와 요청이 있습니다.

지금 하갈은 자식이 죽어 가는 고통에 울부짖습니다. 이런 상황에서 어린 이스마엘은 더욱 두렵습니다. 배고픔과 목마름의 두려움보다는 엄마가 저렇게 울부짖고 탄식하는 소리와 모습이 더 무섭습니다. 그래서 이스마엘도 엄마를 따라 웁니다.

오늘날은 눈물과 울음이 없어진 시대입니다. 하나님 앞에서 가슴을 찢는 회개와 눈물이 없어진 시대입니다. 가정과 자녀와 교회와 이 땅을 놓고 눈물 흘리며 가슴을 치는 기도가 없어진 지 오래입니다. 눈물은 하나님이 인간에게 주신 마지막 카드입니다. 하나님은 눈물의 기도와 부르짖는 소리에 약하십니다.

절망에 빠져 울고 있는 하갈에게 이번에도 하나님께서 찾아오십니다. 그리고 말씀하십니다.

"두려워 말라."

그러면서 아이 이스마엘에 대하여 이야기하십니다. 하나님은 정확하신 분입니다. 지금 하나님은 하갈의 미래에 대해 말씀하시는 것이 아닙니다. 이스마엘의 미래를 말씀하십니다.

왜 그런지 아시나요?

하나님은 하갈의 마음을 정확히 꿰뚫고 계시기 때문입니다. 하갈이 무엇을 원하고 무엇이 가슴 아픈지를 아시는 것입니다.

생각해 보십시오!
하갈이 왜 그렇게 통곡했을까요?
자신과 아들이 광야에서 고통 가운데 죽는 것이 두려워서만 그랬을까요?

물론, 외적으로는 그렇습니다. 그러나 하갈이 죽도록 고통스러운 이유는 그녀의 삶과 지금의 자리가 너무 억울하기 때문입니다.
하갈은 아브라함의 집에서 냉대를 당하고 쫓겨난 것입니다. 하갈의 고통은 자기 아들이 첫째인데 맏아들로 인정받지 못한다는 데 있습니다. 말만 아브라함의 맏아들이지, 진정한 맏아들의 권리는 이삭의 것이었습니다. 이스마엘은 이름뿐인 아브라함의 핏줄에 불과했습니다.
게다가 이삭은 약속의 자손입니다. 하나님의 언약 속에 태어난 아들입니다. 모든 미래가 하나님의 약속과 함께 보장되어 있었습니다.
그러나 하갈과 이스마엘은 아무것도 아닙니다. 아무것도 아니라는 증거 중의 하나는 하갈과 이스마엘이 쫓겨날 때 받은 것이 음식 조금과 물 한 통이 전부였다는 사실입니다. 적어도 그들이 아브라함의 처요, 아들로 인정받았다면 적게라도 재산과 가축과 종들을 나누어 받았을 것입니다.
하갈의 아픔은 인정받지 못한 자신과 아들의 존재 때문이었습니다. 그런데 하나님은 약한 자를 돌보아 주시는 분입니다. 인간의 눈물 호소를 지나치지 않으십니다.

하갈에게 나타나신 하나님은 이스마엘에게 초점을 맞추십니다. 하나님께서 이 아이의 우는 소리를 들으셨다고 합니다. 그리고 하갈에게 이스마엘이 받을 복에 대하여 말씀하십니다. 이것은 단순한 위로와 축복이 아닙니다. 하나님께서 하갈의 상한 마음을 만져 주시고 치유하시는 과정입니다.

하갈의 상처는 자기 아들 이스마엘과 이삭이 늘 비교되는 상황에서 오는 아픔입니다. 이삭은 하나님의 약속을 받은 언약의 아들이란 말입니다. 그런데 그 축복을 하나님께서 이스마엘에게도 하십니다.

이 말씀을 듣고 하갈은 그녀 자신의 존재를 인정하시고 기억해 주시는 하나님께 눈을 떴습니다. 하나님께서 하갈의 눈을 열어 주신 것입니다. 하나님께서 눈을 열어 주시니 이스마엘의 미래가 보입니다. 하나님께서 자신의 고통을 어루만지시니 하나님이 보입니다. 그리고 우물이 보입니다.

우리의 눈도 염려와 절망과 두려움의 비늘이 벗겨져야 합니다. 나를 사랑하사 나를 위해 죽으신 하나님의 사랑과 예수님의 십자가의 사랑에 눈이 열려야 합니다. 십자가는 나의 존재의 의미를 말해 줍니다. 하나님이 자신의 독생자를 죽이실 만큼 나를 사랑하신다는 진리에 눈이 열려야 합니다. 예수 그리스도와 그분의 십자가 사랑에 눈이 열려야 합니다.

당신이 지금 억울한 것, 존재의 가치를 인정받지 못하는 것, 인생의 막다른 광야에 있는 것을 주님이 다 아십니다. 우리는 하갈처럼 인생이 막막할 때가 있습니다. 이때 우리의 눈물을 주님께 드려야 합니다. 우리의 눈물을 닦아 주시고 우리의 영적 눈을 뜨게 하시는 분이 하나님이십니다.

　하나님의 사랑에 의해 우리의 눈이 열리는 것이 축복의 시작입니다. 나의 인생의 막막함은 영안이 열릴 때 풀리고, 미래가 보입니다. 이 영안이 열릴 때는 진실한 눈물의 기도를 주님께 드릴 때입니다.

사는 것이
자신 없을 때

> 그 무렵, 아비멜렉과
> 그의 군 지휘관 비골이
> 아브라함에게 말했다.
> "그대가 무슨 일을 하든지
> 하나님께서는 그대의 편이요"(창 21:22).

'선한 영향력'이라는 말이 있습니다. 특별히 우리 그리스도인이 잘 사용하는 고급스러운 언어입니다. 여기서 고급스럽다는 말은 선한 영향력이라는 말이 가지는 의미가 아름답기 그지없기 때문입니다. 사실 우리가 좀 더 선하게 살아갈 수 있는 것은 하나님의 선한 영향력 때문입니다.

예수님은 우리에게 선한 영향력이라는 것이 무엇인지를 보여 준 유일한 분이십니다. 우리가 말하는 선한 영향력이란 단순히 선을 행하는 힘이 아닙니다. 선과 의를 포함한 모든 것에 예수님과 그분의 생명이 들어가 있는 것만이 참된 선한 영향력입니다. 우리의 행위가 아무리 선한 일이라 하더라도 거기에 영원한 생명이 없으면 참된 의미를 가질 수 없기 때문입니다. 참된 진리는 언제나 영원합니다.

우리에게는 스스로 선한 것이 하나도 없습니다. 그런 우리에게 선한 영향력이라는 것은 애초에 불가능한 말입니다. 그런데 이 단어를 우리가 사용할 수 있는 것은 전적으로 예수님 덕분입니다. 하나님의 사랑 덕분에 우리가 사랑할 수 있는 것과 마찬가지 이치입니다. 우리가 선할 수 있는 것은 하나님께 배운 결과입니다.

우리에 대한 하나님의 선하신 뜻이 우리에게 작용해서, 우리는 거듭난 존재로 새롭게 인생을 살게 되었습니다. 그러므로 하나님의 그 크신 은혜를 혼자만 독점하지 않고 타인에게 전하는 것이 선한 영향력입니다.

아브라함은 일개 족장입니다. 세력이 강한 것도 아닙니다. 토지와 땅이 있는 것도 아닙니다. 많은 후손이 있는 것도 아닙니다. 그러나 아브라함이 어디에 가든 하나님께서 그와 함께하십니다. 아브라함은 하나님의 그 함께하심을 악하게 사용하지 않고 선하게 사용하며 살았습니다. 하나님의 사람은 말로 직접 전도하지 않아도 선한 영향력으로 하나님을 전하며 삽니다.

아비멜렉과 그의 신하들이 이 사실을 발견했습니다. 처음 아브라함이 와서 자기 나라에 빌붙어 살 때는 그냥 뜨내기에 불과해 보였습니다. 그런데 아브라함은 전혀 혼자가 아니었습니다. 분명히 그는 복이 있는 사람이었습니다. 그가 믿는 하나님이 언제나 아브라함의 편이 되어 주시는 신기한 일을 그들은 본 것입니다.

하나님은 아브라함의 편이셨습니다. 전쟁에서도, 개인의 삶에서도 하나님이 개입하시어 아브라함의 편을 들어 주시는 것을 주변 사람들은 목격했습니다. 그들은 이제 아브라함을 가벼운 존재가 아니라 무거운 존귀함을 가진 존재로 보았습니다.

급기야 아비멜렉이 신하들과 찾아와 아브라함에게 동맹을 맺자고 사정합니다. 그 이유를 하나님이 아브라함의 편이라는 그의 고백에서 발견하게 됩니다. 이런 고백을 오늘 우리가 들어야 합니다.

세상 사람이 하나님의 사람에게 먼저 찾아와 하나님의 존재와 능력을 인정하면서 잘 지내자고 사정하는 일이 어떻게 가능했을까요?

그 이유는 아브라함이 언제나 하나님의 편에 섰기 때문이 아닙니다. 하나님께서 먼저 아브라함의 편에 서 주셨기 때문입니다.

이것은 하나님이 우리를 사랑하신 것과 같은 맥락입니다. 우리가 먼저 하나님을 사랑한 것이 아니라 하나님께서 먼저 우리를 사랑하셔서 우리가 구원의 은혜를 입었습니다. 마찬가지로, 우리가 먼저 하나님의 편이 된 것이 아니고, 하나님께서 먼저 우리의 편이 되어 주셨습니다. 오늘 우리는 하나님이 우리의 편이 되어 주신다는 사실을 믿어야 합니다. 믿을 때 그 사실이 우리의 것이 되는 것입니다.

아브라함이 한 것은 아무것도 없습니다. 그는 오히려 실수를 연거푸 하는 사람입니다. 그런데도 신실하신 하나님은 한결같이 아브라함의 편이 되어 주십니다.

오늘 우리는 너무 인간적입니다. 너무 사람에게 초점이 맞추어져 있습니다. 자칫 인본주의에 빠질까 염려스럽습니다. 사람이 좋고 착한 것과 언제나 남에게 잘해서 좋은 칭찬을 듣는 것은 위험 요소가 있습니다. 바로 사람에게 초점을 맞추어 하나님의 뜻이 '주'가 아니라 '부'가 되게 하는 위험성 말입니다.

사람에게 늘 좋게 하는 것이 선한 영향력은 아닙니다. 선한 영향력은 하나님이 우리 편이 되어 주실 때 시작됩니다. 그리고 하나님이 언제나 우리 편이 되어 주신다는 사실을 주변 사람이 느끼게 된다면, 그것이 바로 선한 영향력입니다.

선한 영향력은 말이 아닙니다. 삶입니다. 아브라함은 말로 인정받은 것이 아닙니다. 하나님에 대한 믿음의 태도와 사람에 대한 관용으로 선한 영향력을 끼쳤습니다. 이러한 사람을 하나님은 책임지십니다. 하나님은 언제나 그의 편이 되어 주십니다.

우리의 능력과 자랑은 오직 예수 그리스도와 그분의 십자가입니다. 예수 그리스도와 십자가를 자랑하는 삶은 비이성적이고 무모한 말과 행동을 하는 것이 아닙니다. 그 삶은 자신의 신념을 따르는 것도 아닙니다.

하나님은 우리의 능력을 보시는 것도, 우리의 완전성을 요구하시는 것도 아닙니다. 하나님을 조용히 삶으로 나타내는 사람을 찾으십니다. 그런 모습을 보면서 세상 사람들은 우리를 하나님의 사람으로 인정하지 않을 수 없습니다. 우리가 가장 듣고 싶어 하는 말은 아비멜렉이 아브라함에게 한 말이 되어야 합니다.

> 네가 무슨 일을 하든지 하나님이 너와 함께 계시도다(창 21:22).

이 말 한마디에 아브라함은 삶의 용기를 회복했습니다. 이 말씀이 당신에게 주시는 레마의 말씀으로 들려지기 바랍니다. 사는 것이 자신 없고 힘들 때 우리는 이 은혜를 찾고 회복하여야 합니다.

사는 것이 힘들게 느껴지는 이유는, 무슨 일을 하든지 하나님이 함께하시지 않는 것처럼 느껴지기 때문입니다. 우리는 이러한 느낌과 낙심을 바꾸어야 합니다. 내 마음을 바꾸면 내 인생이 바뀝니다. 내가 무슨 일을 하든지 하나님이 나의 편이 되어 주신다는 믿음을 가져야 합니다.

실제로 하나님은 나의 편이십니다. 하나님은 한 번도 나의 편이 아니신 적이 없습니다. 십자가의 사랑이 그 증거입니다. 이 사실을 믿고 사는 것이 자신감과 용기를 얻고 사는 길입니다.

시험이 찾아올 때

> 이 모든 일이 있은 뒤에
> 하나님께서 아브라함을
> 시험하셨다(창 22:1).

　시험 없는 인생은 없습니다. 인간은 누구나 시험받는 존재이고 시험하는 존재입니다. 사람이 여러 종류이듯이 인간의 시험도 다양합니다.
　앞에서도 언급한 바와 같이 일어난 사건이나 시험보다 더 중요한 것은 그것을 맞이하는 개인의 태도입니다. 인간에게는 누구나 예외 없이 시험이 있지만, 모두 다 같은 태도를 보이는 것은 아닙니다. 사실 인간의 모든 문제는 그 문제에 대한 태도에 의해 결정됩니다. 그 사건 자체가 아니라 그 사건에 대한 그 사람의 태도가 그 사건을 규정합니다.

인간이 맞닥뜨리는 시험은 그 정체가 태도의 시험입니다. 그 사람의 태도에 따라 그 시험이 복이 될 수도, 고통이 될 수도 있습니다.

아브라함에게 다시 시험이 찾아왔습니다. 지금까지는 사람에게 당하는 시험이었다면, 이번에는 하나님이 직접 내신 문제를 들고 아브라함에게 찾아오신 것입니다.

시험은 하나님이 주시는 시험이 있고, 자기 때문에 당하는 시험도 있습니다. 또한, 사탄이 주는 시험도 있고, 세상이 가져다주는 시험도 있습니다. 또 가장 가까운 사람이 주는 시험도 있습니다.

그중에서 가장 선한 시험은 하나님이 주시는 시험입니다. 하나님이 주시는 시험은 반드시 끝이 좋고 상급이 있습니다. 그러므로 우리는 하나님이 우리를 시험하실 때 내게 무슨 복을 주시려나 하고 기대하는 마음으로 시험에 대하여 긍정적인 태도를 가져야 합니다. 우리에게 어떤 시험이 오더라도 하나님과 함께 맞는다면, 나의 시험이 하나님의 시험이 되고 하나님의 승리가 나의 승리가 되기 때문입니다.

아브라함에게 어쩌면 최종 시험이 남아 있었던 것 같습니다. 하나님은 아브라함을 시험하셨습니다.

시험은 그 '때'와 '내용'이 중요합니다. 하나님이 아브라함에게 시험을 내신 때는 그가 가장 평안할 때입니다. 성경대로 이야기하면, "이 모든 일이 있은 뒤"였습니다. 이 모든 일은 가까이는 아비멜렉과 평화 협상을 맺은 일이요, 멀리는 지금까지 겪은 온갖 일이었습니다. 이제 아브라함은 아무 걱정이 없었습니다. 모든 것이 잘 해결되었으니 이제는 평화를 누리고 사는 일밖에 없어 보였습니다. 이제 어떤 시험이 오더라도 그는 염려하지 않을 만했습니다. 우리말로 산전수전 다 겪었기 때문입니다.

그런데 하나님께서 그 평화의 날에 가장 어렵고 큰 시험을 들고 찾아오셨습니다. 그 시험의 내용이 너무 심오했습니다. 아브라함은 답은 알겠는데 그 시험의 의미는 몰랐습니다. 하나님께 그냥 순종하는 것이 답입니다. 그런데 왜 그런 임무를 주셨는지, 왜 이삭을 바쳐야 하는지 아무리 생각해도 그 의미를 알 수 없었습니다.

설명되지 않고 주어진 시험, 설명이 불가한 시험 앞에서 그래도 아브라함은 고민하지 않았습니다. 그냥 순종했습니다.

아브라함이 맹목적인 신앙을 가지고 있어서 그랬을까요?

지금까지 아브라함의 신앙 순례를 보면 그는 맹목적이고 무식한 사람이 아닙니다. 합리적이고 이성적이고 선합니다.

그런데 이번 시험은 아브라함이 겪은 시험 중 최고의 난이도입니다. 이 시험에서 주목할 것이 있습니다. 시험의 강도는 제일 센데, 시험 앞에서의 충격과 고민은 오히려 거의 없어 보인다는 점입니다.

신앙이란 것이 이렇습니다. 하나님을 깊이 알면 크게 충격받는 일이 거의 없습니다. 우리가 어떤 사건에 큰 충격을 받는다면 아직 하나님에 대한 경험이 부족한 것입니다. 우리 마음속이 하나님으로 가득 차면 충격과 고민이 들어올 여지가 없거나 최소화됩니다. 하나님에 대한 신뢰와 믿음이 충격을 최소한으로 완화시키기 때문입니다.

모든 시험에는 뜻이 있습니다. 아브라함의 믿음의 실력은 시험에서 증명됩니다. 우리가 당하는 모든 시험에는 하나님의 선하신 뜻이 있습니다. 하나님은 전지하시고 전능하신데 하나님의 자녀에게 어떤 시험을 주신다면 그럴 만한 이유가 분명히 있을 것입니다. 그리고 하나님은 우리의 모든 시험을 합력하여 선을 만들어 내는 분이십니다.

이렇게 하나님에 대하여 바르게 이해한다면 우리는 시험을 통과할 수 있습니다. 신앙은 말이 아니고 삶입니다. 신앙은 삶에서 나타나고 결정되는 것입니다. 삶에서 중요한 것은 시험 앞에서의 태도입니다. 나의 모든 죄를 용서하시고, 나를 나보다 더 사랑하시며, 나에게 영원한 생명과 천국을 주신 분을 믿으면 모든 시험이 삶의 한 과정임을 알게 됩니다.

세월이 지나면 인생의 많은 것이 이해되고 용납됩니다. 시험도 마찬가지입니다. 인생의 여정에 불가피했던 한 단면에 불과했음을 알게 됩니다. 세월이 지나면 그 모든 시험이 오늘 나를 좀 더 나은 사람이 되게 한 자양분이었음을 고백하게 되는 것입니다.

시험이 찾아올 때 우리는 이 말씀을 기억해야 합니다.

> 우리가 알거니와 하나님을 사랑하는 자 곧 그의 뜻대로 부르심을 입은 자들에게는 모든 것이 합력하여 선을 이루느니라 (롬 8:28).

시험이 찾아올 때 우리는 본능적으로 하나님을 더욱 사랑하는 자가 되어야 합니다. 왜냐하면, 모든 것이 합력해서 선이 된다는 말씀은 하나님을 사랑하는 자에게만 적용되는 말씀이기 때문입니다.

16

분명한 신앙 목적지를
찾고 싶을 때

> 하나님께서 말씀하셨다.
> "네가 아끼는 아들, 네 사랑하는 아들
> 이삭을 데리고 모리아 땅으로 가거라.
> 거기서 내가 네게 지시할 산에서
> 그를 번제물로 바쳐라"(창 22:2).

　사람은 누구나 아끼는 것이 있습니다. 그것이 재물이든, 자식이든, 집이든, 사람이든, 명예든, 권력이든 말이지요. 아끼는 것은 중요합니다. 사랑하는 것도 중요합니다. 그러나 하나님보다 더 아끼는 것이 있다면 그것은 우상입니다.
　진정한 사랑은 독점력입니다. 사랑은 유일합니다. 진정한 사랑은 그 사람에게 집중하는 것입니다. 사랑은 유일하기에 위대합니다. 사랑은 반복을 지겨워하거나 물리지 않습니다.

하나님이 우리를 구원하신 이유는 딱 하나입니다. 우리에 대한 사랑 때문입니다. 우리를 사랑하실 때 이 세상에 나 하나만 있어서 어쩔 수 없이 사랑한 것이 아닙니다. 우리를 사랑하셔서 우리만 보이신 것입니다.

사랑이 올바르고 진실하다면 그 사랑 때문에 질투하는 것은 정당합니다. 사랑하는데 제삼자가 끼어들어도 아무렇지 않다면 그것은 이미 사랑이 아닙니다. 생명이 다한 사랑에 불과합니다.

우리에 대한 하나님의 사랑은 불같은 사랑이고 영속성이 있는 사랑이요, 반복적인 사랑이면서도 언제나 새로운 사랑입니다. 반면에 우리의 사랑은 유효 기간이 너무 짧습니다. 너무 쉽게 질려 하는 사랑입니다.

하나님은 아브라함을 사랑하셨습니다. 언제나 아브라함의 편을 들어 주셨고 복을 주셨습니다. 그러나 하나님에 대한 아브라함의 관심과 사랑이 예전 같아 보이지 않았습니다. 간절함이 사라졌습니다. 인생의 전쟁 속에서는 하나님이 그렇게 간절하지만 평안함이 찾아오면 하나님에 대해 방심합니다. 사랑은 언제나 간절함입니다. 간절함이 사라진 사랑은 타성에 불과합니다.

아브라함은 인생에 좋은 계절이 찾아오자 하나님에 대한 간절함이 사라졌습니다. 아들 이삭에게 푹 빠져 있었습니다. 아브라함의 이삭에 대한 몰두는 하나님의 말씀에 다 나와 있습니다.

여호와께서 이르시되 네 아들 네 사랑하는 독자 이삭을 데리고(창 22:2).

여기서 "네 아들 네 사랑하는 독자"라는 표현이 익숙하지 않습니까?

이것은 하나님에 대한 자술서입니다. 하나님은 스스로 자신의 독자, 자신이 사랑하고 아끼는 아들을 우리에게 주셨습니다. 하나님의 마음속 가장 중심 자리에 우리를 두셨습니다. 하나님께서 우리에게 먼저 프러포즈하고 기다리신 것입니다. 그 기다림의 열매가 우리, 아니 바로 나인 것입니다.

주님은 아브라함에게 하셨던 말씀을 오늘 우리에게 똑같이 하십니다.

"네가 아끼는 것이 무엇이냐?
네가 나보다 더 사랑하는 자가 누구냐?"

바꾸어 말하면, 이 질문을 우리에게 물으라고 하시는 것입니다.

"하나님, 하나님이 아끼시는 것은 무엇입니까?
하나님이 사랑하는 자는 누구입니까?"

하나님은 말씀하십니다.

"내가 사랑하는 것은 너이고, 내가 아끼는 자도 너란다."

하나님께서는 우리에게 질문하시는 것과 동일한 질문을 받았을 때 진실하게 답하십니다.

우리는 하나님보다 더 아끼고 사랑하는 것이 너무 많습니다. 우리의 입은 하나님을 가장 사랑한다고 하지만, 마음은 세상과 돈과 내 사람들을 더 좋아하고 사랑하고 이 사랑이 삶으로 다 나타납니다.

하나님에 대한 사랑은 역설적인 것입니다. 목숨을 잃고자 하면 살고, 살고자 하면 죽습니다. 주면 얻습니다. 내 것을 챙기면 하나님이 주실 것이 없습니다. 하나님을 먼저 챙기면 하나님이 우리를 더 챙겨 주십니다.

내가 이 세상에서 아끼는 이삭, 사랑하는 이삭을 애착하여도 하나님이 함께해 주시지 않으면 아무것도 아닙니다. 아브라함의 행복의 비결은 그가 사랑하는 아들, 그가 아끼는 아들을 내려놓는 일에 있습니다. 그리고 마음의 중심 자리에 하나님을 모셔야 합니다. 그러면 아브라함도 살고 이삭도 살고 하나님도 행복하십니다. 내가 가장 아끼고 가장 사랑하는 것을 지키는 유일한 방법은, 하나님을 가장 아끼고 사랑하는 것입니다.

우리는 하나님께 올인하며 살아가는 사람들입니다. 사람은 더 유익하고 더 가치 있는 일에 올인합니다. 우리가 정말 영적인 눈을 가졌다면 하늘에 보화를 쌓아 두게 됩니다. 우리가 정말 이 땅 지향적이 아니라 하나님 나라를 지향점으로 삼고 살아간다면 자신의 이삭을 과감히 드립니다.

이삭을 제물로 드린 것은 단순한 사건이 아닙니다. 이 사건 속에 믿음, 순종, 부활, 인정, 선택, 천국, 생명, 은혜, 축복이 다 들어 있습니다. 이 '아케다'(akedah, 결박에 해당하는 히브리어의 영어식 표현으로 아브라함이 하나님의 명령에 따라 이삭을 결박하여 제물로 드린 일) 사건에서 많은 의미를 찾아야 합니다. 그 의미는 살아온 이력과 신앙에 따라 다 다르게 해석될 것입니다. 왜냐하면, 하나님의 말씀은 정확하면서도 각자에게 딱 맞추어 적용되는 살아 있는 말씀이기 때문입니다.

그러나 한 가지 공통분모는 있어야 합니다. 우리 모두가 이 땅 지향적이 아니라 하나님 나라라는 지향점을 가지고 살아가야 한다는 것을 깨달아야 합니다. 그래야 순간이나 찰나의 삶이 아니라 영원한 나라를 지향할 수 있기 때문입니다. 우리가 영생 지향적, 하나님 나라 지향적인 삶을 살 때 비로소 이 땅의 것을 놓을 수 있기 때문입니다.

진정한 신앙 목적지를 찾고 그 길을 가야 합니다. 우리의 분명한 신앙 목적지는 하나님의 나라와 그분의 의를 구하며 사는 삶이 되어야 합니다.

17

영적 게으름이 찾아올 때

> 그는 번제에 쓸 장작을 쪼갠 뒤에,
> 하나님께서 지시해 주신 곳으로
> 출발했다(창 22:3).

신앙은 말이 아닙니다. 말로 하는 신앙은 참된 신앙이 아닙니다. 그런데 오늘날에는 듣고 말하는 신앙에 매몰되어 있습니다. 목회자는 설교, 곧 말하는 데 바쁘고 성도들은 그 말을 듣는 데 바쁩니다. 신앙을 삶으로 살아 낼 시간도, 여유도 없이 살아갑니다. 좋은 목회자는 그저 설교를 잘하는 사람이고, 좋은 성도는 그 말씀을 잘 듣는 사람으로 인식되어 버렸습니다. 단순히 듣는 데서 더 나아간다고 해도 종교적으로 열심인 사람이 좋은 그리스도인이 되어 버렸습니다.

신앙은 삶입니다. 삶의 내용이 하나님의 말씀입니다. 하나님을 사랑하면 하나님을 믿고, 하나님을 믿으면 신뢰하고, 신뢰하면 행동하게 됩니다. 사랑은 정적인 것이 아니고 동적인 것입니다. 말로 하는 사랑은 의미가 없습니다. 사랑의 말이 효력을 가지려면 사랑하는 행동이 있어야 합니다.

하나님께서 아브라함에게 나타나셔서 모리아산으로 가서 이삭을 번제로 드리라고 명령하셨습니다. 이에 아브라함은 순종합니다.

신앙의 핵심은 무엇일까요?

첫째, 사랑
둘째, 믿음
셋째, 순종
넷째, 충성

신앙에서 적어도 이 네 가지는 있어야 합니다. 하나님의 아브라함에 대한 시험에는 이것들이 다 들어 있습니다. 이삭보다 하나님을 더 사랑하는지, 이 명령을 따를 믿음이 있는지, 순종하고 충성하는지 보는 시험입니다.

이 시험의 문제는 하나님께 아브라함이 사랑하고 아끼는 이삭을 바치라는 것입니다. 그런데 이 답안을 쓰려면 하나님에 대한 사랑이 있어야 하고, 믿음이 있어야 하고, 순종이 있어야 하며, 충성이 있어야 합니다.

맹목적 신앙과 건강한 신앙의 차이는 이 네 가지에서 갈립니다. 맹목적 신앙은 사랑이 없습니다. 맹목적 신앙의 대상은 정확하게는 하나님이 아닙니다. 그런 믿음은 성경적이지도 않고 오직 자신의 신념일 뿐입니다. 맹목적 신앙의 순종은 의지가 없습니다. 맹목적 신앙의 충성은 착함이 없는 충성입니다. 하나님은 착하고 충성스러운 종을 찾으십니다. 착함이 없는 충성은 독선적입니다. 반대로 충성이 없는 착함은 무능력입니다. 우리는 착하고 충성스러운 종이 되어야 합니다.

아브라함은 다음날 모리아산을 향해 출발했습니다. 모든 신앙은 '출발'이 있어야 합니다. 출발 없이 목적지에 도달할 수는 없습니다. 순종의 출발을 해야 합니다. 바로 즉시 출발해야 합니다.

아브라함의 강점은 그가 하나님의 명령을 받을 때마다 즉시 출발했다는 것입니다. 내가 출발해야 하나님이 목적지로 인도하십니다.

아브라함은 하란에 있을 때도 고향, 친척, 아버지의 집을 즉시 떠나 출발했습니다. 롯이 소돔성의 전쟁에서 포로로 끌려갔다는 말을 듣고 즉시 구하러 출발했습니다. 하갈과 자기 아들 이스마엘을 떠나보내라는 말씀을 듣자 즉시 떠나보냈습니다.

오늘 우리는 출발도 못한 경우가 허다합니다.

우선 거듭남의 문제도 그렇습니다. 거듭남, 곧 중생은 그리스도인의 출발입니다. 그런데 출발도 안 했는데 가고 있다거나 목적지에 도착했다고 착각합니다. 거듭나지도 못했는데 영적 성장을 하려 애씁니다. 칭의도 받지 못했는데 성화에 애씁니다. 그러니 신앙이 너무 힘들어 종교생활에 지쳐 있습니다.

거듭나서도 문제입니다. 태어나기만 하고 성장과 성숙으로의 출발을 하지 않습니다. 출발을 하지 않으니 성장도, 성숙도 없습니다.

하나님은 우리에게 매일 말씀하시고 명령하십니다. 주님은 세상 끝 날까지 우리와 함께하시겠다고 말씀하셨습니다. 주님은 성령으로 우리와 함께하십니다.

우리의 집들에는 각종 고지서가 밀려옵니다. 집 한쪽에는 너무 바쁘거나 억울하다고 생각해서 내지 않은 교통 법규 위반 고지서 등이 쌓여 있습니다.

마찬가지입니다. 우리의 삶에는 하나님이 말씀하신 고지서들이 쌓여 있습니다. 너무 바빠서 혹은 비용이 너무 많이 드니 부담되어서 등등 여러 가지 이유로 많은 순종이 연체되어 있습니다. 하나님의 명령과 말씀을 따르지 않고 연체한 것들을 이제 빨리 순종으로 납부해야 합니다.

출발해야 합니다. 하나님을 사랑하기로 출발해야 합니다. 하나님께 순종하도록 출발해야 합니다. 하나님을 믿는 믿음으로 출발해야 합니다. 하나님에 대한 충성으로 출발해야 합니다.

지금, 바로, 즉시 해야 합니다. 이것이 영적 게으름에서 빨리 빠져 나오는 길입니다.

18

나의 보물이
하나님의 보물이 될 때

> "그 아이에게 손대지 마라!
> 그 아이를 건드리지 마라!
> 네가 나를 위해, 네 아들
> 네가 사랑하는 아들을
> 제단에 바치기를 주저하지 않았으니,
> 네가 하나님을 얼마나 경외하는지
> 이제 내가 알겠다"(창 22:12).

오늘날의 관계는 입안에 넣고 씹다가 단물이 빠지면 뱉어 버리는 껌만도 못한 것 같습니다. 그래도 껌은 단물이 빠져도 어느 정도 더 씹기도 합니다. 그러나 오늘의 관계는 달면 삼키고 쓰면 바로 뱉어 버립니다. 이익이 되면 관계를 유지하고 이익이 발생하지 않으면 끊어 버리는 냉정한 시대에 살고 있습니다.

어떤 사람은 관계는 쉽게 만드는데 얼마 가지 않아 단절되곤 합니다. 반면에 관계 맺는 것을 어려워하지만 한번 맺은 관계는 끝까지 지키는 사람도 있습니다.

아브라함은 한번 맺은 관계를 끝까지 지켜 내는 사람입니다. 관계를 잘 맺고 살려면 유지비가 필요합니다. 인내, 용서, 관용, 섬김, 사랑 등의 비용을 지불해야 합니다. 아브라함은 관계를 위해 큰 비용을 지불한 사람입니다. 하나님과의 관계를 위해 고향, 친척, 아버지의 집을 떠나야만 하는 비용을 비싸게 지불해야 했습니다.

관계를 중요시하지 않는 사람은 영적 수전노입니다. 관계 맺음과 유지와 발전을 위해 조금도 비용을 지불할 마음이 없기 때문입니다. 하나님은 서로 사랑하라고 하셨고, 서로 사랑하는 것은 서로 관계를 맺는 것이기 때문입니다.

아브라함은 관계에 성공해서 믿음의 조상이 된 사람입니다. 사람과의 관계를 소중히 여기고 하나님과의 관계를 귀중히 여겼습니다. 사람과의 관계는 관용과 이해와 사랑으로 맺어지고 유지됩니다. 하나님과의 관계는 믿음과 기도와 순종으로 더 깊이 확대되고 강화됩니다.

그러나 인생을 살다 보면 관계에서 오는 섭섭함과 배신감을 느낄 때가 있습니다. 아브라함도 그랬습니다.

아브라함은 롯의 큰아버지입니다. 자식이 없는 아브라함은 아버지가 없는 롯을 친자식처럼 길렀습니다. 그리고 롯은 아브라함 덕분에 갑자기 크게 부유해졌습니다. 그러다 보니 양과 소와 염소와 낙타 등 재산은 많아지는데 목초지는 협소했습니다.

결국, 두 사람 사이에 종들이 대리전을 하고 아브라함은 결단합니다. 주도권, 즉 선택권을 조카 롯에게 줍니다. 롯은 당연하다는 듯 먼저 선택권을 부여잡았습니다. 그러나 아브라함은 그에게 모든 선택권을 양보하는 관계의 영성을 보여 주었습니다.

롯이 소돔으로 떠나고 하나님이 소돔을 멸하시려 했을 때도 조카 롯을 구하기 위해 하나님께 사정하였습니다. 하나님은 그러한 아브라함을 생각하셔서 소돔을 멸하실 때 롯을 정상 참작해 주셨습니다. 관계를 소중히 여기는 아브라함을 기특하게 여기신 것입니다.

그러나 아브라함의 신앙의 정점은 뭐니 뭐니 해도 '아케다 사건'입니다. 곧 이삭을 결박하여 제물로 드린 순종의 사건이었습니다. 순종은 순종을 낳습니다. 믿음은 믿음을 낳습니다. 관계는 또 다른 관계를 낳습니다.

아브라함이 하나님께 믿음과 순종을 드리자, 이삭 역시 아버지께 믿음과 순종을 보였습니다. 전해지는 이야기에서는 아브라함이 이삭을 하나님께 번제로 드리기 위해 아들 이삭을 밧줄로 결박할 때 이삭이 아버지 아브라함에게 이렇게 말했다고 합니다.

"아버지, 제가 도망가지 못하도록 저를 꽁꽁 묶어 주세요."

사실 모리아산의 번제 이야기는 하나님과 아브라함과 이삭 서로 간의 신뢰와 아버지에 대한 순종 없이는 불가능한 일이었습니다.

우리 주님이 말씀하셨습니다.

그러나 인자가 올 때에 세상에서 믿음을 보겠느냐(눅 18:8).

우리는 하나님께 순종하는 관계의 영성이 있어야 합니다. 이삭이 그랬던 것처럼 순순히 자신을 내어놓는 순종의 영성이 필요합니다.

또한, 아브라함이 그랬던 것처럼 우리 각자가 하나님보다 너무 사랑하고 온통 정신이 팔려 있는 이삭을 발견해야 합니다. 그것을 내려놓을 수 있는 믿음과 순종이 필요합니다.

이삭의 결박을 풀 수 있는 분은 오직 하나님이십니다. 제물의 결박을 아브라함이 풀 수 없습니다. 이삭도 스스로 풀 수 없습니다. 모든 문제는 하나님과의 관계에서 풀어 나가야 합니다. 하나님이 이삭의 결박을 풀어 주셔야 이삭이 삽니다.

당신이 꽁꽁 묶여 있는 '아케다' 사건은 무엇입니까?

오직 하나님과의 관계로만 꽁꽁 묶여 있는 문제를 풀 수 있습니다. 바로 숫양이 예비되는 것입니다. 인생의 해답인 숫양은 하나님이 준비하십니다. 당신의 문제를 풀어 주실 수 있는 하나님과 친밀한 관계를 만드십시오.

이 사건의 핵심은 관계의 테스트였다는 것입니다. 이 테스트의 결과는 이삭과의 관계보다 하나님과의 관계를 더 소중히 여긴 아브라함의 승리였습니다. 그리고 아버지 아브라함을 끝까지 믿고 자신을 내어놓은 아들 이삭의 승리이기도 했습니다. 그리고 아브라함과 이삭 모두에게 승리를 주신 하나님의 승리였습니다.

이 모리아산의 사건을 통해 아브라함은 제사, 곧 예배의 중요성을 실감했습니다. 제물이 동물이었을 때는 제사의 중요성을 간과합니다. 그러나 그 제물이 내 자식이라면 그 제사의 의미가 전혀 달라집니다.

아들을 죽이는 것보다 자신이 죽는 편이 낫습니다. 그러나 아브라함은 자신과 아들의 관계보다 하나님과 자신의 관계가 더 중요하다고 생각했습니다.

하나님과의 관계가 더 깊은 친밀함 속으로 들어가려면 그분과의 관계를 가로막는 모든 것을 찔러야 합니다. 내 자아를 찔러야 합니다.

아브라함은 이삭의 목을 찌르려 한 것이 아닙니다. 실상은 자신의 목을 찌르려고 한 것입니다. 부모에게 있어서 자식을 뛰어넘을 수 있는 것은 아무것도 없기 때문입니다.

제사에서 제물을 찔러 죽이듯 나 자신을 찔러 주님 앞에 드리는 예배가 회복되어야 진정한 예배자로 살 수 있기 때문입니다. 예배에서 레마로 들려지는 말씀의 칼로 나를 잡아야 합니다. 삶은 예배고, 예배가 곧 삶이기 때문입니다.

신앙은 하나님과의 관계를 근거로 하여 이루어집니다. 그리고 하나님과 가장 좋은 관계를 맺는 길은 순종입니다. 순종이 제사보다 낫기 때문입니다.

아브라함이 치른 시험은 자신의 가장 귀한 보물이 하나님의 가장 귀한 보물이 되기까지의 시험입니다. 나의 보물이 하나님의 보물이 되려면 먼저 나의 보물을 하나님께 바쳐야 합니다. 그래야 나의 보물을 세상에서 찾지 않고 하나님 안에서 찾게 됩니다. 하나님께서도 먼저 자신의 독생자 보물을 우리에게 주셨습니다. 그리고 그 독생자 예수님이 우리의 보물이 되셨습니다.

하나님의 보물과 사람의 보물은 언제나 상호 교환적입니다. 하나님은 사람에게 가장 귀한 것을 주시고, 하나님을 믿는 사람도 자기 삶의 가장 귀한 것을 하나님께 드립니다. 그래서 하나님의 보물이 그 사람의 보물이 되고, 그의 보물이 하나님의 보물이 됩니다.

하나님께서 우리의 보물을 요구하시는 이유는 우리 것을 차지하고 싶으셔서가 아닙니다. 단지 우리의 보물을 진정한 보물이 되게 하시기 위해서입니다.

이제 이삭은 아브라함의 보물이 아닙니다. 하나님의 보물입니다. 그리고 하나님의 보물은 아브라함의 보물입니다.

나의 보물이 하나님의 보물이 되고 하나님의 보물이 나의 보물이 되기까지 우리의 영적 순례를 멈추지 말아야 합니다.

나의 보물을 하나님께 드리고 하나님 안에서 나의 보물을 찾는 것이 기쁨으로 신앙생활을 하는 길입니다.

이 신앙을 속히 찾아야겠습니다.

19

믿음의 가문을
이어 가고 싶을 때

> 그 종이 이삭에게 여행의 자초지종을 말하자,
> 이삭은 리브가를 자기 어머니 사라의
> 장막으로 데리고 들어갔다.
> 그는 리브가와 결혼하고,
> 그녀는 그의 아내가 되었다.
> 이삭은 리브가를 사랑했다.
> 이삭은 어머니를 여읜 뒤에
> 위로를 받았다(창 24:66-67).

아브라함의 아내 사라가 127세에 죽었습니다. 아브라함에게는 사라의 빈자리가 너무 컸습니다. 울적하기는 아들 이삭의 마음도 마찬가지였습니다. 아브라함은 아내 사라의 죽음을 보면서 아들 이삭을 빨리 장가보내야겠다고 마음먹었습니다.

이때 아브라함의 나이가 140세였고 이삭의 나이는 40세였습니다. 이제 아브라함은 늙었고 하루속히 하나님의 약속이 실현되는 것을 보고 싶었습니다. 그 일은 바로 이삭을 결혼시켜서 자손을 계속 이어 가는 일이었습니다.

문제는 이삭의 신붓감을 찾는 일이었습니다. 그것은 그리 쉬운 일이 아니었습니다. 조건을 만족시켜야 했기 때문입니다. 아브라함이 며느리를 고르는 기준은 명확했습니다. 하나님을 경외하고 하나님의 약속을 이룰 수 있는 여자였습니다. 그러나 가나안에는 그런 여자가 없었습니다.

인간적인 기준으로 보면 신붓감은 많았습니다. 예쁘거나 성격이 좋은 여자를 주변에서 고를 수 있었습니다. 가문이 좋거나 돈이 많거나 권력이 있는 집안과 혼인을 맺을 수도 있었습니다. 그때는 아브라함이 명실상부한 족장이 되었을 때이기 때문입니다. 아마 주변의 가문들이 아브라함의 인품과 부유함과 하나님의 함께하심 등을 보고 이삭에게 청혼했을 수도 있었을 것입니다.

그러나 아브라함에게는 이삭의 신붓감에 대한 명확한 기준이 있었습니다. 학벌도, 외모도, 재력도 아닙니다. 단 하나, 오직 하나님의 약속을 실행해 나갈 하나님이 예비하신 여자였습니다. 우선 무엇보다 가나안 여자는 배제했습니다. 가나안은 이미 세속적이고 타락해서 믿음의 여인을 찾아볼 수 없었기 때문입니다.

그래서 아브라함은 자신이 신뢰하는 종 엘리에셀을 불렀습니다. 그리고 맹세를 시켰습니다. 어떠한 어려움이 있더라도 아브라함의 고향 땅에서 신붓감을 찾아오라는 것이었습니다. 그리고 여자를 데려와야지 절대로 이삭이 가게 해서는 안 된다는 단서를 붙였습니다.

그 이유는 하나님의 약속 때문이었습니다. 하나님이 아브라함과 그의 자손에게 가나안 땅을 주시기로 약속하셨기 때문입니다. 그래서 이삭이 가면 안 되고 신붓감이 와야 한다고 했습니다.

이 임무는 아브라함의 종에게 결코 쉽지 않은 일이었습니다. 우선 거리가 너무 멉니다. 가나안에서 아브라함의 고향까지의 거리는 약 800킬로미터입니다. 이 거리는 결코 짧은 거리가 아닙니다. 순전히 낙타를 타거나 걸어서 가야 하는 길입니다. 도중에 도적을 만날 위험도 있습니다. 이삭의 신붓감을 찾더라도 그녀가 이 먼 거리를 따라올지 알 수 없었습니다. 신붓감의 입장에서는 신랑 될 사람이 어떻게 생겼는지, 성품은 어떠한지 전혀 모르는 상태에서 말입니다. 모든 것이 모험적이었습니다.

마침내 하나님은 엘리에셀에게 우물가에서 자애롭고 친절한 리브가를 만나게 하십니다. 엘리에셀은 그녀가 아브라함의 집안사람인 것을 알게 되었습니다. 그는 그녀를 얼른 데려가고 싶었습니다.

그러나 리브가 가족의 입장에서는 딸을 떠나보내는 것이 쉬운 일이 아니었습니다. 그 멀리 시집을 보내면 평생 못 보고 지낼 수도 있었습니다. 그래서 며칠을 두고 생각하고 결정하기로 했지만, 아브라함의 종이 재촉했습니다.

이에 리브가의 가족은 당사자인 리브가에게 의견을 물어봅니다. 놀랍게도 리브가는 종을 따라가서 이삭과 결혼하겠다고 합니다.

이렇게 해서 아브라함의 아들 장가보내기는 성공하게 됩니다.

창세기 24장은 성경에서 가장 긴 장입니다. 그 내용은 이삭을 장가보내는 이야기입니다. 이삭 하나를 장가보내는 일에 이렇게 많은 지면을 할애한 것은 이삭이 약속의 자손이기 때문입니다.

인간의 복은 대가 끊어지지 않고 자손이 계속 이어지는 것입니다. 하나님의 계획은 아브라함과 이삭과 야곱의 후손을 통해 마침내 구원자를 보내시는 것입니다. 하나님은 자기 아들 메시아를 보내는 길에 인간의 길을 사용하십니다. 인간의 계보를 사용하십니다. 이것은 하나님이 이 세상에 오실 때 철저히 성육신하셨다는 말입니다. 또한, 하나님의 약속은 반드시 성취된다는 말입니다.

예수님이 오시는 가문이면 얼마나 자랑스럽고 대단해야 하겠습니까?

그런데 하나님은 인간의 모든 약함과 부족함, 심지어 죄까지 메시아 계보에 선용하십니다.

아브라함은 죽기 전에 아들 이삭을 장가보내게 되어 정말 행복하고 크게 위로받았을 것입니다. 그는 하나님의 은혜와 신실하심에 감사와 영광을 돌렸을 것입니다.

그리고 그는 하나님을 믿었습니다. 모든 말씀과 약속을 믿었습니다. 자신의 자손이 셀 수 없을 만큼 많아지고, 자신이 많은 자손의 조상이 되리라는 것을 믿었습니다. 그는 실제로 많은 자손의 조상이 되었습니다.

그의 후손은 자기 민족이 선택된 민족이라는 선민 의식이 가득했습니다. 자부심은 필요합니다. 그러나 너무 과한 자부심은 교만을 낳습니다. 우리 인간에게는 전혀 자랑할 것이 없습니다. 그저 쓰임받음에 감사해야 합니다.

하나님은 이스라엘의 자세를 겸손한 태도로 바꾸어 주고 싶으셨습니다. 그 자세 교정을 위한 도구 중의 하나가 구원의 계보에 나타나는 인물입니다. 모압 여인 룻, 기생 라합, 시아버지의 씨를 낳은 다말, 다윗의 간음 상대자 밧세바 등을 보면 구원의 계보에서 이스라엘이 자랑할 것은 없습니다.

우리의 자랑은 계보도, 조상도, 자손도, 돈도, 명예도, 그 어떤 것도 아닙니다. 우리의 자랑은 오직 예수 그리스도와 그분의 십자가뿐입니다.

아브라함이 이삭을 낳고 이삭이 야곱을 낳은 것처럼 우리도 낳아야 합니다. 영적 자녀들을 낳아야 합니다. 다른 사람을 전도하는 것만을 의미하는 것이 아닙니다. 그리스도인의 모든 생물학적 자녀는 영적으로 거듭나야 합니다.

부모가 해야 할 일은 바로 자녀를 예수님의 십자가로 데려가는 일입니다. 자녀들이 거듭나야 합니다. 이것이 믿음의 가문을 이어 가는 길입니다. 다른 말로 하면, 우리와 우리의 자손이 하나님의 나라에서 영원히 사는 길입니다. 이것이 가장 큰 축복입니다. 이것을 위하여 기도하고 살아가야 합니다.

아브라함이 이삭을 장가보내는 일은 단순히 육의 후손을 퍼트리는 일이 아닙니다. 그 후손을 하나님의 자녀들로 거듭나게 해서 하나님의 자녀가 많아지게 하는 일입니다. 그렇게 하는 사람이 영적 아브라함입니다. 우리를 고향, 친척, 아버지의 집에서 불러내셔서 믿음의 사람이 되게 하신 이유는, 바로 우리를 통해 메시아 예수님이 자손에게 전해지기를 원하시기 때문입니다.

우리가 자녀를 결혼시키는 조건이 무엇인지 살펴야 합니다. 가나안 사람이어도, 즉 예수님을 믿지 않아도 돈 많고 내세울 게 있으면 다 괜찮은지 물어야 합니다. 학벌, 집안, 명예, 자랑거리 같은 것에 초점을 맞춰서는 안 됩니다. 신붓감이 믿음의 땅에 오지 않겠다고 하면 아무리 좋은 조건이라도 그냥 돌아오라고 한 아브라함의 말을 새겨들어야 합니다.

예수 그리스도와 그 십자가만을 자랑하는 사람과 결혼하는 것이 축복의 지름길이며 구원의 길입니다.

그런데 현실은 냉정합니다. 하나님의 사람을 찾아보기가 어렵습니다. 믿음의 배우자를 찾아보기 힘든 세상입니다. 만약 우리가 믿지 않는 사람과 결혼했다면 그만큼 비용을 지불해야 합니다. 상대를 구원하는 데 올인해야 합니다.

아브라함의 계보는 육적 계보가 아닙니다. 영적 계보입니다. 이 세상에서 훌륭하고 자랑할 만한 육적 계보에 눈멀지 않아야 합니다. 아브라함처럼 영적 계보를 이루는 것을 가장 중요하게 생각해야 합니다.

아브라함은 그의 아들 이삭을 장가보내는 데 성공합니다. 우리도 성공해야 합니다. 영적 계보를 계속 이을 수 있어야 합니다. 영적 계보를 잇는 것은 거듭남을 통해 가능합니다.

생물학적으로 낳은 자녀가 예수님의 십자가에서 영적으로 다시 태어나도록 기도하고 힘써야 합니다. 내가 거듭나고 나의 자녀가 거듭나야 합니다. 이것이 바로 믿음의 가문을 이루는 일이고 길입니다.

CLC 창세기 시리즈

1. 창세기의 족장 이야기
   제임스 B. 조르단 지음 | 안정진 옮김 |
   신국판 | 192면

2. 구약에 나타난 하나님 마음
   장석환 지음 | 신국판 | 416면

3. 창세기 연구(CLC 구약주석 시리즈)
   김의원 지음 | 신국판 양장 | 734면

4. 미술관에서 읽는 창세기
   김정훈 지음 | 신국판 | 264면

5. 창세기 연구 입문
   J. W. 로저슨, R. W. L. 모벌리 지음 |
   민경진 옮김 | 신국판 | 264면

6. 창세기 연대와 구속사
   이승현 지음 | 신국판 양장 | 288면

7. 시내산 아래서 창세기를 읽다
   이흥록 지음 | 신국판 | 456면

8. 로마서로 본 창세기 복음
   나용화 지음 | 신국판 | 376면

9. 토라 창세기로 배우는 복음 제자 소명
   배성환 지음 | 신국판 | 216면

10. 창세기로 떠나는 삶의 여행
    정연철 지음 | 신국판 | 308면

11. 창세기 읽기
    김승년 지음 | 신국판 | 356면

12. 창세기로 떠나는 삶의 여행 2
    정연철 지음 | 신국판 | 332면

13. 창세기 강의
    손석태 지음 | 신국판 | 348면

14. 보배와 질그릇
    이성진 지음 | 국판변형 | 192면

15. 마지막 날의 환희: 창세기 해설
    최영산 지음 | 신국판 | 468면

16. 창세기 1-11장의 보화
    나승필 지음 | 신국판 | 288면

17. 그리스도 중심 창세기 강해 1
    임덕규 지음 | 신국판 양장 | 584면

18. 그리스도 중심 창세기 강해 2
    임덕규 지음 | 신국판 양장 | 584면

19. 그리스도 중심 창세기 강해 3
    임덕규 지음 | 신국판 양장 | 576면

20. 일곱 날의 창조
    송재현 지음 | 국판변형 | 208면

21. 나를 찾아 주는 말씀
    장해진 지음 | 국판변형 | 308면